国家社会科学基金重点项目（12AZD057）

丝绸之路经济带与新疆发展丛书

区域公平的当代建构

——以新疆为例

夏文斌◎主编

中国社会科学出版社

图书在版编目（CIP）数据

区域公平的当代建构：以新疆为例／夏文斌主编 . —北京：中国社会科学出版社，2016. 11

（丝绸之路经济带与新疆发展丛书）

ISBN 978-7-5161-8581-0

Ⅰ. ①区… Ⅱ. ①夏… Ⅲ. ①区域经济发展—研究—新疆②社会发展—研究—新疆 Ⅳ. ①F127. 45

中国版本图书馆 CIP 数据核字（2016）第 170163 号

出 版 人	赵剑英
责任编辑	王 称
责任校对	胡新芳
责任印制	王 超

出 版	中国社会科学出版社
社 址	北京鼓楼西大街甲 158 号
邮 编	100720
网 址	http://www.csspw.cn
发 行 部	010-84083685
门 市 部	010-84029450
经 销	新华书店及其他书店

印刷装订	三河市君旺印务有限公司
版 次	2016 年 11 月第 1 版
印 次	2016 年 11 月第 1 次印刷

开 本	710×1000 1/16
印 张	21
插 页	2
字 数	302 千字
定 价	78. 00 元

丝绸之路经济带与新疆发展丛书
编委会

总　序

人类社会进入 21 世纪，新的问题、新的挑战纷至沓来。在这样一个重要节点，作为有着五千年历史文明的大国，以前所未有的智慧和力量展现在世界大舞台上。特别是在世界经济总体低迷，局部地区冲突不断的情况下，如何保持世界经济政治的总体平衡，如何维护世界的和平发展，如何扩大交流交融，造就全世界人民的总福祉，世界在观察和探索着，更在关注着中国的一举一动。毫无疑问，中国的发展规模和巨大成就，已经实实在在地影响着世界的整体发展。离开中国的任何一项世界性的大决策、大举措，都可能要被打上问号。现如今，中国的发展离不开世界，世界的发展更离不开中国。

在全球化的背景下，中国何去何从，这是一个有责任的大国必须首先考虑的。如何从当今世界发展的新走向出发，从当今中国改革开放的新需求出发，研究制定出利国、利天下的新战略，这是当今中国领导层所面临的一个新考题。于是，我们看到中国不负世界期待，提出了令世界都高度关注并普遍认同的"一带一路"战略。

对于西部新疆而言，如何发挥丝绸之路经济带的核心作用，更好地发挥新疆区域优势、产能优势、历史文化优势和相关政策优势，在国家战略中，写好向西开放的新文章，打开向西开放的新通道，为丝绸之路经济带发挥更大的作用，所有这些问题都需要我们学术界认真研究探讨。为此，我们组织编写了《丝绸之路经济带与新疆发展丛书》，其目的也正是要服务于国家战略，发挥跨学科的优势，从理论和实践互动的角度深入调研，扩大学术交流，将丝绸之路经济带背景下需要特别关注的问题提出来，并加以解决。实践在发展，为实践服务并引领新实践前进的理论一刻也不能停滞。这套丛书力求做到：

一是从国家需求出发，深入研讨丝绸之路经济带的战略问题。"凡事预则立，不预则废。"丝绸之路经济带的提出，是面对世界和中国新发展而提出的一个大手笔战略。这要求我们的学术理论研究必须站在世界发展的最前沿，必须站在历史新发展的高度，做到回顾历史，历历在目；关注现实，底气十足；面向未来，见微知著。要加强理论上的顶层设计，从世界与中国的一些重大理论和实际问题出发，才能够从根本和目标上为丝绸之路经济带提供重要的理论和实践指南，才能真正为解决新疆战略发展提供智库作用。"不谋全局者不能谋一域，不谋万世者不足谋一时。"中华民族从来就是一个有眼光、有历史感的民族。此时此刻，我们不由得想到2000多年前，我们的先人们为了经济文化的交往，历尽千辛万苦，开启了一条贯通中西的丝绸之路。这是历史之路，交流之路，文明之路。历史的烟云已慢慢散去，我们仿佛看到一代代中国人登高望远，负重前行。今天，历史的接力棒交到了我们这一代人手中。我们也充分相信，我们这一代中国人一定能站在历史的制高点，站在巨人的肩膀上，将世界和中国的发展地图描绘得更加丰富多彩。

二是发挥跨学科优势，全方位拓展丝绸之路经济带的研究。当今世界现代化的一个重要特质就是系统化、立体化、整体化。也就是说，任何一项大工程都必须整合各种资源和要素，构建一个复杂的系统创造终端。"一带一路"战略提出要做到"五通"，即政策沟通、设施联通、贸易畅通、资金融通、民心互通。而要做到这"五通"，就需要我们政策部门、金融部门、建设交通部门、法律部门、文化教育部门加强联系，密切配合，共同完成这一大目标。当然，我们说"五通"建设，不是各部门简单相加，而是要进行深入融合，形成合力。在这样一个大工程中，我们的学术研究就不能各自为政，而必须以共同的目标为方向，全方位地进行联合攻关。从学科和学术视角来看，丝绸之路经济带与新疆的发展，既涉及经济学，如何在全球化背景下，打破地方壁垒，发挥市场经济的决定性作用，加强贸易往来，加强产能合作等；又涉及社会学，如何从丝绸之路经济带的社会合作出发，提出社会治理的新举措，从而保证新疆的社会和谐稳定；还涉及政治法律，如何增强丝绸之路经济带沿线国家的政治互信，坚持法治，共同打击恐怖主义等；还涉及文化学、历史学，如何从回首丝绸之路的历史文化价值，构建丝绸之路文化共同体，实现文化的纵深交流，将丝绸之路的文明之光一代代传承下去。

三是聚焦新疆现实问题，有针对性地解决新疆发展的迫切问题。改革开放以来，新疆的经济社会发展取得了长足的进步。但必须看到的是，由于历史和现实的一些原因，新疆在发展过程中还面临着诸多挑战，安全因素、发展因素、民生因素、文化价值因素等都在影响着新疆的发展。可以说，新疆的发展涉及政治、历史、经济、社会、宗教、民族等各种因素，这些因素相互交织，异常复杂。面对这些实实在在摆在我们面前的问题，我们当然不应回避，更不应误读。必须运用辩证唯物主义观点和方法，全面分析这些问题及原因，在更加广阔的空间来审思这些问题。我们的研究一定要接地气，避免一般性的空头议论，要出实招。所有这些，都要求我们的学者更加注重问题意识，注重透过现象看本质，在发现问题、解决问题中展示出我们学者的使命。

现实是变化发展着的，我们的学术研究当然应当与时俱进。愿我们这套丛书能够在丝绸之路经济带的滚滚洪流中，在新疆发展的阵阵号角声中，展示出其独特的理性作用。

目　录

导论：区域公平与新疆的跨越式发展 ……………………………… （1）

 一　区域公平：马克思主义中国化的题中应有之义 ………… （3）

 二　区域公平：维护新疆长治久安的重要保障 …………… （7）

 三　以开阔的视角推进区域公平的构建 ……………………… （11）

 四　大力推进区域公平发展的路径 ………………………… （15）

第一编　理论探索篇

第一章　区域公平的内涵和界定 …………………………… （27）

 一　区域经济公平 ………………………………………… （28）

 二　区域民生与公共服务的公平 ………………………… （34）

 三　区域自然资源开发与生态的公平 …………………… （36）

 四　区域法律法规与政策的公平 ………………………… （38）

第二章　马克思主义区域公平思想的历史发展 ………… （41）

 一　马克思、恩格斯的公平观 …………………………… （41）

 二　马克思、恩格斯的区域公平思想 …………………… （48）

 三　中国共产党人的区域公平思想 ……………………… （57）

第三章　区域公平的基本特征和政策目标 ……………… （76）

 一　普遍共性和特殊差异的统一 ………………………… （76）

二　历史和现实的统一 …………………………………………（78）

三　主观和客观的统一 …………………………………………（80）

四　政府和市场的协调 …………………………………………（82）

五　中央和地方的协调 …………………………………………（85）

六　先发展地区和后发展地区的协调 …………………………（86）

第二编　现实问题篇

第四章　新时期中央推进新疆区域公平发展的战略回顾 …………（91）

一　基地建设战略：打造区域公平的物质基础 ………………（92）

二　恢复兵团建制：为区域公平提供组织保障 ………………（93）

三　优势资源转换战略：区域公平的活力所在 ………………（95）

四　对外开放战略：区域公平的新视角 ………………………（97）

五　"科教兴新"战略：区域公平的动力源 …………………（100）

六　西部大开发战略：建构区域公平的顶层设计 …………（103）

七　对口援疆战略：区域公平的比较优势 …………………（106）

第五章　区域公平视角下新疆发展成就及原因 …………………（112）

一　经济发展迅速 ……………………………………………（112）

二　社会发展稳步向前 ………………………………………（116）

三　新疆发展的公平政策分析 ………………………………（119）

第六章　新疆跨越式发展面临的时代挑战 ………………………（129）

一　经济发展与内地的差距 …………………………………（129）

二　教育科技发展与内地的差距 ……………………………（137）

三　复杂特殊的政治社会形势 ………………………………（144）

四　法律法规政策需进一步完善 ……………………………（147）

第三编　国外借鉴篇

第七章　美国区域公平的实践及启示 ……………………（153）
　一　美国促进区域公平的实践历程 ………………………（153）
　二　美国保障区域公平的政策总结 ………………………（161）
　三　美国处理区域公平的实践对我国的启示 ……………（170）
　四　美国加快后进地区发展的实践对于新疆发展的借鉴
　　意义 …………………………………………………………（175）

第八章　日本区域公平的实践及启示 ……………………（180）
　一　日本促进区域公平的实践历程 ………………………（180）
　二　日本保障区域公平的政策总结 ………………………（187）
　三　日本处理区域公平的历程对我国的启示 ……………（193）
　四　日本对欠发达地区的开发实践对于新疆发展的借鉴
　　意义 …………………………………………………………（198）

第九章　巴西区域公平的实践及启示 ……………………（202）
　一　巴西促进区域公平的实践历程 ………………………（202）
　二　巴西保障区域公平的政策总结 ………………………（207）
　三　巴西处理区域公平的历程对我国的启示 ……………（211）
　四　巴西对欠发达地区的开发实践对于新疆发展的借鉴
　　意义 …………………………………………………………（216）

第十章　印度区域公平的实践及启示 ……………………（220）
　一　印度促进区域公平的实践历程和政策总结 …………（220）
　二　印度保障区域公平的政策总结 ………………………（225）
　三　印度处理区域公平的历程对我国的启示 ……………（231）
　四　印度对欠发达地区的开发实践对于新疆发展的借鉴
　　意义 …………………………………………………………（236）

第四编　对策建议篇

第十一章　构建区域公平的新疆战略和规划 …………………（241）

　　一　充分把握"两个大局"的当代价值 …………………（241）

　　二　制定以区域公平为导向的区域发展战略规划 …………（243）

　　三　构建以公平为目标的区域发展协调机构 ……………（244）

　　四　实现区域公平发展的法治化 …………………………（246）

第十二章　在推进发展方式转变中促进区域公平 ……………（249）

　　一　区域公平视角下新疆经济发展方式转变的基本方向 …（251）

　　二　区域公平视角下新疆产业结构调整的基本原则 ………（252）

　　三　区域公平视角下新疆产业结构调整的路径选择 ………（254）

　　四　调整优化大中小企业的比例和结构 …………………（256）

第十三章　构建公平开放的市场和社会体系 …………………（260）

　　一　进一步完善新疆现代市场体系，发挥市场资源配置

　　　　主体性作用 …………………………………………（261）

　　二　构建向西开放的战略体系 ……………………………（262）

第十四章　建立区域生态公平的发展方式 …………………（275）

　　一　区域公平视角下推进落后地区发展过程中环境保护的

　　　　对策 …………………………………………………（275）

　　二　构建区域生态资源开发利用补偿机制 ………………（276）

第十五章　提升区域民生公共服务水平 ……………………（279）

　　一　以新疆为重点构建区域教育公平 ……………………（280）

　　二　推进基本公共服务供给体制改革，完善新疆社会保障

　　　　体系 …………………………………………………（282）

附　录 ……………………………………………… （285）

参考文献 …………………………………………… （304）

后　记 ……………………………………………… （323）

导论：区域公平与新疆的跨越式发展

在人类历史发展的大潮中，"公平"一直是一个最令人神往的价值目标。公平犹如社会前进的灯塔，永远在照耀和激励着人们前行。事实上，公平又是一个历史进化的概念。历史每前进一步，公平就又多实现了一分。从这个意义上说，公平体现着人类文明前进的方向，代表着社会发展的基本价值诉求。但又必须看到，公平是一个制度伦理概念，从来就没有一个超越时空放之四海而皆准的公平标准答案。它总是同一定的时代实践，同特定的制度伦理紧密相连。我们当然可以从西方制度文明的历史进程中去获得关于公平理念的启示，但又必须清醒地意识到，我们关于公平的制度伦理设计，更多地是同中国特色社会主义的时代实践内在联系在一起的，是同中国现代化的总体布局和发展有机统一，更是同实现中华民族伟大复兴不可分割的。从这个意义上来说，公平是中国特色社会主义理论体系的重要内容，更是社会主义核心价值观的重要内容。

无论是历史还是现实，公平从来就不是一蹴而就的，它是在兼顾各方权益基础上的一种价值利益平衡。改革开放以来，我国率先以东南沿海开放为突破口，顶层设计，全国支持，迅速打开了我国改革开放的新局面。但一花盛开不是春。在中国这样一个幅员辽阔的国度里实现现代化，当然必须有一个整体系统的布局，必须统筹区域公平发展问题。否则，西北边疆地区与发达地区差距越来越大，人们就会对我国的社会主义制度优越性打问号，对改革开放的方向有迟疑。因此，当中国社会发展到一定阶段，适时地提出并解决我国区域公平发展，无论是对于我国现代化的整体格局，还是对于欠发达地区的发展，都有着重要意义。

以新疆为例，区域公平建构问题，是当代中国现代化目标推进过程中一个绕不过的命题。在当代中国，我们要在中国特色社会主义理论引领下，实现"两个百年"战略目标，就必须正视我们的现实。中国是一个人口众多、地域辽阔的国度，各地由于历史、地域、自然禀赋、发展政策的差异，导致发展极不平衡，特别是区域发展的不平衡。尽管发展不平衡是我国发展的客观条件决定的，并且从改革开放以来，我们的起步就是要重点突破和率先在条件优越的地区实现现代化，但这并不意味着持久性的认同的这种不平衡，更不是要把这种不平衡纳入制度体系中去。我们通过重点突破，正是为了解决全面小康社会建设与全面现代化建设。"四个全面"战略的提出，也正是要解决我国发展不协调、不平衡、不可持续的问题。从根本上来说，没有社会整体的公平发展，没有区域公平目标的实现，要真正全面实现现代化的目标任务是不可能的。因为有不平衡，就可能出现发展的动荡和不稳定。特别是对于新疆来说，尽管近年来得到中央和各方的支持，发展的速度较快，但同内地发展水平相较，我们的差距还在加大。对此，必须引起我们高度重视。要维护新疆的长治久安，需要我们不断进行理论和实践的探索。从区域公平发展这一命题出发，深刻研究新疆在区域公平建构过程中得与失、破与立、长与短。对于我们深入把握区域公平发展内在本质和目标任务，这些探索都有着十分重要的意义。尽管我们在社会发展实践中，已经涉及区域公平问题，但对学术理论而言则是一个刚刚启动的新领域。这需要我们在理论实践的互动中，在跨学科的研讨中，以创新的精神和求实的态度去加以积极探索。

从一定意义上讲，没有区域公平，就没有新疆的长治久安，也就不可能使得整个中国全面、协调、可持续发展。为此，本书正是从区域公平的基本目标、定位和内容入手，以马克思主义公平观为指导，深入分析新疆区域公平所取得的成就和面临的挑战；通过对世界范围内包括美国、日本、巴西、印度等发展程度不同的国家在区域公平建构中所面对的问题，进一步拓展思路，从而提出如何推进新疆区域公平的建议对策。恩格斯曾指出："社会一旦有技术上的需要，则这种需要比十所大学更能把科学推向前进。"① 在中国和新疆发展的关键节点上，群策群力，通过积极的理论和实践创新，为新疆的长治久安，为中国现代化目标实现，做出应有的学术理论贡献，这正是本书的根本宗旨所在。

一　区域公平：马克思主义中国化的题中应有之义

公平是一个国家制度伦理概念。它通过一种制度设计，保证这一国家的区域和公民在投入和回报中保持一种动态的平衡。这种动态的平衡既是对一个区域和公民的历史自然区位的实事求是的认定，又体现着一种激励导向。公平是相对于发展主体而言，在共同的社会生产实践中所承担的责任和义务的总体均衡。当一个独立主体，或一个群体在实践中所投入的智力和体力，与其所得到的回报大体均衡时，这一实践主体就会感到公平，否则就会感到不公平。因此说，公平与不公平存在着一个客观的界定，但又总是与不同主体的相互比较中所获得的态度认同有着密切的关系。中华人民共和国的建立，就是一个公平制度建立的过程。新中国成立后，社会主义制度的公平本质的构建，大大提高了社会主义生产力水平，极大地调动了广大人民的积极性。广大人民群众在这样的制度伦理中，能够受到投入与回报的正向激励，因而当然会为这种公平制度而努力奋斗。但遗憾的是，由于我们对社会主义公平观的认识和实践存在着简单化、机械化的理解，以为只要社会主义制度建立，就可以一劳永逸地解决公平问题，甚至将公平与平均主义等而视之。特别是"文化大革命"时期，粗暴的平均主义式的公平思想，严重地影响了经济社会的健康发展，也严重挫伤了广大人民群众的积极性和创造性。改革开放以来，鉴于长期的平均主义所带来的诸多负面影响，我们提出了效率优先、兼顾公平的战略思想，由此带来了经济的快速发展。随着我国经济社会的快速发展，公平问题愈显突出。这其

---

① 《马克思恩格斯选集》第 4 卷，人民出版社 1995 年第 2 版，第 732 页。

中有制度设计的问题，也有我们对社会总体发展标准的评价问题，也涉及人们的思想观念问题。为此，我们提出，要在继续重视效率的同时，更加注重公平。到了一定的发展节点，我们的瓶颈可能变成了由于公平制度的缺陷，而难以带动效率的整体提升。

无论是我国现代化的战略走向，还是党的方针政策，还有我们面临的实际问题，公平都已经成了学术理论界必须深刻反思和研究的重大问题。近年来，关于公平问题的研究已经很多，学者们分别从哲学、经济学、社会学等学科，就当代中国所面临的实际问题，进行了卓有成效的研究。随着公平研究的深化，就需要学者更加聚焦我国现代化所面临的更加突出的问题，有针对性地回应现实挑战。正是在这样一个思路指导下，从中国现代化的整体走向中，从中国新疆的长治久安的战略设计中，很多学者发现了一个重大问题，即如何通过区域公平发展的研究，推动我国经济社会的全面协调可持续发展，进而保证新疆的长治久安。

所谓区域公平发展，也就是从一个区域的自然、经济、历史、宗教等综合因素出发，从本区域发展主体付出、回报与其他区域发展关系的比较中，提出的促进本区域全面协调可持续发展的制度伦理。也就是说，当一个地区的收入分配、民生、基础设施、公共物品等，与地区在自然资源和人力资源上的投入严重不对称，本地区人民的积极性受到严重挫伤，本地区的经济社会发展进程受到严重阻碍，就会出现区域不公平的问题。反之，当国家能够及时发现一个地区的自然禀赋和历史文化定位，及时发展这一区域的权益需求，通过总体政策法律的调整，通过对国家总体资源的合理分配，使得本区域人民能够得到应得的回报，进而促进本区域的可持续发展。总而言之，区域公平发展是一个集历史性、系统性、前瞻性于一身的命题。需要广大研究者在历史传承和创新的对接中、理论和实践的贯通中、地方与中央的互动中、不同背景和不同区域的对话中，不断丰富和发展这一命题的内涵目标。

尽管从现实实践的视角来看，区域公平发展都已经实实在在地影响和制约着我国社会经济的全面发展。特别在边疆地区，由于一系列原因，导致边疆社会经济发展滞后，给国家安全带来了重大隐患。但从学术理论层面上来说，对区域公平的研究还刚刚起步。对这一问题的内涵本质界定，所包容的基本问题，基本任务和根本目标等，都需要我们进一步结合我国现代化的实践，进行深入的理论探索。也正是从这个意义上，我们这个选题具有较强的实践和理论创新意蕴。我们深知，不从理论上有新的概括和突破，就不可能有效地指导和推动实践的发展。为此，我们经过各个层面的实践调研，邀请各个学科的学者，就这一命题进行头脑风暴式对话交流，形成了区域公平与新疆跨越式发展的基本框架，获得了国家社会科学基金重点项目的支持。

区域公平发展是具有很强历史感的宏大战略问题。马克思主义经典作家们尽管没有直接提出区域公平这一具体的名词，但在他们对社会历史的理解中，在他们对如何推进社会进步的基本思路中，已经意识到并提出了许多真知灼见。

马克思、恩格斯是最早从唯物史观的高度提出公平概念的。他们认为，资本主义推动了社会效率和公平的进步。但必须看到的是，资本主义制度伦理背景下的公平，存在着形式上的公平和实质上公平的矛盾。资本主义的制度困境，也表明他们不可能真正解决公平问题。马克思、恩格斯通过对生产力平衡发展的基本目标、路径和任务进行了全面深入的论述，这些论述既体现了对公平理论富有深度的探索，又是有具体可操作性的举措。应当说，这些思想事实就构成了区域公平的重要内容表达。列宁、斯大林在继承马克思、恩格斯基本思想的基础上，旗帜鲜明地指出，资本主义尽管可以在区域公平有一些改良性的举措，但其根本制度决定了最终难以真正解决区域公平的问题。而社会主义制度公平的优越性，可以从根本上解决包括区域公平的基本问题。列宁和斯大林都提出，通过制度优势，形成生产力和经济文化的整体布局，推进全国经济的普遍高涨，同时再将这种经济高涨用于推动生产力和经济文化的平衡发展。在这一良性互动中，事实上就可以实现社会主义的区域公平。中华人民共和国成立后，由于历史和客观的原因，我们的经济和社会发展基础十分脆弱，百废待举。更为雪上加霜的是，经济社会极不平衡。面对这样的经济社会发展格局，毛泽东以历史唯物主义的世界观和方法论为指导，针对我国经济社会不平衡和短缺的情况，写出了《论十大关系》。文章从历史和现实的高度，对我国社会主义建设初期所面临的矛盾做出了精辟的论述。这一体现辩证法光辉的论著，意味着我们党第一代领导集体已经将区域公平作为国家重要的发展内容而提出。以邓小平为核心的第二代中央领导集体，在改革开放的伟大历史进程早已经意识到，中国是一个发展程度存在极大差距、极不平衡的大国。大国的现代化目标要实现，区域协调公平发展是必经之路。为此，他提出了"两个大局"的思想，也就是国家先鼓励支持东部沿海地区先发展起来；当沿海地区发达后，再支持西部欠发达地区的发展。这样一个动态平衡的思维理念，调动了各方面的积极性，也使人们对中国如何推进区域协调公平发展有了一个更清晰的概念。以江泽民同志为核心的第三代中央领导集体，在中国进入市场经济和全球化的新的历史背景下，也深刻地认识到如何推进现代化的大格局，提出了西部大开发的战略思想。这是在继承邓小平"两个大局"思想基础上，对区域协调公平发展的又一次重大理论和实践创新。正是伴随着西部大开发的浪潮，我国西部地区经济社会发展迅速，西部和全国的经济文化交流更加密切。以胡锦涛为总书记的党中央，审时度势，在把握世界发展的大势和中国社会发展的规律的基础上，提出了科学发展观。这一重大发展战略思想，构成了我国现代化的长期指导思想，其重要的核心内容当然离不开不同区域的和谐公平发展。党的十八大以来，以习近平为总书记的党中央，高度关注中国发展的新的生长点和主要矛盾，提出丝绸之路经济带和 21 世纪海上丝绸之路的重大战略。"一带一路"的提出，正是我党对区域公平思想深入思考的成果。通过"一带一路"的拉动，不仅会使边疆地区在国内整体发展中保持区域公平，而且能在开放边陲的新视角中，进一步优化我国边疆的区域公平制度。本书以比较翔实的思想观点，充分地论述了马克思主义经典作家还有当代中国共产党人在区域公平上的重要理论和实践，既强调了区域公平理论和实践是马克思主义中国化的题中应有之义，又独辟蹊径梳理了马克思主义关于区域公平的基本思想。这一课题对当代中国区域公平理论和实践都具有重大的指导意义。

通过以上简要的思想理论回顾，我们可以发现，区域公平作为一个制度伦理概念，是马克思主义基本原理的重要组成部分，是马克思主义经典作家论述社会主义制度优越性，揭示社会主义必然代替资本主义的重要切入点。尽管他们当时只论及公平概念，但事实上已经用公平观来分析区域经济社会发展状况了。只有将区域公平放到马克思主义社会发展理论的框架中，才能深刻认识其本质意义。中国共产党人所论及的公平观，并由此对中国现代化视野下区域协调公平发展的思想，都是马克思主义中国化的新成果，是将马克思主义公平观与中国现代化发展的实际相结合，而产生的理论和实践的新飞跃。当然，关于区域公平的理论和实践，从来是开放的不断发展。它以马克思主义唯物史观为指导线索，同时也在不断学习总结发达国家和欠发达国家关于区域公平的一些基本理论和实践，特别是在边疆地区如何保证区域公平。所有这些，都会融入中国现代化视野中的区域公平制度伦理中。

二　区域公平：维护新疆长治久安的重要保障

2014 年 5 月，党和国家召开了第二次中央新疆工作座谈会，充分肯定了新疆近年来的进步变化，同时也高度关注新疆安全所面临的严峻挑战，提出了要将稳定和长治久安作为总目标统筹新疆各项事业的发展。如何在全球化和向西开放的新的历史背景下，真正实现新疆长治久安的目标，广大建设者有许多艰巨的工作需要去做。其中很重要的一条，就是必须从区域公平的高度，有效地推进新疆的跨越式发展，进而实现长治久安的总目标。

改革开放以来，我国的经济社会发生了根本性变化，社会进步加速，人民生活水平迅速提高。与此同时，新疆在党中央和全国人民的支持下，经济社会文化等各方面也发生了天翻地覆的变化。这一历史变化也充分说明了我们对新疆的治理是有效的。但不能不看到的是，在市场经济和科学技术高速发展的这样一个新的时代变化中，新疆的发展就会遇到一些深层次的障碍，这也导致了新疆发展面临着新的挑战。主要表现在：

新疆和内地发达地区的差距显著。无论是从历史传统，还是从当今的区域差异，新疆与内地相比都存在着被拉大差距的可能。与沿海地区相比，新疆的市场意识不强，运用市场手段解决经济问题的能力不强，稍遇到困难，就会想方设法地去依赖政府。特别是新疆缺乏一批在市场中冲锋陷阵的已经建立现代企业制度的核心企业支撑，经济核心竞争力不强。同时，企业总量和规模也和内地存在着诸多差距。由于经济拉动能力不足，人们的就业、收入、消费等也还处于低水平层次上。

经济社会发展结构不合理。从新疆产业结构来说，主要依靠农业和工业。尽管一直在提要走农业现代化和新型工业化的道路，但也只是在少部分地区实现了农业现代化的管理和生产方式，大部分地区特别是南疆地区还停留在传统农业的生产方式中。新疆的工业不少还仅靠资源加工，真正通过科技创新而带动产业发展的龙头产业不多。而新疆的第三产业主要是初级的服务业，对经济发展具有核心推动作用的金融、法律等尚未形成良好发展势头。同时还要看到新疆南北两区差距还很大，南疆不少地区尚未脱贫，人民生活水平极低，社会化公共水平也严重滞后。正是由于这种经济社会结构的不合理、不平衡，特别是新疆区域内部的发展状况和收入分配的失衡，为新疆的不稳定增添了隐患。

对外开放准备尚不足。近年来，中央提出了向西开放战略。习近平总书记特别提到，要构建丝绸之路经济带，新疆处于向西开放的桥头堡，历史上一直是多元文化相互交汇的重要区域。但要看到的是，在相当长的一段时期内，新疆处于高度战略战备阶段。与此同时，由于新疆地处中国西北边陲，无论是对外开放还是对内开放都存在着诸多制约。如由于市场体系尚不健全，新疆还没有从根本上打破地方保护壁垒，往往从自己的一亩三分地出发，难以使自己的产品质量和水平更上一层楼。更重要的是难以从全球、全国的整体思维，观察和分析新疆的战略发展。又如交通等基础设施的制约，尚不可能最方便、最快捷地同国内外进行经济贸易往来。还要看到，新疆民族地区的相对贫困，传统的生产方式和生活方式，导致其相对封闭的状况比较严重。

人才储备不足。人是物质财富和精神财富的创造者，是社会变革的决定性力量。新疆的革命和建设依靠的是一大批对党对国家无比忠诚的革命者和创业者。特别是新疆生产建设兵团，许多怀有理想的青年英才，正是本着保卫新疆建设新疆的坚定信念，扎根新疆，为了祖国边疆的安宁和繁荣贡献了他们最为宝贵的青春和生命，这也正构成了新中国成立后兵团发展繁荣的最为重要的因素。但要看到的是，随着我国社会主义建设经历了一些曲折，以及随着改革开放以来，我国经济社会面临的新的转型，特别是市场经济带来的社会结构变化和人们思想价值的多元化，传统的新疆兵团经济社会组织方式受到严峻挑战。同时，随着第一代和第二代进入新疆的建设者由于历史原因，相继退出历史舞台，这就更造成了新疆兵团人才缺乏的现象。除了历史的原因，研究者还发现，与新疆经济社会发展滞后伴随一起的，是教育的相对落后。教育的投入不足，造成农村孩子辍学的现象触目惊心。特别是南疆地区，到底有多少孩子失学，我们尚难以做出准确的统计。这一问题是十分严重的，因为这不仅仅是一个入学率的问题，更是关系到我国边疆地区可持续发展的问题。没有高素质的人，一切宏图大略都只能停留在纸面和口号上。

安全问题迫在眉睫。随着国际国内形势的变化，新疆安全问题越来越引起全世界的高度关注。特别是近年来，新疆的安全形势呈现异常复杂的态势。"三股势力"在新疆运用各种方式破坏社会安定，严重影响了民族团结，造成了极其恶劣的社会影响。边疆安宁，才有国家安宁；民族团结，整个国家才能形成合力。新疆稳定安全问题，是由各种因素叠加所致。除了国际形势变化，敌对势力千方百计地扰乱新疆外，还有些内部原因。这包括经济社会发展相对落后，特别是南疆地区贫困人口较多，文化建设发展也出现滞后的现象，这就给敌对势力的文化洗脑带来了很大的空间。还有诸如社会保障、教育投入、医药卫生等民生问题如果解决得不够好，都可能产生不稳定的内部因素。

以上只是简要地勾勒出新疆所面临的矛盾和问题，具体的数字和分析，在本书中都有比较深入的阐述。此处提及问题，主要是想引起人们高度关注：新疆的稳定还面临着严峻的挑战，要真正从长计议地解决好这一问题，需要有更深远的理论和智慧。而这也正是本书所关注和要应对的。

近年来，特别是第二次中央新疆工作座谈会以来，对新疆的发展目标、战略和任务，提出了新的要求，特别是对南疆发展提出了一系列新的战略意义的对策。也正是在这个意义上，本书以新疆为蓝本来研究区域公平问题，会对新疆的长治久安有着重要的学术探索和实践推动的意义。

区域公平是从全国发展一盘棋的角度，从系统论与协同论的整体战略思维出发，以社会主义公平制度伦理为基本判定标准，分析研究一个地区的经济社会发展所承担的责任和义务，与整个国家对其投入和要求而形成的一个总体价值判定。前文提到，公平具有一种主体态度认同的成分，这种主体态度认同是在比较中产生的。但必须承认，无论是公平还是区域公平，绝不是人们头脑臆想的产物，它与区域与国家整体协调发展的具体指标紧密相连。具体地说，如果整体发展得很快，而一个地区却落后贫困动荡，这当然与我们的区域公平制度有关。反之，国家发展缓慢，而某个区域却不合常理地异军突起，这也会给区域公平带来隐患。

从这个基本认识出发，将区域公平具体设定为区域经济公平、区域政治法律法规公平、区域公共政策和物品提供公平、区域生态公平等方面。区域经济公平包括区域市场体系构建的公平、要素配置的公平、金融政策的公平、收入分配的公平等等。政治法律法规公平，包括对区域特别是边疆落后地方统一的政治法律法规的支撑。这样的政策导向，不是一个简单的大一统的实现，而是必须在国家战略发展的层面，从新疆历史与客观实际出发，将带动新疆发展积极性又为国家安全和发展带来积极推动的基本要素，作为制定各类法规政策的基础。公共政策和公共物品提供公平包括政府在以人为本的原则引领下，均衡化地承担现代化进程中公民所应当享有的公共政策和物品。在这个问题上，各级政府特别是中央政府必须承担起这样一个主要责任。在市场经济的条件下，经济发展和公共物品的公平提供出现了冲突。而正是由于这种冲突就可能会带来公民应有权利的失去，就此各级政府应当将公共物品均衡化提供作为区域公平的一项重要任务加以完成。因为如果将公共物品提供完全按市场法则和流程去启动，就可能会出现严重的公共物品滞后的问题。特别是公共文化、教育、医疗等相关公共服务，既涉及民生问题，又关系到边疆落后地区发展动力的大问题。如果我们没有一个从区域公平战略上的顶层设计，任其在市场经济大潮中自然生长，那必将会给新疆社会发展和稳定带来重大隐患。区域生态公平包括区域生态环境和资源能源在市场交换的条件下，应得到透明的合理补偿，从而保证这一区域生态和经济可持续地发展。这一问题，在经济相对落后、生态资源丰富的边疆地区，更需要引起高度关注。由于生态交易的不公平，这些地区的资源能源被过度开发，而相应得到的补偿却远远难以支撑本地区的生态可持续发展。于是就会出现这样一种现象，落后地区被动地贱卖资源能源，所得补偿又难以带动本地经济的结构提升和产业转型，只能更大幅度饮鸩止渴地开采资源，从而走上一个越落后越急功近利地卖资源、卖得越多越落后的恶性循环。事实上，按照国家主体功能区的基本思路，新疆大部分地区应当作为生态保护区加以保护。这种保护的价值如果仅仅放到新疆经济社会发展的视野可能难以显现，而只有放到区域生态公平的战略高度来审视，从全国生态布局和总体功能开发需要出发加以定位，才能真正实现新疆经济和生态的双赢。

三　以开阔的视角推进区域公平的构建

构建区域公平是世界现代化发展的一项重要内容，是人类社会治理现代化的重要标志。当代中国的区域公平建构需要从中国的国情出发，还要从世界各国所走过的区域公平之路中吸取经验教训。为此，本书还专门开辟一个篇章，讲述世界其他国家在区域公平方面所走过的实践历程、基本经验及对我国特别是新疆治理的启示。"他山之石，可以攻玉。"在全球化的时代，中国更需要以更开阔的视野去推进区域公平的构建。

在通过对美国、日本作为发达国家和巴西、印度作为发展中国家的深入研究考察中发现，要真正推进区域公平的构建，需要做好以下几点：

一是从国家层面制定出基本战略规划。区域公平是关系到一个国家发展布局的大战略，需要从一个国家的历史和现实情况，特别是从一个国家未来的战略走向上，深入研究，精心部署。既要考虑到一个地区的总体发展情况，也要考虑到整个国家的发展能力。要从国家的层面上来审视地方的发展，从而才能真正使区域公平得到可持续发展。在这个问题上，无论是发达国家还是发展中国家都开始努力从战略规划上做文章，未雨绸缪，防患于未然。如美国就一直注重西部开发的问题，并将其上升到国家战略层面上，提出人口向西迁徙这一大战略，并随之制定了非常缜密的配套方案，以保证这一号令在现实中得以可持续发展。还有巴西在构建区域公平时，提出以增长极带动落后地区特别是边疆地区的发展；印度提出要通过农村改革和农业革命为抓手，缩小发达地区和落后地区的差距。当然，对于发展中国家来说，在这个问题上的敏锐性还不够，可能是国家整体还比较落后的原因，难以顾及区域公平这一个带有整体性的战略需求，走一步算一步。如此，就可能延误时机，失去最佳推进区域公平的时机。这也是使我们必须引以为训的。

二是通过法律法规为区域公平提供刚性约束。区域公平涉及不同地区、不同群体的利益博弈，当然会存在着许多直接和间接的矛盾冲突。如果任其矛盾自生自灭，当然就不可能有着真正意义的公平。由此，需要政府和司法部门从国家整体利益需要出发，从不同地区、不同群体的利益出发，找到最大公约数，找到一个彼此共赢的方案，并将这一方案以法律的形式规定下来。无论遇到领导人更迭还是领导体制调整，只要我们按照法律法规照章办事，就会为区域公平提供一个刚性保障。为此，无论是发达国家还是发展中国家，都从各国的法律体系出发，制定了许多可为区域协调公平发展提供保障的法律，并一如既往地执行下去。美国和日本在开发欠发达地区进程中保持采用法律先行、政策其后的手段，而巴西和印度则倾向于通过政策导向实现经济调整。在美国的观念里，法治是欠发达地区开发建设进程得以顺利开展不可或缺的元素，甚至是前提保障，因此针对不同领域的开发实践颁布了不同的法律。日本比美国更进一步，在所制定的开发法律基础上，根据实际的开发情况，以大致 10 年为一周期设定了开发计划，比如根据《国土综合开发法》已制定了 5 期开发规划；针对北海道地区开发设立的《北海道开发法》也已经配备了 7 期北海道综合开发计划。而巴西和印度则是典型的以政策导向进行开发建设的国家，这种建设模式缺乏法律保障，而同时又依赖于政治力量，难免会出现一些问题。比如在巴西的开发过程中出现的开发项目半途而废和资源的浪费问题。本书还从上述国家的具体法律法规中，来解读其对区域公平的保驾护航作用。

三是充分发挥政府宏观调控和干预的作用。区域公平是一个资源、利益的配置的建构行为。为此，需要政府发挥资源利益协调的作用。当然，政府的作用不是强行摊派，而是要充分考虑到本地区的实际，考虑到市场经济条件下不同利益主体的合理需求。从根本上来说，离开政府，区域公平就失去了制定者和维护者。政府的主要职责，就是在超越部门利益和眼前利益的基础上，从国家和地区长久可持续发展的需要出发，来真正充当区域公平的制定者和监督者。在这个问题上，世界各国都通过政府维护公平的职责来行使其权利。特别是在市场经济发达的美国和日本，他们的政府在行使公平的问题上没有半点含糊。区域公平发展，需要通过政府整合各种资源要素合力推进，特别是需要将市场和政府加以有机统一，形成国家、区域和个人的利益目标共同体。在资源配置进程中，主要通过两种途径实现：其一是倾向于利益最大化的市场调节；其二是会兼顾公平和效益的政府调节。第一，市场是资源配置最有效的形式，并在资源配置中起决定性作用。在促进区域公平发展进程中，市场调节是一把双刃剑。首先，它是推进区域公平发展的有效力量，但不是唯一因素；其次，由于市场的利益倾向性、市场失灵等原因，使得仅仅在市场的调节作用下的经济增长在不同区域之间不可避免地存在不平衡性。第二，充分发挥政府调节的作用。它能在公平与效益之间达到有限的平衡，发挥政府对经济运行的调节作用，可以有效避免单一市场调节的弊端，缩小地区差距。政府调控的目标是促进国家、区域、个人利益目标相一致。回顾美国、日本、巴西和印度等国促进区域公平发展的举措可以了解到，政府的有作为（包括政府的政策导向、利益导向等）是保证区域公平发展的主动性力量，但是同时也要注重发挥市场的作用，激活个人的主动性和创造性。

四是可持续发展。可持续发展应该是人与人之间的和谐状态。世界环境与发展委员会报告称："可持续发展是既满足当代人的需要，又不对后代人满足其需要的能力构成危害的发展。"① 这一界定表明，可持续发展要达到这样一种平衡：当代人之间需要的满足和后代人实现其需要的可能性之间的平衡。达到这两个目标的平衡有一个条件——"需要"的"限制"。无休止、不节制的需要追求，必然会对他人同时也对后代人的需要形成威胁。只有追求有节制的需要才是长久的、可持续的。通常情况下，人与人、人与自然的可持续状态在多数情况下都是分不开的。一般来说，人与自然的不和谐状态必然意味着人类需要的过度化，而过度的需要追求又预示着人与人之间的不和谐。在四个国家开发进程中都不乏过度开垦、过度砍伐、过度索取的情况，尤其是巴西对热带雨林的砍伐给生态环境造成了恶劣影响，国际社会对此普遍关注。美国在西进运动中对生态环境的破坏也曾受到自然的惩罚，20 世纪 30 年代一场黑风暴不仅毁灭了人们的现实需要，连同后代人追求需要的能力也大打折扣。相反，在有关北海道开发的七个计划中，却延续了保护自然环境、维护生态平衡、发展旅游业、实现可持续发展等目标，北海道正在朝着一个良性、和谐的发展目标迈进。

五是以人为本的原则。从根本上说，一个地区之所以落后，是因为在后天发展中缺乏了人的要素。当自然还纯粹属于自然存在的范畴时，它只具有潜在的价值。只有当自然资源与人的要素相结合之后，才具有了实在的经济价值。缺乏人的要素，这个地区就不可

① 世界环境与发展委员会：《我们共同的未来》，王之佳、柯金良译，吉林人民出版社1997 年版，第 52 页。

能得到发展，不论这个地区蕴藏着多么丰富的能源资源或者展示为多么美妙的自然环境。自然化程度远远高于人化程度的问题是欠发达地区的普遍表现，因此，要推进区域公平发展就必须发挥人的力量。可以说，人是整个开发环节中最核心的、最有活力的。比如日本的北海道地区，这是一个先天条件较好而离经济中心较远的地区。尽管明治维新以来就有断断续续的开垦，但是仍然没有根本改变其经济状态。二战结束后，日本为了缓解国内矛盾、解决粮食危机，向北海道地区输送了大量的从战场回归的军队人员。从这些人开始，北海道地区才实现了质的改变。再比如巴西广大的东北部、中西部和北部地区，由于大多数地区被热带雨林覆盖，开发难度较大，而且远离较为发达的南部和东南部地区，缺乏先天的发展优势。但在大规模开发落后地区的"向西部进军"计划和"全国一体化"发展战略以后，通过迁都巴西利亚、修建公路并沿途设置移民点、发展马瑙斯自由贸易区等措施不断给欠发达地区带来了移民，并实现了对欠发达地区的开发。此后，"第一巴西"与"第二巴西"之间的不公平差距逐渐减小。因此说，在人与自然禀赋对一个地区的影响上，人处于核心地位。我国要开发建设落后地区，为这些地区带来源源不断的开发者这一原动力是一个不可或缺的环节。需要注意的是，人对一个地区的开发不应该是简单的资源攫取和土地开垦，而更应该是繁衍生息。只有真正成为欠发达地区的一部分，才能给一个地区的发展带来不竭的、可持续的动力。发展的根本目的也是人，发展为了人，发展成果理应由人民享有。以人为本就是引进人、留住人的关键，是欠发达地区吸引人的要素的根本原则，也是区域公平发展的核心要素。

四　大力推进区域公平发展的路径

习近平在第二次中央新疆工作座谈会上指出，"做好新疆工作是全党全国的大事，必须从战略全局高度，谋长远之策，行固本之举，建久安之势，成长治之业"。① 如何在深入研究区域公平的内涵、历史渊源和现代功能的基础，在全方位把握借鉴国外关于区域公平发展基本思路的前提下，针对新疆的发展实际，提出构建新疆区域公平发展的基本路径和对策，当然是本书做好各项目的重要目标。

（一）要在以"两个大局"为指导的前提下，做好顶层设计

早在 1987 年，邓小平就指出："沿海地区要加快对外开放，使这个拥有两亿人口的广大地带较快地先发展起来，从而带动内地更好地发展，这是一个事关大局的问题。"② 内地要顾全这个大局。反过来，发展到一定的时候，又要求沿海拿出更多力量来帮助内地发展，这也是个大局。那时沿海也要服从这个大局。区域公平发展，既是社会主义制度的本质要求，又是区域经济协调发展的内在规定，更是欠发达地区广大人民群众的迫切诉求。这也正构成了我们实现中华民族伟大复兴顶层设计的一个基本战略性目标。正如邓小平指出的："中国的资源很多分布在少数民族地区，包括西藏和新疆。如果这些地区开发起来，前景是很好的。我们帮助少数民族地区发展的政策是坚定不移的。"③ 对于区域公平发展的顶层设计，要坚持以下几个基本原则：

一是历史地分析一个地区的战略定位。对于新疆来说，它是国家棋盘中的重要一子。边疆安则国家安，边疆兴则国家兴。新中国成立以来，新疆人民一直站在维护国家安全的第一线，与敌对恐怖势力斗，与恶劣的自然环境斗。新疆人民为国家建设发展所做出的贡献是不可磨灭的。从国家和新疆战略发展定位来考虑新疆区域公平发展时，必须充分考虑到新疆的特殊定位和价值。

二是要全国一盘棋地考虑区域公平发展。要充分看到，国家的整体发展离不开新疆在自然资源、区域安全通道、生态环境、跨文化交流等方面对其他区域的贡献；也要看到其他区域在其发展中对

---

① 《习近平在第二次中央新疆工作座谈会上强调：坚持依法治疆团结稳疆长期建疆　团结各族人民建设社会主义新疆》，《人民日报》2014 年 5 月 30 日第 1 版。

② 《邓小平文选》第 3 卷，人民出版社 1993 年版，第 277—278 页。

③ 同上书，第 246 页。

新疆的贡献率。彼此之间增强交流融合，从国家现代化的总体布局出发，从"五位一体"的总体安排出发，通盘考虑新疆的发展战略。

三是要以改革创新的方式推进区域公平发展。对于新疆的长治久安要有新思维新战略。国家和其他方面地区的支持，当然是新疆区域公平发展的题中之义。但绝不简单地认为，只要得到支持，新疆区域公平发展问题就解决了。关键我们还要在市场经济的背景下，向改革要动力，向创新要效率。推进体制机制的改革创新，是新疆区域公平发展的必由之路。

四是要构建有利于区域公平发展的协调机构。在市场经济条件下，由于累积循环效应的作用，区域发展受路径依赖的影响较大，其结果可能与中央政府最初的发展战略或规划相背离。因此需要中央政府运用各种手段进行干预并调整不同区域的经济活动，以满足不同区域人民生活水平改善的要求。①要保证区域调控的权威性和执行力度，独立的执行机构是不可缺少的。实践经验表明，区域政策的效率与效果，很大程度上取决于区域管理机构设置是否合理和完善。区域发展协调机构，一方面作为中介协调区域规划政策主体与客体之间的关系，使区域规划顺利实施运行；一方面及时分析、反映区域规划实施效果和产生的问题，为科学的区域决策提供依据。区域发展协调机构实质上是区域层次的国家管理机构，它集信息收集、调查研究、落实决策和加强监督于一身，可以高效地协助实施国家区域规划政策，与地方政府密切合作，引导、约束与协调地方政府行为，协调区域内各地方之间利益关系；也可以有助于中央在决策时，引入考虑区域或地方政府与公众利益和意见的机制。

（二）实现区域公平发展的法治化

党的十八届四中全会提出，要坚持依法治国、依法执政、依法行政共同推进，坚持法治国家、法治政府、法治社会一体建设，实现科学立法、严格执法、公正司法、全民守法，促进国家治理体系和治理能力现代化。近年来，我国的区域协调发展战略与政策体系

---

① ［瑞典］冈纳·缪尔达尔：《世界贫困的挑战》，北京经济学院出版社1991年版。

逐渐完善。中央层面上，逐渐建立起包括促进沿海开放、东北振兴、西部开发和中部崛起在内的区域协调发展战略体系，在援助欠发达地区发展和协调区域关系等方面制定实施了多项区域政策措施。同时也应当看到，我国区域协调发展战略属于宏观指导，各方主体的权利与义务有时不甚明确，操作性和约束力不强，导致实施政策的力度与效果不尽如人意。现实的问题，要在保障政策连续性的同时，更注重用法治方式、法治思维来考虑和解决问题。

　　法律具有公正性、透明性、稳定性、长期性和便于操作性等特点。要将新疆区域公平发展纳入依法治国、依法治疆的框架中来进行操作，就必须要选择法律调控的进路，而非政策调控的进路。西方发达国家在缩小区域发展差距的过程中逐步认识到，为了确保政府在区域公平发展中所起的应有作用，必须制定相应的完善的法规体系，实行区域开发政策的法律化。为此，许多国家都把解决地区差距的区域政策上升为法律法规，通过法律法规的形式体现出来。例如，英国 1934 年通过的《特别地区法》，旨在协调地区之间的发展不平衡；而 1945 年的《工业分布法》和 1946 年的《新镇法》，则分别用来引导投资的地区分布，促进衰退地区的发展和限制大都市的蔓延。① 美国政府为促进落后地区的经济发展，解决地区差距，也制定了一系列法案，如《公共工程和经济开发法》和《阿巴拉契亚区域开发法案》等。在社会主义市场经济的新形势下，保障区域公平发展应该坚持立法先行，规范权责，把对欠发达区域的开发纳入依法治国轨道。市场经济是法制经济，随着我国经济体制向市场经济体制转变，法律不仅成为规范政府行为的手段，也成为协调区域经济关系、落实政府责任的要求。赫克曾指出："法的每个命令都决定着一种利益的冲突。法起源于对立利益的斗争，法的最高任务是平衡利益。"② 一部法律之所以会产生，就是因为存在社会需求，不同时期的不同利益需求，造就了不同的法律部门，并决定着其特有的调整对象和方法。而我国制定区域公平发展法律的必要性，正

---

① 蔡昉、王德文：《比较优势差异、变化及其对地区差距的影响》，《中国社会科学》2002 年第 5 期。

② 夏文斌：《走向正义之路——社会公平研究》，黑龙江人民出版社 2000 年版。

是区域发展不平衡所带来的利益诉求不断增加的结果。

只有制定促进区域公平发展的法律法规，才能有利于区域协调发展中迫切需要解决的体制、机制等问题，有利于协调各个区域之间的经济利益关系。因此，迫切需要制定具备权威性、稳定性和强制性的保障区域公平发展的法律法规，形成促进区域协调发展的长效保障机制。所以，制定完善的区域协调发展法律法规体系，成为实现我国区域协调发展的当务之急。

另外，在市场经济国家中，为了协调区域发展，政府往往运用各种手段扶持落后地区发展。这些政策的实施，必定要涉及中央政府对各地区之间的利益关系的调节。如果没有法律作为依据，则中央和各地方之间就会陷于无休止的讨价还价之中。具体反映在两方面：一方面，发达地区总觉得付出的太多，欠发达地区总觉得得到的太少，这种站在各自利益视角上提出问题的方式，就容易使中央和地方关系处于紧张状态，这就需要从更高的视角来全方位地审定这些问题；另一方面，地区政策如果仅仅停留在抽象的政策表述，或者是一般性的政治要求上，诸如"优先安排项目"、"实行投资倾斜"、"加大支持力度"等等，那么就给具体实行时留下了很大的主观随意性和讨价还价的余地。只有以严密的法律条文将中央协调地方发展的方式和方法予以明确的界定，才能避免上述弊端，使地区政策具有权威性和稳定性。①

（三）制定区域公平发展的财政金融政策

区域公平发展的基础是经济的可持续发展。给予落后地区更多的财政支持和金融扶植，既可以使得这些地区在短期内获得发展所需的资金，也可以在长期促进自身造血能力的培养，使得包括新疆在内的落后地区增强发展动力，提高发展效率。为此，我们要继续通过转移支付政策，对地区间收入进行再分配，均衡不同地区的财力；通过政府投资于公共基础设施建设，并与私人投资互补，促进落后地区的经济增长；通过税收政策，一方面可以增加政府的总体

---

① 刘水林：《对促进区域协调发展的一些法律问题的探讨》，《经济法论坛》2005 年第 1 期。

财政收入，增强其公共支出的能力；另一方面，还可以通过税收减免、税制的一些调整，来制定有利于落后地区发展的税收政策取向。总体来说，财政政策的作用就是在市场力量驱使落后地区资金外流的情况下，通过政府的力量促使不同形式的财政资金流入落后地区，通过财政的地区性补偿制度来保证落后地区发展的基本需要。当然，这绝不意味着要拒斥市场的因素和力量。在现代化的环境下，市场对资源分配起着决定性作用。国家的各项财政金融政策是在鼓励市场竞争的前提下，更好地发挥调控手段。为此，本书集中探讨了如何有利于区域公平而实行的税收、金融配套、发展基金、转移支持等与重大现实问题的相互对接，形成一个经济发展的整体系统。

（四）通过创新驱动，大力推进新疆发展方式的转变

习近平在 2014 年 8 月中央财经领导小组第七次会议上，强调科技创新的重要时代意义。他指出，"改革开放三十多年来，我国实现了科技水平整体跃升，已经成为具有重要影响力的科技大国，科技创新对经济社会发展的支撑和引领作用日益增强。当前，新一轮科技革命和产业变革正在孕育兴起，全球科技创新呈现出新的发展态势和特征，新技术替代旧技术、智能型技术替代劳动密集型技术趋势明显。我国依靠要素成本优势所驱动、大量投入资源和消耗环境的经济发展方式已经难以为继。我们必须增强紧迫感，紧紧抓住机遇，及时确立发展战略，全面增强自主创新能力，掌握新一轮全球科技竞争的战略主动"。缺乏创新成果，仅仅依靠传统生产方式来发展新疆，是不可能推动区域公平发展的。

新疆要抓住当前国家对经济结构进行战略调整、对新疆社会和经济发展进行新的战略布局的大好机遇，坚定不移地走新型工业化道路。加快提升地方传统优势工业，大力发展现代制造业，力争在一些优势特色领域抢占制高点，积极拓展占领国内外市场，建立起富民、强区两轮驱动的工业产业体系。把轻纺工业、食品工业、建材工业、农副产品精深加工业作为增强地方工业实力的切入点，作为调结构、惠民生的支柱产业，加快发展壮大和提升。要把新能源和再生能源、新材料、生物医药等产业列入新疆战略重点产业；要

以旅游业为支柱，构筑第三产业新的增长点。同时，要加快工业园区建设步伐，大力推进产业集群建设，培育战略型新兴产业，把它们做强做大。要把知识创新、人才创新作为转变发展方式、调整产业结构的基本线索，牢牢抓住促创新、调结构的重要目标不放。为此，本书从新疆目前的产业结构现状，企业、市场等关键性问题出发，进行了集中深入的研究探讨。

（五）将缩小南北疆差距作为区域公平发展的主攻目标

新疆内部发展的不平衡问题非常突出，这是影响新疆持续发展的一个坎，更是影响新疆长治久安的一个隐患。在新疆发展这盘棋中，南疆是棋眼。这个棋眼直接关系到新疆的整体发展，关系到新疆的长治久安，更关系到中华民族的伟大复兴。在社会主义市场经济条件下，促进区域公平协调发展，就必须从不同地区的实际出发，统筹规划，合理布局。按不同地区的主体功能来组织安排不同地区经济社会的发展，促进地区间的合理分工和协作，形成各展其长、各得其所、优势互补、互利共赢的区际关系。

对于新疆发展而言，必须将明确区域主体功能定位作为组织区域发展布局、促进区域公平协调发展的一个重要原则，这也是总结我国长期区域发展经验的一个具有创新意义的科学理念。当务之急，就是要以客观理性的态度，抛开小部门、小集团利益，综合考虑各地资源环境的承载能力、开发密度和发展潜力，按照主体功能定位调整完善区域政策，规范空间开发秩序，形成合理的空间开发结构。为此，本书也对如何推进优化开发区域、重点开发区域、限制开发区域等问题进行了深入的研讨。

（六）维护区域生态公平的基本思路

生态公平是近年来理论和实践较为关注的问题。相比收入分配差距和民生问题，生态问题尽管在国家和社会层面上被广为关注，但许多普通百姓似乎觉得还离自己的生活甚远。但随着雾霾等恶劣天气对人们生命健康造成直接的危害，还有发生在人们身边的水污染、环境污染等触目惊心的问题，人们对生态公平已开始极为敏感。

特别是区域生态公平，更同人们的日常生活和一个地区的可持续发展息息相关。新疆自然生态环境本身具有脆弱性、不稳定性和遭受破坏以后的不可逆转性，所以新疆环境对社会经济发展的承载能力较差。新疆在矿产资源开发利用中的过程中，不同程度地存在着不重视环境保护、生态恢复和污染治理等问题。随着大批能源项目的建设和大量资源的开采，在向疆外输出资源的同时，留给新疆的却是严重的生态恶化。过度的采矿活动还会诱发崩塌、滑坡、泥石流、地面塌陷、煤层自燃、瓦斯突出、矿坑突水等诸多地质灾害。本书分别从生态公平机制的构建、生态公平与科技发展、生态公平与产业结构调整等问题入手，具体阐述了维护区域生态公平的思路和要求。

（七）提升区域民生公共服务水平

2014 年第二次中央新疆工作座谈会上，习近平对新疆民生工作提出了进一步要求。他指出："要坚定不移推动新疆更好更快发展，同时发展要落实到改善民生上、落实到惠及当地上、落实到增进团结上，让各族群众切身感受到党的关怀和祖国大家庭的温暖。"①

区域公平的基础就是要通过保障民生，不断提升人民群众的生活水平和质量，使他们在辛勤劳动创造中能够得到合理的回报。但是必须看到的是，虽然改革开放 30 多年来，新疆各族群众生活水平有了很大提高，但与东部地区的差距不断拉大，甚至落后于西部地区平均水平。特别是南疆相当一部分少数民族群众仅有微薄的农业收入，致富无门，生活贫困。因此，一定要充分认识加快改善新疆民生状况的重要性和紧迫性，尽最大努力、发挥最大智慧解决这一关系千家万户的大事。

习近平在第二次中央新疆工作座谈会上要求："要坚持教育优先，培养优秀人才，全面提高入学率，让适龄的孩子们学习在学校、生活在学校、成长在学校。要吸引更多优秀人才投身教育，国家的

---

① 《习近平在第二次中央新疆工作座谈会上强调：坚持依法治疆团结稳疆长期建疆　团结各族人民建设社会主义新疆》，《人民日报》2014 年 5 月 30 日第 1 版。

教育经费要多往新疆投。"① 要把发展少数民族地区教育当作"富民兴新"战略的本质要求，是新疆地区全面建设小康社会，构建和谐社会的必由之路。针对新疆贫困地区的教育现状，要建立规范稳定的上级政府对下级政府的财政转移支付制度，而且这一制度必须建立在对各级政府的财政责任做出明确合理划分的基础上。在中央财政已经负担了西部地区农村义务教育教师工资的前提下，应当改变现行做法，重新设置转移支付专项资金。要建立转移支付制度、优惠政策和相应机制，加大对贫困的农牧区和弱势群体的教育支持。支持重点应首先是边远和少数民族地区的义务教育的普及，缩小南北疆地区教育差距和各少数民族之间的教育差距。高等学校可扩大国家所需要的、免收学费学科的范围，制定鼓励高校招收贫困生和少数民族学生的政策。

要进一步建立健全与经济发展水平相适应的社会保障体系，维护社会公正、协调社会利益、构建和谐社会。进一步放宽农民工进城落户的门槛，让具备一定条件的农民工登记为城市居民户口，在政治权利、就业求职、权益维护、社会医疗保障、子女受教育方面与城市居民一视同仁。制定保护农民工权益的专门法律、法规和政策。要建立就业迁徙制度。作为新疆地区今后迁徙政策措施的实施也可借鉴外省的成功经验，重点可逐步由投资、人才、投亲靠友迁徙转向就业迁徙，降低流入地的迁入门槛，创造就业迁入的环境条件，逐步实现农民工彻底的城市化。

习近平同志在第二次中央新疆工作座谈会上，针对新疆贫困地区问题强调指出："要加大扶贫资金投入力度，重点向农牧区、边境地区、特困人群倾斜，建立精准扶贫工作机制，扶到点上，扶到根上，扶贫扶到家。对南疆发展，要从国家层面进行顶层设计，实行特殊政策，打破常规，特事特办。"② 新疆目前的农村贫困问题主要集中在生态环境恶劣、经济比较落后的南疆地区，地域性特点十分

---

① 《习近平在第二次中央新疆工作座谈会上强调：坚持依法治疆团结稳疆长期建疆　团结各族人民建设社会主义新疆》，《人民日报》2014年5月30日第1版。

② 同上。

明显。新疆扶贫工作的重点应放在南疆地区。鉴于其地域性分布特征，扶贫开发模式应以区域开发为主，建立以农业和相关加工工业为主导产业的点轴发展模式，以人口较为集中的城市为点发挥增长极作用，以交通线为轴带动区域的发展和脱贫致富。对于北疆地区，由于其经济基础比较好，应以扶贫到户为主，通过退耕还林还草、移民式扶贫等措施，使农牧民从游牧状态逐步向定居、半定居状态转移。

最后要推进人才、科技、文化、卫生等社会领域综合改革，吸引更多人才入疆，并使他们进得来，留得住，心情舒畅地为开创新疆建设新局面做出更大的贡献。为此，本书也就人力资源开发、医疗卫生体制改革、文化体制改革等做了深入的研究探讨，提出了一系列改革建议，其核心目的就是要坚持以人为本，发展、维护、实现好最广大人民的根本利益。

第一编　理论探索篇

公平是人类历史进步发展的一个永恒的话题。从一定意义上讲，人类历史的过程就是一个追求公平自由的过程。区域公平也是马克思主义经典作家和中国共产党人在不同时代的思想探索中都给予关注的重大问题，它贯穿于马克思主义中国化的全过程。今天围绕着区域公平问题的争论与冲突，有各种各样的原因，但有一条就是我们尚未全面把握马克思主义区域公平思想的价值内涵。所以，全面总结梳理马克思主义奠基人和中国共产党人关于区域公平问题的基本思想观点，并以此为指导来展开有关区域公平问题的讨论在当代语境下显得尤为必要。

选择区域公平这一视角来研究当代中国的改革发展，研究边疆地区如何实现跨越式发展，是一个重要的切入点。应当承认，对区域公平问题的理论研究，学术界尚处于一个起步过程，但其实此问题早已存在，并在持续地影响着中国特色社会主义道路的发展。除了对区域公平有一个一般性理论界定外，还要利用分层归类思考方法，试从区域经济公平（包括区域经济发展程度的公平，区域市场交易机会的公平及区域分工和产业结构的公平）、区域公共服务与社会公平、区域自然资源与生态公平、区域法律法规与政策公平等方面对区域公平的内涵、标准、特征做出科学严谨的探索性界定，以期对新疆跨越式发展的探索提供理论依归与实践方向。

第一章

区域公平的内涵和界定

公平是一个制度伦理范畴，也是一个社会历史概念。它是指参与社会历史的主体在社会实践活动中，对自身投入创造与得到的回报有一个综合价值比较。公平是对社会关系的平等和不平等的价值规范。[①] 公平正义是哲学、伦理学、法学、社会学等众多学科的重要范畴，不同学科、不同群体对公平的理解也不尽相同。公平有主观判定的成分，但也有客观标准。从客观上来说，对某种制度或行为进行公平或不公平的认定，应当放到更大社会发展空间来考量。要看其是否对推动生产力的发展，是否对推动社会进步，是否对推动历史道德文化的提升有积极作用。

所谓区域公平，是相对于我们这个资源禀赋、地理位置、发展条件多重区域经济文化差异较大的国家而言。需要确定一种制度价值，使其能够较好地调节不同区域之间的发展差异，特别使经济文化相对落后的区域，能够感受到自身投入与回报的总体平衡，从而使落后区域产生进一步创造发展的动力。区域公平包括区域内部针对不同群体而制定的制度伦理规范，也包括与区域外相比较而产生的制度伦理。区域公平的核心定位就是与本区域相关的一切制度应当大体满足本区域人民群众在投入中所应得的合理产出回报，同时又能够促进本区域经济社会的全面可持续发展。

在界定区域公平内涵时，要避免一般性的界定，必须进行分层思考。可以将区域公平的内涵概括为如下几个方面：区域经济公平

---

① 夏文斌：《公平效率与当代社会发展》，北京大学出版社2006年版，第28页。

（包括区域经济发展程度的公平，区域市场交易机会的公平及区域分工和产业结构的公平），区域公共服务与社会公平，区域自然资源与生态公平，区域法律法规与政策公平。

一　区域经济公平

从历史唯物主义的观点来看，区域间在物质生产领域的公平是其他方面公平的基础和决定因素，因此区域公平的内涵首要强调的就是区域间的经济公平。区域经济公平是指在一国区域发展过程中，在区域经济整体又好又快发展的前提下，在承认区域间资源禀赋和比较优势差异的基础上，尽量减少区域之间经济发展的不平衡程度，把区域之间经济发展各层面的差距（尤其是政策因素导致的差距）尽可能缩小。

依据马克思主义关于区域公平的观点，并借鉴西方有关区域发展思想，区域经济公平具体可分为区域经济发展程度的公平、区域市场交易机会的公平以及区域分工和产业结构的公平三部分。

（一）区域经济发展程度的公平

区域经济发展程度的公平的标志是区域之间经济差距的大小。一般而言，由于数据易于统计的需要，经济发展水平通常用人均GDP体现，所以区域间人均国内生产总值的差距是区域经济发展程度公平的重要体现。区域经济发展程度的差距是区域公平的重要衡量标准，尤其是区域发展的结果公平程度的直观体现。区域公平最直接、最现实的内涵要求，应当是区域间的发展差距保持在较小的合理范围内并逐步缩小。

区域的经济运行，由于受到不同因素的外在影响，产生了区域的层次性和差异性。由于各区域发展的起点条件不同，如拥有不同的生产要素的数量与质量，拥有不同的自然条件状况，拥有不同的基础设施状况与交通条件等，区域发展在适者生存、正向选择的市场机制作用下，各区域之间必然表现出一定的经济发展差距。因而各区域发展呈现出一定的不平衡特征，是世界各国区域经济发展的一般规律和基本特征。在实现区域经济公平发展的过程中，必须遵循区域发展的内在经济规律。

区域公平必须遵循市场经济下区域发展的一般规律，故区域经济发展程度的公平绝不是"一平二调"平均主义的复归。但它要求不同区域之间的发展相对均衡，即区域之间的经济水平的差距保持在一定的程度之内。而且各区域经济发展水平差距在较短时期内不应当急剧扩大，在较长时期内也不应当始终保持扩大之势，而是应当在政府的调控作用下，逐步呈现出缩小的态势。如果一部分地区加速发展是长期地持续地以牺牲其他地区的利益为代价实现的，区域发展就不能认为是公平的，也与共同富裕的社会主义本质要求背道而驰。

从"八五"计划开始，缩小地区间经济发展程度的差距就成为我国宏观调控的重要目标，它必然也是区域公平的重要内涵之一。[①]从静态的角度看，区域经济发展程度公平要求不同区域之间的经济发展水平没有过于悬殊的差距，区域之间发展相对均衡；从区域发展的动态过程看，要求不同区域之间的发展程度差距逐步缩小。在当代中国发展中，区域公平的这一内涵提醒中央政府必须时刻关注不同区域的利益诉求，协调好不同区域的利益关系，避免长时期仅仅倾向于为发达地区提供有利机会，而要同时考虑到支持欠发达地区的后发快进。

既然区域经济发展程度的公平内涵已经明晰，那么在区域发展过程中，区域经济差距保持在怎样的范围内才符合区域公平的要求呢？这就要求政府从具体的物质生产条件和区域发展实际状况出发，从最广大人民群众的切身利益出发，在追求各方利益"最大公约数"的基础上，探索当代中国区域经济发展差距的合理限度。为此，笔者把区域经济发展程度的公平限度具体化，至少应该符合以下原则：

第一，区域经济发展程度的差距应当不影响社会的稳定和健康

[①] 《关于国民经济和社会发展十年规划和第八个五年计划纲要的报告》，1991年3月（http：//news. xinhuanet. com/ziliao/2015-02/17/content_ 2587910. htm）。

发展，不超过人们的心理承受能力，不影响各地区的协调和共同繁荣，不影响不同地区人民基本生活保障，不影响人们对中国特色社会主义区域公平发展道路的信心。这是区域经济发展程度差距限度的基本底线。

第二，区域经济发展程度的差距应当有利于国家经济实力的总体进步，有利于经济发展方式的转变和生产力水平的不断进步，有利于提高全体人民生活水平。尤其是在现代市场经济条件下，区域经济发展程度的差距不应当造成由于不同区域之间居民收入水平差距过大而购买力差距过大，从而使得不同区域之间劳动产品的市场交换难以顺利进行。因为这将进一步固化区域之间的利益格局，可能导致区域发展差距越拉越大甚至走向积重难返的失控状态。并且，区域经济发展程度的差距不应当造成由于各区域的生产要素报酬差距过大，从而使得资本与劳动力等生产要素在逐利动机的驱使下引发社会难以承受的持续性的大规模流动。一定规模的生产要素流动是市场经济下资源配置有效的良性状态，但是如果由于区域差距过大而使得生产要素的流动规模超过了社会可承受的状态，就会给国家和社会的安全带来隐患。

第三，区域经济发展程度的差距应当控制在按照国家区域发展规划和发展战略的设想，为了全国区域发展整体水平的提升，而在一定阶段所必须存在的范围内。区域差距不能扩大到国家宏观调控难以有效调节的程度，而是应当在既有利于发达地区发挥优势，又有利于落后地区接受辐射效应，学习经验的范围内。

总而言之，符合区域公平动态要求的区域经济发展程度的差距必须限定在既不影响社会的和谐稳定和不损害人民基本生活保障的范围内，又能够促进区域的共同发展与共同繁荣；控制在既能保证政府的宏观调控及时发挥指令性的调节作用，又能使市场机制充分发挥区域间配置资源的作用。当然，随着生产条件的变化和历史的发展，政府政策对于区域经济发展程度公平限度的掌握也要随着时代而不断调整，但是必须始终遵循的是只有在维持区域间基本的公平限度的基础上，才能逐步追求更高程度的区域公平，才能实现区域经济趋于高水平良性的循环发展。

（二）区域市场交易机会的公平

依据马克思的区域公平思想可以得知，在现代经济交换关系中，只有所有国家和区域的阻隔被彻底废除，劳动价值才可在公平竞争的基础上一般性交换。在这种情况下，所有的一般性交换本身是全球市场的共同基础。① 由此，区域经济公平必然要求区域间贸易封锁、市场分割被消除，跨越不同区域的统一市场体系得以建立，生产要素和商品可以在区域内和区域之间自由流动，区域之间不平等的竞争环境被消除，市场规则和市场机制比较完善，市场秩序和市场信用得到较好维护。与此同时，区域间基于互惠互利的经济协作与交流不断深入，各区域的比较优势得以充分发挥。

由此，区域市场交易机会的公平在理论上至少包含三个方面的内容：第一，区域开放。所谓区域开放，就是指区域间发展的自然界限被打破，区域各层次的市场依照社会主义市场经济规律向其他区域一视同仁地开放，区域地方保护主义和贸易壁垒被有效遏制。区域开放是区域市场交易机会公平得以实现的重要前提，也是区域公平的基本要求。第二，区域合作。区域开放只是为区域公平创造了必不可少的前提条件，区域交易机会的公平必须要求全面加强区域之间的合作，这种合作应该是自愿平等的发展。从市场经济角度看，区域合作是不可避免的；从发展现状看，地区间的合作是有必要的。② 第三，区域融合。从经济学的角度看，区域融合实际上也是区域一体化的过程，是区域经济公平的一个重要表现，也是我们所追求的理想目标。它是指不同的区域在经济上融为一体，不同区域的界限得以消除，不同区域的发展互为因果，互为依赖，互相促进。③

随着社会主义市场经济体制的不断完善，各区域相对独立的经济利益日渐增强，在区域发展格局日趋分化，区域竞争压力越发明显的背景下，各区域都有着追逐利益最大化的动机。于是各区域纷

---

① 《马克思恩格斯全集》第46卷（下册），人民出版社1972年版，第20页。
② 焦兴旺：《大国经济及其战略》，博士学位论文，中央民族大学，2009年。
③ 孙广黎：《非均衡发展的哲学思考》，硕士学位论文，新疆师范大学，2012年。

纷把发挥区域优势、赢得市场竞争的主动权作为发展的重要目标。这固然激发了区域共同奋斗、加快建设的热情，但是与此同时也在一定程度上引发了一些区域为了保护本区域的利益，人为设置贸易壁垒、人为破坏市场规则、兴起地方保护主义等破坏市场交易秩序的情况，结果造成了区域之间经济摩擦不断。因而，区域公平理念的内涵离不开区域交易机会的公平公正。从这层意义上讲，区域市场交易机会的公平既要促进区内、区外资源的高效合理流动，也要促进区内、区外市场体系和市场秩序的健康与完善。

在人民根本利益一致的社会主义国家，区域间的合作共赢应当成为时代发展的主题。区域合作的基础往往是区域之间发展条件的互补，如某一区域中的产出表现为另一个区域的投入时，会形成相互合作的关系。因此，区域合作能够以区域整体发展为目标，通过区域之间的相互合作，减少区域盲目竞争带来的无谓损失。不同区域之间的发展优势得以相互补充，相互促进，发挥区域之间相互联合的一加一大于二的发展合力作用。同时发达地区应当主动承担起对落后地区的援助与帮扶的义务，以区域合作与共建等形式，带动落后地区充分发挥后发优势，努力实现共同发展。所以，区域合作也是区域公平发展的重要环节。

因此，区域市场交易机会的公平至少应达到以下标准：首先，资源跨区域配置便利化，生产要素可以自由地跨地区流动，不同区域市场相互联通，不同市场主体在价值规律的作用下，利用有效的价格信号跨区域合理配置资源，形成全国性的统一市场。其次，区域经济技术合作和经济技术交往在区域统一市场得以构建的基础条件下，向纵深领域开展，跨区域的商业创新，技术创新成为常态。再次，在形成全国统一市场的同时，各区域内部与不同的区域之间也能建立起完善的市场体系、统一的市场规则和真正的市场主体，形成各具专业化特点的区域市场，能较为灵敏地在价格信号的作用下调节资源在区域内的合理配置。

（三）区域分工和产业结构的公平

在现代市场经济条件下，单一商品生产者或者单一商品生产区域自成体系，独自完成生产各环节的可能大大减小。通常情况下，由于社会化大生产的需要，每一个区域都在生产过程中扮演着不可或缺的角色，不同区域之间是相互联系、相互补充的。如果说区域市场的统一性体现了区域的整体性和兼容性，那么，区域的分工和产业结构的特殊性则体现了区域的层次性和差异性，并促进了区域优势的凸显和发展。区域分工的形成既是市场经济发展到一定阶段的必然产物，也是不同区域发挥自身比较优势的必然要求。由于区域分工和发展状况的差异，不同区域之间必然形成了不同的产业结构形态。区域社会分工和产业结构联系在一起，它们的公平分配构成了区域经济公平的题中应有之义。产业结构的科学和区域分工协作的优化合理，是保证区域经济公平的一个重要条件。

区域分工和产业结构的公平用系统论的话说，就是每个区域以各个区域为自己的参照系，不断调整优化自身发展模式，以达到区域全面发展。① 区域产业结构和分工的公平旨在在区域市场一体化和以市场需求为导向的市场经济条件下建立合理的、动态的区域分工体系和产业结构。区域内部经济结构的形成应基于区域自身的禀赋条件和发展特点，并结合全国整体区域发展的总体趋势与特点，充分考虑当前经济发展阶段对于区域产业结构布局的整体要求。因此，在区域经济结构的形成和调整中，应遵循区域经济发展规律，形成区域之间科学合理的经济结构和分工体系。在制定区域整体和特定区域发展战略规划时，应充分考虑到区域之间的比较优势，通过区域之间的相互协调与周全的谋划，把区域自身的利益诉求与全国区域共同发展的总体需要紧密结合起来，从而在国家区域发展层面实现分工与结构的公平分布。

从区域产业结构和分工公平的以上内涵中进一步推理，不难得出，区域产业结构和分工公平主要的原则性标准为：区域分工和产业结构的公平要求不同地区的产业结构组合能够充分发挥不同区域的资源禀赋和自然条件的优势与特点；区域之间的发展形成既彼此

---

① 刘志尧、夏文斌：《区域公平的理论基础探源——基于马克思主义视角的分析》，《广西社会科学》2013 年第 9 期。

需要而又井井有条；既优势互补并形成完整的产业组合，而又不会彼此伤及对方区域的发展利益。这就要求通过在不同区域实行产业结构调整，形成在针对性发展和全面发展相结合的原则下，建立各区域适应于全国经济发展需要的区域产业结构。区域产业结构合理化是区域发展公平协调的基础，是不同地区在一起形成区域产业结构和区域分工条件的互惠与互利。区域分工公平要求各个区域的发展相互促进、相互协调使各地区共享发展机会、共享发展成果。公平的区域分工应确保各地区的比较优势和特殊功能都能得到科学、有效的发挥，形成因地制宜、分工明确、优势互补的区域分工格局。①

二　区域民生与公共服务的公平

虽然区域经济发展是区域社会发展的基础，但区域社会、文化发展对区域经济发展具有能动的反作用。因此，区域社会、文化发展的公平程度在很大程度上决定了区域发展公平程度。区域社会、文化方面的公平，最重要的体现是区域公共服务与民生的公平。区域公平既要关注缩小地区间的经济发展差距，也要关注缩小地区间居民生活水平与文化水平差距，这才能真正体现"以人为本"的思想。因为，我国发展的最终目的是提高广大人民群众的根本利益，也只有全国各地区居民生活水平和文化水平都有了较大改善，社会才能保持稳定。区域民生与公共服务的公平要求不同地区居民享有大致相同的基本生活保障水平，要求不同地区的基本公共服务提供水平大致相同，形成人民生活基本水准相差不大的区域发展格局。

因此，民生和公共服务的公平是区域公平的一个重要方面。区域公平发展必须要求满足所有人最低的、最基本的需求。不断提高人民群众的生活水平与生活质量，是区域发展和实现区域公平的落

---

① 王志凌：《我国区域协调发展：制度、政府与市场——兼论区域合作战略》，《贵州大学学报》（社会科学版）2007 年第 1 期。

脚点。我国当前区域发展呈现出一定的差距，对于人民来说，生活中感受到的最直接差距是民生状况的差距。因而，不同区域间民生改善状况差距较大，是关系群众切身利益的亟待研究解决的问题。各区域居民的生活质量差距不应太大，是区域公平的题中应有之义。

另外，不同区域间的基本公共服务应当均等化，各区域人们可以公平地享有同等的基本公共服务也是区域公平的重要内涵。民生和公共服务的公平要求公共产品供给实现均等化，这是区域公平很重要的目的之一。由于公共产品在消费中存在非竞争性和非排他性的特性，决定了公共产品由政府提供的特性；由于各地区之间经济发展存在差距，而造成政府财政收入的不同，这也就决定了各地区人们享有公共产品数量的不同。良好的教育环境、公共文化产品供给、医疗条件、治安状况以及完善的社会保障体系是人的生存和生产生活所必需的基本条件，也是人们保持尊严和维持幸福感的决定性因素之一。地区之间基本生活条件和基本公共产品供给水平的不均等将引发劳动力等人力资源基于自我选择而成规模性跨地区流动，即由不发达地区流向发达地区。由于人力资源在当今时代发展中处于重要的地位，地区间人口的迁移必然会造成马太效应，即发展快的地区持续快速发展，发展慢的地区因为缺乏后续动力而更加落后，这样将存在恶性循环，因此保证地区间公共产品提供的均等在区域公平的内涵中有着特别重要的地位。①

具体而言，区域民生和公共服务的公平应当达到两方面标准：一方面，居民可支配收入的区域差异不应过分扩大而造成明显的两极分化；另一方面，各区域的各种公共产品，特别是最基本的公共产品的提供能力，基本文化产品的供给与居民基本文化权利的享有不应有过大的差距。②

---

① 王文科：《经济全球化、全球问题与全球伦理》，《安徽师范大学学报》（人文社会科学版）2004 年第 1 期。

② 陈栋生：《论区域协调发展》，《北京社会科学》2005 年第 2 期。

三　区域自然资源开发与生态的公平

　　传统社会的区域发展模式是以资源换取社会的进步，即利用资源进行加工以满足人的需要。一般的发展进程是社会的进步和发展伴随着自然资源的减少以及环境的人为破坏。但随着工业化进程的推进、消耗资源的不断增多以及人们生存环境的恶化，环境问题已经成为亟待解决的问题。从辩证的角度来看，社会发展与环境的关系，是一种相互作用与反作用的关系。当社会发展程度提高时，人们对生活环境的要求也会相应提高，对环境保护治理的力度也会加大。对于环境而言，良好的生活环境以及丰富的资源能够吸引投资，促进社会发展。党的十八大报告专门使用了一个篇章来阐述生态文明建设，明确提出了"美丽中国"理念[①]，把生态文明建设放在了更重要的地位。[②] 因此，区域环境与生态的公平与区域经济、社会公平同等重要，不能因为社会发展而置环境于不顾。这就需要正确地对待区域自然和生态资源开发利用过程中的公平关系。

　　区域自然资源开发与生态的公平，要求一些区域的发展不应当长期建立在对其他地区资源和生态环境的无偿开发与过度利用的基础上，区域间应当建立公平合理的自然资源开发和生态补偿机制。自然资源开发和生态补偿机制是现代文明社会对于跨地区之间自然资源转移调配的必要经济机制，也是市场经济中对于自然资源跨区域配置、有效体现自然资源的使用成本而形成正确价格导向作用的关键手段。这一机制要求自然资源供给者区域之外的资源消耗者向资源供给者提供一定形式、一定数量的经济补偿，从而帮助资源供给地区进行生态维护与修复，进行相关的生产建设。生态资源补偿机制实质上是承认生态和自然资源不是可供人们随意开采和使用的无限的资源，它们本身也是生产成本的一部分，是不能完全无偿使

---

　　① 胡锦涛：《坚定不移沿着中国特色社会主义道路前进　为夺取全面建成小康社会而奋斗》，人民出版社 2012 年版，第 10 页。

　　② 同上。

用的。因此，生态资源补偿机制的建立与优化是区域公平不可或缺的重要组成部分。只有通过生态资源补偿机制的持续有效运行，才能够在市场经济中准确衡量资源开发利用的经济成本，使得相对发达地区（通常作为资源获取者）在资源成本的约束下，形成集约式、内涵式的经济发展模式，合理高效地利用自然资源；同时，作为资源输出者的欠发达地区可以从自然资源开发补偿机制中获得依赖于资源禀赋的经济收益，在一定程度上使其后发优势和资源优势实实在在地贡献于自身的发展，而且也有助于遏制相对发达地区"掠夺式"开发利用资源对其环境造成的破坏。

区域自然资源开发与生态的公平要求区域发展符合可持续发展的原则。自 20 世纪中叶以来，全球性的人口膨胀、资源短缺、环境恶化、生态破坏已经成为制约人类社会发展的关键，同时也成为制约中国区域经济社会发展和人民生活水平提高的障碍。根据世界各国的共识，可持续发展实质上已成为区域发展中公平合理地处理人和自然关系的规范，是建立在社会、经济、人口、环境等各方面协调发展基础上的更高层次的发展，因而也是区域公平的必然要求。[①]它是在公平原则指导下，对于区域发展中各种自然资源约束的充分协调，既要协调人与人之间的各种关系，也要协调人与地之间的各种关系。可持续发展并不排斥发展，而是要求坚持发展是第一要务的前提下，注重资源开发利用与自然环境保护的协调，重视人类对自然资源的索取和对自身家园保护的协调。因而，区域自然资源开发与生态的公平要求坚持可持续发展的原则，协调环境与社会发展的关系，促进科学的发展。

区域自然资源开发与生态的公平还体现了把区域人口、资源、环境和经济社会发展当作具有相互作用、相互影响和相互制约等关系的紧密相连的统一体来看待与考虑的原则。[②] 因此，从系统论的角度看，如果把人类社会整体看作一个有机的整体系统，那么区域公

[①] 世界环境及发展委员会：《我们共同的未来》，王之佳、柯金良译，吉林人民出版社1997 年版，第 52—56 页。

[②] 曾珍菲、赵建伟、王欣菲：《基于 CAS 理论的区域 PRED 系统协调发展研究》，《工业技术经济》2008 年第 4 期。

平也要求人类社会发展的各个子系统包括经济系统、社会系统、自然环境系统等在相互制约与相互联系中达到一种彼此平衡的状态。在这种状态下，不同区域的经济发展、社会发展在一定程度上不仅依赖于本地区的自然资源与环境资源，也依赖于其他地区的自然资源与环境资源，并且不同地区的经济社会发展也是相互联系、相互补充。这样，不同区域基于经济社会发展需要，而对自然资源的开采和利用才可能最大限度地保持在合理的范围内，才能最大限度地使经济发展的社会效益和生态效益相统一，才能使发达地区的发展成果惠及相关的不同区域。

四　区域法律法规与政策的公平

区域经济发展不平衡是在地域、政治、经济、文化等多因素综合作用下形成的。但不可规避的是，区域政策与法律法规的不公平是区域发展不公平的直接原因。它从上层建筑的角度解释了区域发展主体面对的，人为造成的发展机会的差别。所以，真正的区域公平必须要求建立有利于促进区域公平发展的机制，特别是有效的区域利益和资源的协调机制，使区域公平发展从自然整合走向制度安排；通过这一机制稳定、持久地作用保证区域公平的实现。这样的机制在区域发展实践中主要指的是国家或地方政府出台的，有强制约束力的，能够保障公平的区域政策和相关法律法规。

现代社会是法治的社会，对于区域公平，有关法律法规的保障显得尤为重要。法律法规的约束是实现区域公平的必要条件。如果少了必要的法律干预，那么区域的发展就会在市场自发的作用下出现种种投机取巧的现象，区域之间的恃强凌弱和盲目竞争将不可避免，这样只能使得区域的发展呈现出无序和失控的状态。① 而在对于区域发展的种种刚性规制手段中，国家的区域发展法律框架是最具刚性、持续性和执行力、威慑力的，所以区域发展法律对区域发展

---

① 刘琼华：《公平正义：和谐社会的核心价值理念》，《山东社会科学》2007 年第 8 期。

的合理调节应该是我国区域公平的重要内涵。系统的法律、法规管理在区域公平的保障中起根本性的作用，主要功能是通过鼓励或限制性的措施，为在该区域的各种活动，尤其是市场活动提供基本的行为守则。①

区域政策和法律法规的公平是区域公平的一个重要条件。区域政策和法律法规的公平要求政府在制定区域政策和拟定相关法律法规时，要通盘考虑各地区的实际情况和发展需要，给予不同地区大致相等的发展机会，使得各区域之间不会出现过大的差距。因而，基于这一原则，政府出台区域政策和拟定区域发展法律时必须经过仔细的研判，充分掌握不同地区发展的历史条件和现实状况，既考虑到全国范围内区域共同发展的需要，也考虑到具体区域面临的发展机遇与现实的发展困难，着重创造有利于不同地区公平发展的制度条件。

具体到我国的实际而言，区域政策和法律法规的公平要求落后地区和发达地区拥有平等的制度条件，享受公平的发展机会。同时，不可忽视的是，"先发优势"告诉我们，即使已经在相对落后地区（如西部地区）实现了与相对发达地区（如东部地区）一样的法律法规和政策等制度环境，相对发达地区仍然会由于享有先发优势而在区域发展中始终保持优势地位，这造成了事实上的不公平。所以，按照马克思主义公平观的要求，政府在实施以区域公平为目标的政策和颁布相关法律法规时，应当充分考虑到不同区域基于发展时序的差异而在前期发展中得到的利益积累有所不同。政府应当给予前期发展利益与发展机会受到一定制约的地区在区域分配关系上的重点倾斜和适当补偿，从而在事实上形成区域发展机会的公平，继而推动国家的整体区域共荣。

区域发展中关乎公平的某些重要问题，学术界给予了一定的关注，在区域差距和区域协调发展领域产生了一些有意义的研究成果。然而，学界对区域公平的研究还存在两点需要进一步加强的地方。

---

①　蒙薇、莫鸿业：《论统筹区域发展的制度基础建设》，《企业科技与发展》2011年第5期。

一是还需要提升对区域公平的重视。从目前学界研究来看，研究区域经济社会的成果很多，但对区域公平的研究还不多。区域公平涉及对一定时期一个国家经济社会发展的综合判断和价值论定，对一个国家的科学发展和长治久安具有重要意义。学界亟须从学术的综合性和现实人文性的角度，来加强对区域公平重要性的研究。二是目前对区域公平研究还需要从更深的学术层次分析其内涵和特点，从长远的历史空间，特别是马克思主义发展史的角度，全面解读其历史和时代价值。

第二章

马克思主义区域公平思想的历史发展

一　马克思、恩格斯的公平观

对于公平这一基本的哲学范畴，不同的个体理解往往不尽相同。对于这一概念理解的个体差异固然无法避免，但是不难看出，随着我国由传统的计划经济向社会主义市场经济的转变，今天围绕着公平问题的价值观冲突不仅严重，而且存在着明显的偏向。从理论上看，一些人对于马克思主义公平观的偏离和误读可能是重要的原因。马克思主义是我们社会主义祖国的根本指导思想，本书在进行进一步的探讨之前，将认真研究马克思主义的奠基人——马克思和恩格斯关于公平问题的基本观点，并以此为指导来展开有关区域公平问题的讨论。

马克思和恩格斯在与各种错误思潮做斗争的过程中阐释了公平的问题，形成了科学的马克思主义公平观。鉴于当前学术界对于马克思、恩格斯公平观的讨论已经具有一定规模，本节旨在以尽可能凝练的语言总结出马克思主义创始人对于这一问题的核心观点，并以此作为下文进一步梳理马克思、恩格斯区域公平观的必要基础。

（一）公平根植于现实的物质关系，是社会现实经济关系的反映

马克思、恩格斯研究公平问题时，从物质生产实践出发，从现实的物质生产关系出发，认为公平根植于现实的物质关系中；公平是社会现实经济关系的反映，社会经济关系决定公平的内容。由此出发，在不同的社会生产关系条件下，公平有着不同的内涵和标准，

不存在超越阶级、超越历史条件的抽象的永恒的公平，公平是对现实关系与它们自身利益关系的一种评价。笔者认为这一点是马克思主义公平观区别于其他公平思想的根本出发点，是马克思主义公平观科学性、先进性、革命性的集中体现。

马克思认为，公平和自由有着其深刻的经济背景，在本质上是一种商品经济的产物，公平是由特定的生产关系决定的。从社会矛盾的角度来看，公平应该位于上层建筑，它是一个系统的规范和价值观念的形式，将会受到经济基础的制约。马克思认为交换价值的形成过程体现了一定的自由和公平，但公平和平等的体现与经济关系的推演是分不开的，他指出："流通中发展起来的交换价值过程，不但尊重自由和平等，而且自由和平等是它的产物；它是自由和平等的现实基础。"①

正是从上述思想出发，马克思在《哲学的贫困》中，评析了蒲鲁东的"永恒公平"论。蒲鲁东片面地断定公平是人类追寻的终极目标，是人类自身的本质。马克思认为，蒲鲁东把公平的价值观和经济关系之间完全颠倒了位置，错误地认为公平是一种从所谓永恒理性得出的抽象的东西。实际上，对公平的理解，必须从特定的经济社会关系，从物质生产领域出发，才能找到确切答案。马克思指出："说以往各世纪及其完全不同的需求、生产资料等等都是为实现平等而遵照天命行事，这首先就是把我们这个世纪的人和生产资料当作过去世纪的人和生产资料看待，否认世世代代不断改变前代所获得的成果的历史运动。"②

在《论住宅问题》中，针对蒲鲁东"要求现代社会不是依照本身经济发展的规律，而是依照公平的规定……来改造自己"③，"在其一切著作中都用'公平'的标准来衡量一切社会的、法权的、政治的、宗教的原理"④，恩格斯明确地驳斥了蒲鲁东的唯心主义抽象公平观，阐述了历史唯物主义的公平观。他说："公平却始终只是现

---

① 《马克思恩格斯全集》第 46 卷（下），人民出版社 1979 年版，第 478 页。
② 《马克思恩格斯全集》第 4 卷，人民出版社 1958 年版，第 153 页。
③ 《马克思恩格斯全集》第 18 卷，人民出版社 1964 年版，第 305 页。
④ 同上书，第 306 页。

存经济关系在其保守方面或在其革命方面的观念化、神圣化的表现。"① 在《反杜林论》中，恩格斯也明确指出："这两个人应当是这样的：他们摆脱了一切现实，摆脱了地球上发生的一切民族的、经济的、政治的和宗教的关系，摆脱了一切性别的和个人的特性……于是，他们当然是'完全平等'了。"②

可见，公平作为人们的一种价值观念和价值判断，是由现实的社会经济关系决定的。对公平的定义绝不能超越特定的经济社会关系，不同的社会物质生产条件和不同的生产关系条件下，公平有着不同的内涵。因而，马克思主义所理解的公平，是有着丰富的经济关系和社会关系内容的，从根本意义上说，现实社会中的公平是由社会的生产关系决定的。

（二）无产阶级认为公平的真正实现是消灭阶级，实现每一个人自由全面发展

在资本主义制度下，更严格的法律和社会规范诞生了。形式上公平规则的建立，既是维持社会稳定和发展的需要，也是商品经济的内在要求。从某些角度看来，契约化的公平贸易在一定程度上反映了资本主义的进步。马克思、恩格斯没有否认资产阶级公平要求的相对进步性，因为资产阶级的公平观相对于旧的封建制度而言，在经济和政治上都有了进步。它使人作为看似独立和平等的市场主体参加了竞争，以法律关系替代了过去的奴役关系。从一定意义上看，在近代资本主义生产方式下，这种物质交换的公平程度是奴隶社会、封建社会所无法比拟的。

但是这种公平的"超越性"仍然加盖了资产阶级的烙印，只是一种形式上的公平。应当看到，这种自由和公平体现了资本对劳动人民的剥削，体现了资本主义的内在矛盾决定的资本主义制度的不公正性。马克思认同和肯定资本主义商品交换所引发的公平观念，但是基于对资本主义商品交换过程的解剖，和对资本主义国家制度

---

① 《马克思恩格斯全集》第 18 卷，人民出版社 1964 年版，第 310 页。
② 《马克思恩格斯全集》第 20 卷，人民出版社 1971 年版，第 108 页。

的解剖，马克思发现了资本主义法律和社会规则的本质，认为资本
主义制度本身存在着形式公平与实质不公平的矛盾。马克思认为，
资本主义"法律上的平等就是在富人和穷人不平等的前提下的平
等"①，"在这个制度更详尽的发展中对平等和自由起干扰作用的，
是这个制度所固有的干扰，这正好是平等和自由的实现，这种平等
和自由证明本身就是不平等和不自由"②。因而从根本上而言，资本
主义的公平规则隐藏着不公平的背后实质，生产资料占有的不平等
决定了资产阶级的公平的虚伪性。当我们进入生产领域探究资本主
义生产过程时，就会清楚地发现这种公平的虚伪本质："原来的货币
所有者成了资本家，昂首前行；劳动力所有者成了他的工人，尾随
于后。"③对于这一问题，恩格斯继而也明确指出："现代资本家……
是靠占有他人无偿劳动发财致富的……有产阶级的所谓现代社会制
度中占支配地位的是公道、正义、权利平等、义务平等和利益普遍
协调这一类虚伪的空话，就失去了最后的根据。"④

　　无产阶级自诞生以来就是人类历史上最先进的阶级，无产阶级
有自己的根本利益和价值追求，因而也有着不同于资产阶级公平观
的公平目标。这体现在《共产党宣言》设想的未来社会的形态描述
中。根据马克思和恩格斯的阐述，未来社会将消灭生产资料的资本
主义私有制，改变旧有的社会上层建筑，继而消除不同阶级之间的
差异，消除城市和农村的对立，消除脑力和体力劳动的差异。只有
共产主义的社会，才能真正实现无产阶级追求公平的愿望。⑤ 马克思
一针见血地指出，"消除所有社会和政治不平等"的说法是含糊不清
的，因此不能作为党的目标，而能够作为党的目标的只能是"消灭
一切阶级差别"。⑥恩格斯对于同样的问题也做了阐述："用'消除一
切社会的和政治的不平等'来代替'消灭一切阶级差别'，这也是

---

① 《马克思恩格斯全集》第 2 卷，人民出版社 1957 年版，第 648 页。
② 《马克思恩格斯全集》第 46 卷，人民出版社 1979 年版，第 201 页。
③ 《马克思恩格斯全集》第 23 卷，人民出版社 1972 年版，第 200 页。
④ 《马克思恩格斯全集》第 19 卷，人民出版社 1963 年版，第 125 页。
⑤ 《马克思恩格斯全集》第 39 卷，人民出版社 1972 年版，第 189 页。
⑥ 《马克思恩格斯全集》第 19 卷，人民出版社 1963 年版，第 28 页。

很成问题的……把社会主义社会看做平等的王国……它现在也应当被克服，因为它只能引起思想混乱。"① 可见，无产阶级真正的公平目标是要求建立没有阶级、没有剥削的共产主义社会。总之，"无产阶级平等要求的实际内容都是消灭阶级的要求，任何超出这个范围的平等要求，都必然要流于荒谬"②。

根据无产阶级对公平、公正的理解，人类公平理想的终极目标在于消除阶级差别、城乡差别、脑力劳动和体力劳动差别这三大差别，实现共产主义社会。在社会公平的实现手段上，必须消灭受资本家剥削的雇佣劳动制度，建立社会主义公有制，劳动人民成为真正的主人，得到彻底的解放。在这种情况下，整个社会的每个人都享有自由而全面的发展。从根本上讲，社会主义公平观是历史最进步的公平观，马克思主义的哲学世界观在完成革命性变化的同时，也完成了对传统公平观的转变。马克思主义把公平问题最终归结为共产主义社会的实现，所以无产阶级的公平要求必须是消灭阶级，超越资本主义私有制并最终实现全人类的解放。

（三）须根据社会生产发展提供的条件来确定分配的水平及其公平程度，社会主义公平的实现是一个历史的过程

"平等的观念，无论以资产阶级的形式出现，还是以无产阶级的形式出现，本身都是一种历史的产物。"③ 在资本主义代替封建主义的初始阶段，虽然资产阶级对无产阶级的剥削存在，但是当时的社会矛盾状况和无产阶级的阶级状况决定了那时无产阶级仍需要赞成资产阶级的公平观，认为资本主义是相对公平的。④

随着资本主义的发展，资本主义社会的主要矛盾和基本矛盾已完全暴露并且日益严重。社会分工深化造成更紧密的经济联系，使生产更多地具有社会的性质。但是与此同时，资本主义社会的生产资料和生产的产品仍然由资本家私人占有，这就形成了生产社会化

---

① 《马克思恩格斯全集》第 19 卷，人民出版社 1963 年版，第 8 页。
② 《马克思恩格斯全集》第 20 卷，人民出版社 1971 年版，第 117 页。
③ 同上。
④ 同上书，第 163 页。

与生产资料私人占有的这一不可调和的资本主义基本矛盾。① 解决这个问题的唯一办法只能是适应社会化大生产的要求，以社会主义公有制代替资本主义私有制，实现历史发展的进步。因而，资本主义社会应当被人们认为是实质上不公平的社会。由此点出发，无产阶级提出了符合时代条件和时代发展要求的进步的公平观。

必须注意的是，社会主义公平的本质绝不能理解为平均主义。马克思曾经把简单平均化的理解斥责为"粗陋的共产主义的表现"。马克思没有绝对理解社会主义公平的本质，指出社会主义社会仍然有某种形式的不平等（社会主义不平等与资本主义不平等现象是根本不同的性质），社会主义社会的公平也绝不等同于平均主义。马克思指出按劳分配作为社会主义的分配原则，仍然有不公平的因素，因为它把同样的标准，同一的尺度应用于实际上各不相同的工人个体身上。"这种平等的权利，对不同等的劳动来说是不平等的权利。它不承认任何阶级差别……但是它默认不同等的个人天赋……它像一切权利一样是一种不平等的权利。"② 换句话说，对于不同的人和劳动主体的不同负担，若采用同一尺度来衡量，这本身也是存在着一定的不公平的。但是，从历史的角度来看，社会主义按劳分配具有必然性，它是符合这一历史发展阶段的唯一正确的分配方式。

无产阶级公平理想的最终实现，必须具有高度发达的生产力基础，和建立在公有制经济背景下的现代化大规模生产，因而无产阶级公平观的真正实现是一个历史过程，绝不是一蹴而就的。正如马克思所言："在共产主义社会高级阶段上，……——只有在那个时候……社会才能在自己的旗帜上写上：各尽所能，按需分配！"③

（四）马克思、恩格斯公平观给当代中国发展提供了重要现实指导

在中国的改革开放和现代化建设实践中深入贯彻马克思主义公平观，就需要坚持中国特色社会主义道路，站在最广大人民群众的

---

① 周新城：《论恩格斯对马克思主义公平观的科学阐述》，《马克思主义研究》2006 年第 4 期。

② 《马克思恩格斯全集》第 19 卷，人民出版社 1963 年版，第 22 页。

③ 同上书，第 22—23 页。

立场上思考问题。可以说，马克思主义公平观为当代中国的发展和改革奠定了法律基础和道德基础。在区域发展方面，由于历史上低水平的生产力和社会发展的不平衡，现在不可能在区域发展上与发达资本主义国家处于同一水平，因而不能有不切实际的幻想。然而，基于社会主义社会的先进性，我国在区域公平的实现方面也应充分发挥政治优势，体现社会主义的优越性。

马克思主义公平观批判了资本主义商品拜物教"自然的和合理的"光环，把它们都放入历史的范畴，指出它们是仅在某一阶段的人类历史上有其价值和存在必要，这也意味着它的历史合理性不应当被视作理所当然，而是一定会逐渐被时代的发展所抛弃。在构建当代中国区域公平的过程中，执政者必须保持清醒的头脑。一方面，必须基于发挥人民群众生产热情和首创精神的理念，最大限度地动员全体人民创造社会财富的热情，鼓励他们应该有勇气去创新实践、改造世界；但另一方面，决策者也要清醒地认识到，追寻的共产主义理想和信念是光明正大的。消灭剥削，消除两极分化，实现共同富裕，最终实现共产主义社会，从而提供给每个人自由而全面发展的社会条件也是我国政府必须坚持的奋斗方向。

应当指出的是，正如公平的实现不是一蹴而就的，区域公平的实现也不是一朝一夕可以完成的。中国是历史上经济社会落后的国家，需要经历长时间以实现工业化和现代化为目标的社会主义建设。低水平的生产力和发展不平衡的状况，说明一定时期、一定程度的区域差异的存在是合理的，也是实现共同繁荣、共同富裕的必然要求和必经之路。当然，中央政府还需要采取一些措施来调整区域生产力分布状况和缓解区域利益冲突，但发达地区和欠发达地区还无法立即消除地区之间的差别。在目前的国情和历史的条件下，政府应该用这个角度来观察和评价区域生产力的分布问题，建立适合于社会主义初级阶段的区域公平观。我党的最终目标是消灭三大差别，建立共产主义社会。但在历史的不同阶段，需要随着生产力的发展变化，公平观念应与时俱进，适应社会发展的具体状况。

以上是笔者对马克思和恩格斯公平思想的简要总结。笔者认为，他们的观点对于我国处理区域公平问题至少有这样的启示：第一，因为劳动群众对现有社会经济关系中的公平问题有强烈的反应，对目前的区域发展不公平问题，中央政府不能表现出冷淡与无所谓的态度，而应该认真加以研究；第二，因为不同的社会集团对公平问题往往持有不同的意见，在研究区域发展领域中的公平问题时，决策者应坚定站在无产阶级立场上；第三，广大人民群众的真正利益要求在于经济关系的完善，故对于区域公平的研究不能取代对区域现实经济关系的研究，学界应该把对区域公平的关注重点放在对区域利益关系和现实分配关系的研究上。

二　马克思、恩格斯的区域公平思想

对于区域公平问题，马克思、恩格斯并未专门针对这一问题做十分系统细致的阐述，但是区域公平问题始终是他们在思想发展的不同阶段给予了充分关注的问题。他们对这一问题的论述是充分的、经典的、富有预见性的，闪耀着真理的光芒。这些论述散见于《德意志意识形态》、《共产党宣言》、《反杜林论》、《论住宅问题》、《资本论》等文献中。这些涉及区域公平的论述是丰富而经典的，是当代区域公平建设的根本指导。

（一）远期目标——生产力“平衡分布”论

马克思和恩格斯关于区域公平最经典的理论是生产力平衡分布论，在国家空间内平衡生产力布局，是马克思、恩格斯构想社会主义社会的物质资源在区域间配置的主要模式。在他们看来，就国家生产力的空间布局形式而言，资本主义国家不同区域之间经济和社会不平衡的发展状况应由在社会主义国家统一计划下生产力在区域间的平衡分布所取代，区域之间的发展差距将被逐步消除。

恩格斯在《反杜林论》首次提出未来社会应当在国家空间内平衡生产力布局，明确批判了资本主义社会工业发展集中于主要城市从而造成城市与乡村对立的弊端。他明确指出“大工业在全国的尽可能平衡的分布，是消灭城市和乡村的分离的条件。"①文中，恩格斯把区域生产力的平衡布局视为消除城市与乡村分离的重要条件。事实上，"尽可能平衡的分布"指的是：在国家各个区域的自然条件和人文资源被合理充分利用的基础上，逐步消除地区之间的经济社会发展差距，为最终消除三大差别，实现共产主义社会创造必要的条件。② 平衡城市与乡村规模，建立生产力的合理布局可以激发区域生产力的规模效益。充分利用区域资源，创造必要的条件逐步缩小到最终消除农村和城市地区发展差距。在《反杜林论》中，恩格斯不仅提出了生产力平衡分布的区域发展目标，还分析了社会主义社会实现这一目标的现实可能性。他指出："资本主义的工业已经使自己相对地摆脱了本身所需原料的产地的地方局限性……摆脱了资本主义生产的框框的社会可以在这方面更大大地向前迈进。"③ 可见，在他看来，资本主义的工业发展水平，已经使得原料产地与工业布局地可以实现分离。那么在摆脱了生产资料私有制限制下的社会主义中，生产力跨区域的平衡布局就更加具有现实可能性了。④

需要指出的是，恩格斯倡导的"大工业在全国尽可能平衡的分布"不是指绝对平均地在区域间分配生产力。其中的含义是，所有区域应基于当地的情况最大限度地利用资源，发挥比较优势，实现共同发展。恩格斯曾明确指出："在国和国、省和省、甚至地方和地方之间总会有生活条件方面的某种不平等存在，这种不平等可以减少到最低限度，但是永远不可能完全消除。"⑤可见，地区之间由于自然条件、资源环境、风俗习惯、人口结构及其他因素导致的差异将存在很长的时间，不可能完全消失。⑥ 在马克思、恩格斯看来，地区之间的公平发展应坚持生产力的均衡分布和承认区域差异的统一，各区域应当在共同发展的基础上逐步缩小发展差距。可见马克思主

① 《马克思恩格斯全集》第20卷，人民出版社1971年版，第321页。
② 黄国华：《论马克思主义的区域协调思想及其当代实现模式》，《学校党建与思想教育》（高教版）2010年第16期。
③ 《马克思恩格斯全集》第20卷，人民出版社1971年版，第321页。
④ 同上。
⑤ 《马克思恩格斯全集》第19卷，人民出版社1963年版，第8页。
⑥ 同上。

义经典作家排除了平均主义倾向，提出了科学的区域公平观，维护了区域公平与发展效率的统一。

（二）现实原则——生产力区域布局原则论

马克思、恩格斯不仅提出了生产力平衡分布这一社会主义社会区域公平发展的远期目标，他们还提出了一些有关社会主义社会实现生产力在区域间公平布局的基本原则。

1. 工业生产在区域分布上应尽可能接近原料产地

《资本论》中蕴含了较为丰富的区域公平思想，包括区域资源公正合理布局的思想。马克思和恩格斯指出，工业的区域分布应该是尽可能地靠近工业原料产地。在他们看来，布局生产力原则上必须反映生产成本的减少和生产收益的增加，从而提高社会生产效益。马克思详细地解释道："如果由于原料价格的提高一方面引起了原料需求的减少，另一方面既引起了当地原料生产的扩大，又使人们从遥远的一向很少利用或者根本不利用的生产地区去取得原料供给……以致这种高价现在突然跌落下来。"① 探究这一分析可知，马克思指出，当原材料供求关系发生逆转，原材料价格下跌，进而导致商品价格也下跌，这反过来将影响到不同区域不同产品的供需和价格波动。这表明不同区域发展不平衡的生产部门之间难免会存在不同的需求。针对不同的产品，在不同的地区由于供求关系影响，商品有着不同的生产成本。因此，工业生产如果能够接近工业原材料产地，就可以降低生产成本、减少运输费用，从而能够更有效率地扩大生产规模，提高生产能力。② 马克思这些具体的分析中包含的工业区域布局应接近原料产地的区域资源分配思想是清晰的、具有启示意义的。

2. 区域生产力空间分布应有利于促进工农结合和城乡结合

马克思在《德意志意识形态》中阐述道："城市本身表明了人口、生产工具、资本、享乐和需求的集中。"③城市本身提供了产业

---

① 《马克思恩格斯全集》第 25 卷（上册），人民出版社 1974 年版，第 136 页。

② 同上。

③ 《马克思恩格斯全集》第 3 卷，人民出版社 1960 年版，第 57 页。

和人口聚集的能力，规模越大的城市聚集产业与人口的能力更强。恩格斯也认为社会生产力的发展是城市经济实力集中的必然结果，他指出："城市愈大，搬到里面就愈有利，……这就决定了大工厂城市惊人迅速地成长。"① 大城市是一个发达的工业和商业区域，提供了各种手段促进工业和商业发展。而且更大的城市提供了更大的交易市场，这种产业的集中可以产生规模效益，降低生产成本，提高生产效率。但是他们敏锐地指出，更大的城市意味着产生的问题也更多，"而工业和商业则为农业提供各种手段，使土地日益贫瘠"②。因此，生产力在城市的迅速集结所带来的负面影响也是显而易见的。马克思、恩格斯在《共产党宣言》中探讨了资本主义生产方式在促进了各区域之间生产联系的同时，造成了城市和乡村的对立，提出无产阶级夺取政权后，在"未来社会"的生产力空间布局上应"把农业同工业结合起来，促使城乡之间的差别逐步消灭"③。恩格斯也认为生产力的公平布局应有助于消除城市和农村的对立。他强调："只有使工业生产和农业生产发生密切的内部联系……由此产生的需要扩充起来。"④ 可见，实现城乡结合不是一种幻想，它已成为工业和农业生产的必然要求。只有人口在整个国家合理分布，只有工业和农业生产相得益彰，才能真正实现城市与农村相结合。⑤

3. 区域生产力布局应有利于促进环境保护与生态平衡

在《反杜林论》中，恩格斯认为资本主义条件下的生产力的区域分布造成了浪费资源、污染环境和其他生态问题。他对此描述道："工厂城市把一切水都变成臭气冲天的污水……每个工业资本家又总是力图离开资本主义生产所必然造成的大城市，而迁到农村地区去经营。"⑥可见恩格斯认为，资本主义污染不断从城市流向农村地区，从而导致更多的城市和乡村环境破坏。若要从根本上消除这种恶性

① 《马克思恩格斯全集》第2卷，人民出版社1957年版，第37页。
② 《马克思恩格斯全集》第25卷（下册），人民出版社1974年版，第917页。
③ 《马克思恩格斯全集》第4卷，人民出版社1958年版，第490页。
④ 《马克思恩格斯全集》第18卷，人民出版社1964年版，第313页。
⑤ 《马克思恩格斯全集》第25卷（下册），人民出版社1974年版，第917页。
⑥ 《马克思恩格斯全集》第20卷，人民出版社1971年版，第320—321页。

循环，就必须消灭资本主义的生产方式。这里恩格斯实际上揭示了只有在消灭资本主义制度、确立社会主义制度的条件下，并在生产建设中遵循环境保护原则和生态平衡布局，社会的生产力布局才能避免资本主义社会难以克服的经济发展与资源约束和环境污染之间的矛盾与恶性循环。①

与此同时，马克思的再生产理论认为，生产决定消费，消费反作用于生产，不存在没有消费的生产。人类的各种物质生产活动，都离不开对自然环境和生态资源的消费。既离不开对自然资源的索取利用，也离不开向生态环境中排放废物，完全不消耗生态资源和自然环境的人类生产活动并不存在。因此，生态环境和自然资源是社会生产和再生产必须依托的自然条件。资本主义生产方式建立以来，过度消耗自然资源、破坏生态环境的现象空前增加。生态系统和环境系统的承载能力已经不能满足资本主义工业的需求，长此以往，物质生产和物质循环将难以持续进行。因此，公平可持续的区域发展应该有利于环境保护和生态平衡，这就需要建立有效的区域生态补偿机制，在生态建设者和生态受益人之间建立交换平台，从而有效解决区域经济社会发展与区域环境资源保护的矛盾，实现区域发展经济效益、社会效益与环境效益的统一。②

（三）按照统一的计划在区域间配置生产力

马克思和恩格斯认为，区域公平要求按照统一的国家计划在区域间配置生产力。马克思和恩格斯认为，基于生产资料资本家私人占有的资本主义社会，国家经济发展基于资本家对商业利益的追逐，只能实现企业内部生产的有序，而社会作为一个整体处在无序的状态；而在人民当家作主的社会主义社会，在国家的生产计划之下，生产力的区域公平布局才成为可能。

恩格斯在《反杜林论》中强调了未来社会的生产力分布和经济

---

① 徐子青：《区域经济联动发展研究——以海峡西岸经济区为例》，博士学位论文，福建师范大学，2010年。

② 陈晶：《马克思再生产理论与区域生态补偿机制的构建》，《中国乡镇企业会计》2011年第11期。

发展必须被国家的统一计划所指导，服务于国民经济的整体利益。他指出："只有按照统一的总计划协调地安排自己的生产力的那种社会，才能允许工业按照最适合于它自己的发展和其他生产要素的保持或发展的原则分布于全国。"① 可见，只有在国家统一计划的作用下，才能实现全面的、共同的、公平的、协调的区域发展。可见，马克思、恩格斯用历史唯物主义的原理阐明了社会发展的基本规律。他们科学解释了无产阶级夺取政权后公有制的实现，使得人可以成为自身、社会和自然世界的主人，社会生产的无政府状态将被有意识的组织计划取代；又进一步强调了只有根据统一的计划公平协调区域之间的生产力配置，才可以实现资本主义生产无政府状态所不能实现的，不同区域之间国民经济发展的总体公平性。

（四）区域间社会劳动按比例分配，分工协作合理

马克思认为区域间社会劳动必须按比例分配。这个论断是通过对再生产理论中生产资料生产和消费资料生产两大部类的平衡和补偿关系的剖析所反映出来的。通过马克思对两大部类的分析可以得出，只有两大部类保持适当的比例，相互平衡，整个社会的物质生产才会持续运行，经济社会才能稳定发展。同样的，这一原理也适用于认识和正确处理区域发展中地区之间的关系，因为物质生产活动同样有其空间属性。从生产活动的区域空间布局上看，一个国家经济发展在不同地区有着不同的水平；在同一地区，又有处于不同的发展水平、起着不同作用的部类。只有劳动力和生产资料按一定比例分配给处于同一区域和不同区域的各个部类，一个国家才能获得确保经济社会稳定可持续增长的条件。在一个国家不同区域中，只有各区域之间、各区域内部不同部类之间的生产要素（如资金和技术）按一定比例分配，从而达到平衡状态，社会的生产和再生产才能够顺利实现，国民经济才能顺利运行。"这种按一定比例分配社会劳动的必要性……是不言而喻的。"② 所以区域公平发展要求社会

① 《马克思恩格斯全集》第 20 卷，人民出版社 1971 年版，第 320 页。
② 《马克思恩格斯全集》第 32 卷，人民出版社 1975 年版，第 541 页。

劳动必须按比例分配，这既是社会再生产过程得以实现的必然要求，也是社会经济持续运行的客观条件。

马克思、恩格斯认为公平的区域发展要求区域间相互分工。马克思、恩格斯明确指出："一个民族的生产力发展的水平，最明显地表现在该民族分工的发展程度上。"① 马克思从分析分工的产生过程中描述了分工的重要作用："把特殊生产部门固定在一个国家的特殊地区的地域分工……获得了新的推动力……为社会内部的分工提供了丰富的材料"②，"一种和机器生产中心相适应的新的国际分工产生了，它使地球的一部分成为主要从事农业的生产地区，以服务于另一部分主要从事工业的生产地区"③。物质生产必须存在一定的空间内，任何生产活动始终是在特定的空间中进行，所以必须有劳动的地域分工，才能实现现代化的生产。④

马克思和恩格斯认为公平的区域发展需要区域间相互合作。随着劳动地域分工的形成，不同部门和地区之间的经济联系越来越紧密，进行劳动空间上的协作是必不可少的。马克思给出了协作的定义："许多人在同一生产过程中，或在不同的但互相联系的生产过程中，有计划地一起协同劳动，这种劳动形式叫做协作。"⑤ 同时，他还分析了协作对于提高生产效率和提高生产力水平的重要性："一方面，协作可以扩大劳动的空间范围……另一方面，协作可以与生产规模相比相对地在空间上缩小生产领域……会节约非生产费用"⑥，"协作提高了个人生产力，而且是创造了一种生产力，这种生产力本身必然是集体力。……单是社会接触就会引起竞争心和特有的精力振奋，从而提高每个人的个人工作效率"⑦。因此，区域分工与协作是提高区域整体发展水平，缩小区域自身生产效率的差距，有效突

---

① 《马克思恩格斯全集》第3卷，人民出版社1960年版，第24页。
② 《马克思恩格斯全集》第23卷，人民出版社1972年版，第392页。
③ 同上书，第494—495页。
④ 同上书，第392页。
⑤ 同上书，第362页。
⑥ 同上书，第365页。
⑦ 同上书，第362—363页。

破区域自然资源和生产资源约束的良好途径。[①]

（五）平均利润率理论要求区域间市场机制完善和要素可以自由流动[②]

马克思的平均利润率理论说明区域间市场机制完善和要素可以在区域内部和跨区域自由流动是区域公平发展实现的必要条件。马克思在《资本论》描述了平均利润的形成："这些不同的利润率，通过竞争而平均化为一般利润率……按照这个一般利润率归于一定量资本（不管它的有机构成如何）的利润，就是平均利润。"[③] 而对平均利润的具体形成过程，马克思又分别进行了两个步骤、两个层面的考察，首先考察了由于生产部门内部的竞争，使得资本在部门内部各个生产环节之间转移，从而实现部门内利润率的平均化；之后又分析了由于生成部门之间的竞争，使得资本在各部门之间流动，从而实现了生产部门间的利润率平均化。

根据马克思的推理，利润率首先在生产部门内部的各个环节实现平均化是商品经济发展的必然趋势。需要注意的是，在实际经济活动中，由于不同地理区域的资源禀赋、自然条件、劳动力状况等有所不同，导致同一生产部门内部的不同生产环节必然基于对利润的追逐；分布于不同的劳动地域空间内，即同一部门的不同生产环节，往往处于不同的地理区域之中。根据马克思的分析，由于部门内竞争，分布在相应的区域空间内同一生产部门内部不同生产环节的生产要素不断流动，导致同一部门的各个生产环节在产业部门内部竞争作用下，在部门内部形成平均利润率的趋势。与此同时，由于相应的经济活动始终是隶属于特定的空间区域，设想如果某地区存在高于正常利润的超额利润，那么部门内生产要素将在市场机制的作用下流入该地区，这将使部门内不同区域的利润率趋同。也就

---

① 黄国华：《论马克思主义的区域协调思想及其当代实现模式》，《学校党建与思想教育》（高教版）2010 年第 16 期。

② 龚勤林、陈说：《马克思主义视阈下的区域协调发展及对我国的启示》，《马克思主义研究》2012 年第 8 期。

③ 《马克思恩格斯全集》第 25 卷（上册），人民出版社 1974 年版，第 177 页。

是说，每种生产要素只能获得正常的利润，不能获得超额利润。因此，马克思所描述的部门内部利润率平均化过程，同时也是平均利润率在不同地理区域之间形成的过程，这同时也是区域发展差距逐渐缩小的过程。

马克思在分析生产部门内平均利润率形成的基础上，进一步分析了由于各生产部门之间的竞争，使得各种生产要素进行跨部门的转移与流动，从而在各部门之间也形成了利润平均化的现象。同样的，现实经济运行中，国家经济或全球经济工业系统的各不同生产部门为了追求的优势位置和利润最大化，必然会在各个不同的地理区域之间进行产业布局。因此，国家经济或全球经济不同生产部门经常分散在不同的地理区域之中。同时，由于现代产业体系变得越来越复杂，以及现代分工的专业化，使得某一特定的区域难以涵盖某一工业生产的所有部门，在现实中通常是一个特定的经济区域具有特定的一个或多个产业部门。[①] 因此，马克思所论述的一个完整产业系统所属的各部门之间的竞争，将导致形成跨部门平均利润率的趋势。如果从空间维度看，也将使区域之间的利润差距平均化，从而促进区域的平衡发展。

不应忽视的是，马克思的利润率平均化理论隐含几个重要的前提条件。首先，生产要素必须可以实现跨区域的自由转移，这要求不同区域之间不存在政策障碍和交易成本。其次，平均利润率的形成并不是利润本身的要求，而是基于较为完善的商品经济发展的内在趋势。因此，市场机制的完善和生产要素的自由流动成为实现商品经济条件下的区域公平所必不可少的条件。

（六）社会有机体理论要求区域经济、社会、法律、文化、生态全方位共同发展

马克思指出："社会不是坚实的结晶体，而是一个能够变化并且经常处于变化过程中的机体。"[②] 这个人类社会的有机体是由生产力和

---

① 龚勤林、陈说：《马克思主义视阈下的区域协调发展及对我国的启示》，《马克思主义研究》2012年第8期。

② 《马克思恩格斯全集》第23卷，人民出版社1972年版，第12页。

生产关系、经济基础和上层建筑之间的有机统一所构成的。社会有机体理论是唯物史观的重要内容。正因为人类社会是这样一个有机体，人类社会中区域公平的实现也应当要求区域经济、政治、社会、文化和生态不同维度的共同发展。马克思、恩格斯不仅重视区域经济公平，也重视区域之间其他维度的公平。例如，恩格斯曾明确提出："国家出资对一切儿童毫无例外地实行普遍教育……只是一件公平的事情。"① 可见，公民平等受教育权的实现是区域公平的基本条件之一。当然，区域经济公平是实现区域公平其他维度的基础，正如经济基础制约着上层建筑的发展。区域政治、社会、文化、生态等方面的公平归根到底体现的是人与人之间的生产关系，脱离社会历史条件，脱离社会的生产实践而空谈区域公平是完全不可能的。

综上所述，马克思和恩格斯对于区域公平问题的论述是独到而全面的。他们提出了生产力"平衡分布"的现实原则；阐述了工业生产在区域分布上应尽可能接近原料产地、区域生产力空间分布应有利于促进工农结合和城乡结合、区域生产力布局应有利于促进环境保护与生态平衡等生产力区域布局原则；分析了按照统一的计划在区域间配置生产力，区域间社会劳动按比例分配、分工协作合理、产业结构协调、区域间市场机制完善和要素可以自由流动，区域经济、社会、法律、文化、生态全方位共同发展等区域公平的现实要求。这些论述的梳理和总结在今天有着重要的现实意义，它们为社会主义国家解决区域公平问题，提供了根本理论指导。

三 中国共产党人的区域公平思想

区域公平也是中国共产党人在不同时代的思想探索中都给予关注的重大问题。它贯穿于马克思主义中国化的全过程，是探讨当代中国区域公平的宝贵基础与指导。全面总结梳理中国共产党人关于区域公平问题的基本思想与奋斗历程，对于全面把握马克思主义区

---

① 《马克思恩格斯全集》第22卷，人民出版社1960年版，第614页。

域公平思想的现实价值内涵，并以此为指导来展开有关区域公平问题的讨论在当代语境下显得尤为必要。中国共产党人所论及区域公平思想，都是马克思主义中国化的新成果，是将马克思主义公平观与中国现代化发展的实际相结合，而产生的理论和实践的新飞跃。当然，关于区域公平的理论和实践，以马克思主义唯物史观为指导线索，从来是开放的不断发展。所有这些，都会融入中国现代化视野中的区域公平制度伦理中。

（一）第一代中央领导集体区域公平战略："工业布局逐步平衡"

新中国成立后，以毛泽东同志为核心的中央第一代领导集体，在社会主义建设的探索过程中，提出了全国区域均衡发展的战略思想；并以此指导我国区域发展实践，努力建立一个全国各地区共同繁荣、全国各族人民共同富裕的社会主义新社会。

新中国成立初期，国家工业和农业基地分布呈现出社会生产力薄弱和地域分布不平衡的特点，全国70%以上的工业和交通运输设施主要集中在占全国面积不到12%的东部沿海地带。[①] 旧中国留给我们的极端落后、区域发展极不平衡的状况，既是新中国区域发展的历史起点，又是第一代领导集体选择区域平衡发展战略的基本出发点。当时，以美国为首的西方资本主义国家对中国采取敌视、封锁和孤立政策，我国面临着险恶的国际政治军事和经济环境，这使得沿海地区的外向型经济发展在客观上遭遇了国际环境的限制。与此同时，苏联的社会主义建设有了较为明显的进展，区域经济社会得到了很大的发展，这对当时的中国共产党人来说有着巨大的启迪作用，也成为区域平衡发展模式得以被采纳的重要理论依据。基于现实国情与国际形势，第一代中央领导集体从如何处理沿海与内地发展的关系入手，逐渐形成了区域均衡发展的指导思想，把区域发展的重点从东部沿海转移到中西部地区。

---

① 肖光荣：《中国共产党对区域经济协调发展的探索及历程》，《湖南师范大学社会科学学报》2009年第2期。

在 1956 年发表的《论十大关系》中，毛泽东提出了沿海和内地工业布局逐步平衡的观点，标志着毛泽东区域公平思想趋于成熟。毛泽东在分析了我国区域发展不平衡的历史原因和现状后，明确指出："沿海的工业基地必须充分利用，但为了平衡工业发展的布局，内地工业必须大力发展。"①诚然，在我国社会主义工业化建设初期，从合理配置生产力的角度看，客观上需要有重点地发展内地工业，推进内地工业化进程。在毛泽东生产力均衡布局和实行区域平衡发展的思想指导下，我国基本建设的重点逐步从沿海地区转到了内地。在国民经济恢复和"一五"计划、"二五"计划时期，我国实行了优先发展重工业的发展战略和与之相配套的区域发展政策，主要是以平衡沿海与内地的关系为主线，集中力量建设内地，开创工业布局的新格局。"一五"时期从苏联引进的重大项目中投入中西部地区的达 124 个，占总投资的 80%。②

进入 20 世纪 60 年代中期，随着美国在越南的战争逐步升级以及中苏关系的全面恶化，中国周边面临多方面的战争威胁和军事压力，国家安全环境急剧恶化。面对国际形势的变化，从战备需要对中国工业布局进行大调整，按战略纵深进行新的配置，成为党中央迫切需要考虑解决的重大现实问题。1964 年中央召开工作会议讨论第三个五年计划期间，毛泽东初步提出要加快搞"三线"建设的思想。随后，中央书记处举行会议决定集中力量建设"三线"，标志着中国区域发展的指导思想转向以备战为中心的"三线"建设决策基本确立，"三线"建设从此进入了实施阶段。大规模的"三线"建设是一场以军事政治为主要目的的国防经济建设，从区域工业化和现代化的性质来说，又是一次空前规模的内地经济开发和建设。在中西部地区进行的大规模交通运输建设、工业基地建设和国防工业建设，为该地区的长远发展打下了重要的物质技术基础。

通过梳理回顾以毛泽东为代表的党的第一代领导集体的区域公平思想，可以发现有以下特点：第一，毛泽东认为实现区域公平的

---

① 《毛泽东选集》第 5 卷，人民出版社 1977 年版，第 270 页。
② 《中国特色社会主义经济发展道路》，中央文献出版社 2013 年版。

重要手段是在各区域建立起较为完整的工业体系。毛泽东认为为了改变旧社会政治经济发展极端不平衡的现状，实现促进区域公平发展这一目标，工业体系的完备和高度发达是基础条件，这是毛泽东一贯坚持的基本方针。① 第二，通过沿海支持内地，来加快内地的发展，促进区域公平。为保证区域公平发展目标的实现，以毛泽东为核心的第一代领导集体从新中国成立以来就十分关注内地区域的发展。鉴于内地工业基础薄弱、发展滞后的实际情况，一直强调要通过对内地的支持，帮助内地建立起完整的工业体系。② 第三，在加快内地发展的同时，毛泽东也认为不能通过限制沿海工业的发展来发展内地工业，而是应该调动沿海和内地两个积极性，使我国的区域发展更趋于合理化。③ 他清楚地认识到，实现区域公平发展，需要依靠沿海对内地的支持；但如果为了发展内地工业，为了均衡而限制沿海工业的发展，对沿海工业发展"采取消极态度，就会妨碍内地工业的迅速发展"④。第四，在区域工业结构上，全国应重点发展重工业，而沿海可以适当发展轻工业。毛泽东针对我国当时重工业基础薄弱的现实国情，认为重工业应当成为发展的重点。⑤ 同时，我们必须注意到，毛泽东并不是完全忽略轻工业的发展，他强调沿海地区的轻工业也必须充分发展。第五，毛泽东认为保障区域公平必须使区域发展在全国统一的指导框架下有序进行。第六，毛泽东指出在统一计划区域发展的同时，促进区域公平必须调动中央和地方两个积极性。

诚然，当时对区域公平发展的探索中也存在着一些失误，如对加快内地建设要求过急，对东部沿海省份未能给予应有的重视，削弱了沿海的发展速度。但是，以毛泽东为代表的党的第一代领导集体的区域公平思想丰富和发展了马克思主义区域发展思想的宝库，

---

① 《毛泽东选集》第 5 卷，人民出版社 1977 年版，第 270 页。

② 高宝柱：《探寻推动中国发展的经济体制模式——毛泽东与中国社会主义建设概论之七》，《党史文汇》2003 年第 7 期。

③ 李兴江、孟秋敏：《论中央三代领导集体对中国区域经济发展的贡献》，《甘肃省经济管理干部学院学报》2005 年第 1 期。

④ 《毛泽东选集》第 5 卷，人民出版社 1977 年版，第 270—271 页。

⑤ 同上书，第 268 页。

对于维护国家安全、改变我国区域发展极度不均衡状况，加快中西部地区发展，有着积极而重大的意义。

（二）第二代中央领导集体区域公平战略："沿海内地两个大局"

20世纪70年代后期，以邓小平同志为核心的中央第二代领导集体及时把握国际形势的变化，认为和平与发展成为时代的主题，明确指出贫穷不是社会主义，逐渐把党和国家的工作重心转移到社会主义经济建设上来。这使得中国具有了同世界其他国家更好地发展经贸关系的前所未有的良好国际环境，也为我国重新调整区域发展战略提供了可能。

邓小平在1978年12月召开的中央经济工作会议上指出："要允许一部分地区、一部分企业、一部分工人农民，由于辛勤努力成绩大而收入先多一些……就必然产生极大的示范力量……使全国各族人民都能比较快地富裕起来。"①允许和鼓励部分地区先富起来是实现邓小平共同富裕构想的一个重要战略步骤和有机组成部分，提倡一部分地区先富裕起来，是为了激励和带动其他地区加快经济发展，逐步实现各地区的共同富裕。邓小平这个经济大政策，既是推动整个国民经济发展的重大思路，也是新时期中国区域公平发展中一系列理论创新和政策实施的基础。

十一届三中全会是中国命运的根本转折，此后我国开始实施改革开放战略，这对我国的区域公平产生了重要影响。在中国由封闭走向开放的过程中，各地的区位优势发生巨大变化。以沿海地区优先发展为突破口，继而带动其他地区共同发展的非均衡发展战略，成为中国区域发展战略转换的一种必然选择。东部沿海地区由于拥有较好的经济发展基础、对外开放的地理优势，国家又率先在体制和政策上给以特殊优惠，这些地区因而率先发展起来，日益成为我国经济发展改革的重点、热点地区。这些地区不仅有力推进了全国各地区的全方位开放，也从整体上支撑了全国的发展，带来了综合

---

① 《邓小平文选》第2卷，人民出版社1994年版，第152页。

国力的整体提升。同时，中央也明确重视区域发展的公平和协调，"七五"计划首次明确地体现了非均衡发展的同时要统筹东中西部地区发展的问题；① "八五"期间，在非均衡发展的同时又进一步强调了区域发展的协调性。②

邓小平还指出我国的区域公平实现离不开与各国的交往，并通过外向型经济发展，把我国区域发展纳入世界发展的大格局。他认为，我国实行的是全方位对外开放，包括区域的发展也必须对外开放。但由于不同区域的发展基础、区位特征和对外交往的传统不同，对外开放可以是有先后的。邓小平首先指明了东部沿海地区应该而且可以成为我国对外开放的前沿。从这样的观点出发，邓小平提议建立经济特区。③ 十一届三中全会后，我国的对外开放开始由点到面不断突破。首先在深圳、珠海等地区设立经济特区，继而开放了一批沿海港口城市，在此之后又设立了沿海经济开放区，这些措施使得具有发展外向型经济得天独厚优势的一些沿海地带迅速发展起来。国家在这一阶段结合逐步开放的大势，制定了一批适用于开放地区的吸引外资政策，使得一大批外商直接投资于沿海地区，带动了这些区域的率先发展。

1988 年，邓小平同志提出了对于我国区域发展起着决定性作用的重要主张，即"两个大局"的重要思想，这是邓小平关于我国区域公平问题最为重要和精辟的论断。邓小平强调："沿海地区要加快对外开放……这是一个事关大局的思想……发展到一定时候，又要求沿海拿出更多力量来帮助内地发展。这也是一个大局。"④ 这表明邓小平清楚地认识到：由于区域自然、社会、历史条件不同，实现区域公平必须是有经验指导的、非均衡的发展进程，这是实现各地区共同繁荣的途径，是实现区域公平的必然选择。邓小平这里所说的内地主要是指中西部地区，中西部地区相对于东部沿海地区在地

---

① 李英策：《试论我国区域经济发展的三个阶段及其历史演进》，《大众商务》2009 年第 16 期。

② 陈锦华：《第八个五年计划期中国经济和社会发展报告》，中国统计出版社 1996 年版。

③ 《邓小平文选》第 3 卷，人民出版社 1993 年版，第 51—52 页。

④ 同上书，第 277—278 页。

理环境、自然条件、人文积累、基础设施等方面由于历史和客观原因长期落后，在发展的初始阶段难以迅速起步。因此，只有顾全大局，让东部沿海地区率先快速发展起来，继而利用沿海地区优先发展带来的辐射效应和社会主义国家有力量合理调配资源的政治优势，逐步带动中西部地区发展，逐步走向全国各区域共同富裕。"两个大局"战略思想从根本上说，就是通过在一定阶段有重点的优先发展来推动下一个阶段的公平发展，使各区域有先有后地实现共同富裕，是既尊重区域发展客观规律又符合人民群众愿望的整体战略，也是一个既重点突破又顾全大局的辩证统一的有机整体，为此后新的中央领导集体正确处理东西部的发展关系、制定新的区域经济发展战略提供了宝贵的理论指导。

1992 年邓小平在南方谈话中对"两个大局"思想做了进一步阐述，明确了解决第二个大局的具体时间和可行方法，从而使"两个大局"从目标到手段得以明晰化和具体化。邓小平指出，20 世纪末，全国基本实现小康的时候，就要着手解决后富地区的发展问题。同时对于通过怎样的途径来帮助欠发达地区，他指出，一方面是开发更好的地区应当承担更多的利润和税收，另一方面是通过技术转让。发达地区需要在资金、技术上帮助较不发达的地区，并主要通过国家的宏观调控来实现区域公平。①

邓小平强调，实现区域公平尤其要通过加快改革的方式，充分利用市场机制，重视公平原则，并促进资源优化配置和有效利用，在各地区合理分布，每个区域的比较优势充分发挥。因为很长时间的区域发展是一种传统的计划模式，这种区域发展模式要求各区域按照国家统一建设规模进行发展，在各个地区所需资金、市场也由国家安排。这种发展模式对我国生产力的公平布局曾发挥积极的作用，然而，因为它实际上否定地方政府和企业的主动性和否认市场在区域发展过程中的作用，该模式具有固有的劣势，且变得越来越明显。平均主义使得各种生产要素跨地区的自由流动受到妨碍，不同地区生产要素的合理配置难以实现。邓小平敏锐地意识到计划经

---

① 《邓小平文选》第 3 卷，人民出版社 1993 年版，第 373—374 页。

济体制下区域发展机制存在缺陷，区域发展必须利用市场经济，必须坚持以市场为导向，给予地方更多的自主权，以促进区域的整体发展。

同时，邓小平认为，区域要公平发展，区域间还应当互利合作交往。① 这实际上是在实践中坚持和发展了"重视区域间的地域分工"这一马克思主义区域公平理论的基本原则。邓小平多次强调，要促进区域发展，区域间必须加强经济协作，也就是区域间要相互开放，不能搞地区性封闭。开展多种形式区域协作，形成多层次的对外开放格局，也是全方位对外开放的内涵和要求。邓小平还科学地指出了坚持社会主义公有制为主体，是实现区域公平发展最坚实的保证，社会主义则是实现区域公平发展和全国各族人民共同富裕的制度基础。②

以邓小平为核心的第二代中央领导集体把马克思主义的基本原理和中国的实际紧密结合起来，丰富和发展了马克思主义区域公平理论，也实现了区域公平发展模式的创新，是中国特色区域公平思想极为重要的组成部分。这一理论的提出和实践，不仅对我国区域发展从不均衡到相对均衡发展、从不公平到公平发展具有非常重大的理论指导和实践意义，也全面而深刻地改变了中国区域发展的面貌，全面提高了中国的综合国力和人民的生活水平，而且为进一步实现区域公平提供了条件。

（三）第三代中央领导集体区域公平战略："西部大开发"

进入 20 世纪 90 年代后，国际的发展形势和我国的社会环境都有了深刻的变化。在支持沿海地区优先发展的政策指导下，我国的区域发展状况有了很大的进步，尤其是东部地区已经达到了相当的发展水平。但是与此同时，占我国陆地面积大半的西部地区却与发达地区的差距越来越明显，地区之间出现了明显的发展差距。

江泽民作为党的第三代中央领导集体高举邓小平理论伟大旗帜，

---

① 《邓小平文选》第 3 卷，人民出版社 1993 年版，第 64—65 页。
② 同上书，第 149 页。

审时度势，继续推进改革，继续贯彻"两个大局"思想，引领东部沿海地区加快开放开发，使得我国东部地区在较短时间内发展水平达到一定高度，率先基本实现小康；同时，在促进区域公平方面及时提出推进区域协调的发展方式，并着力加快中西部地区的发展，明确提出了"西部大开发"的历史决策。

在 20 世纪 90 年代，结合周围国家区域公平战略的分析，江泽民同志要求明确把发展、改革和稳定的有机结合作为区域发展战略实施的着力点，形成一种区域优先发展和区域公平发展综合协调思路，这也成为"九五"计划中我国区域发展战略的主要特征。在党的十四大上，江泽民同志对我国的区域公平发展给予了专门的关注。在大会报告中，他指出我国的区域发展在新时期仍然存在着不平衡不协调的问题，认为应当让各个地区充分发挥各自的优势，体现各自的长处，按照合理分工的原则，在国家宏观调控的指导下，逐步形成区域发展的合理布局。① 党的十四届三中全会上，他做出了《关于建立社会主义市场经济体制若干问题的决定》，要求加大力度实施对落后地区的财政转移支付力度，加强对落后地区发展的资金支持。在这次会议上，江泽民同志还要求应当充分发挥可以促进我国区域公平发展的"两个积极性"，即认为要同时发挥相对发达地区和相对落后地区的发展积极性。② 党的十四届五中全会上，江泽民同志再次关注了区域公平问题，认为区域发展差距的存在是不容忽视的。党的十五大用相当的篇幅集中论述了区域协调发展的重要性，表明这一时期党中央更加重视我国区域发展的公平性问题，着手助力落后地区发展改革。

1999 年，江泽民同志明确提出了西部大开发的历史任务，指出西部大开发"要作为党和国家一项重大的战略任务，摆到突出的位置"。③ 据此，"十五"计划也明确提出了西部大开发战略，突出强调

① 《江泽民文选》第 1 卷，人民出版社 2006 年版，第 234 页。
② 《十四大以来重要文献选编》（上），人民出版社 1996 年版，第 557 页。
③ 《江泽民文选》第 2 卷，人民出版社 2006 年版，第 342 页。

了要加快发展西部地区，缩小区域差距，促进和深化区域公平发展。①
十五届四中全会明确要求把西部大开发作为重点研究对象，加紧提上
议事日程。1999年的中央经济工作会议更是把西部大开发提到了我国
现代化发展战略的高度，要求把西部大开发与"三步走"结合起来，
与改革开放的全局结合起来，在国民经济发展全局中加以看待和考
虑。② 随后，党中央层面成立了西部大开发工作领导小组，西部大开
发战略全面进入实施阶段。从党中央提出西部大开发战略到中共十六
大召开，短短几年间，这一战略就显现出成效。中央从资金到政策对
西部地区的支持力度明显加强，一批重大项目如西气东输、西电东送
等在西部落地，为西部地区的经济社会发展和推进我国总体的区域公
平发展格局持续地发挥着历史性的作用。

　　江泽民同志在历史发展的关键节点，在坚持大力发展东部发达
地区的同时，深刻把握了历史大势，及时敏锐地提出了"西部大开
发"这一惠及占有我国国土超过一半面积的广袤地带的重要决策，
并在实践中以卓有成效的方式稳步推进，是对马克思主义区域公平
发展思想的重要历史贡献。

　　**（四）新世纪以胡锦涛为总书记党中央区域公平战略："统筹区
域发展"**

　　党的十六大之后，随着历史发展进程进入了新世纪新阶段，以
胡锦涛同志为总书记的党中央以中国特色社会主义区域发展道路为
指导，对区域发展的战略布局进行了符合时代要求的新调整，要求
坚持以人为本，树立全面、协调、可持续的科学发展观，提出了
"五个统筹"，其中就包含了统筹区域发展。从此，国家对区域公平
问题给予了更多的关注。

　　党中央在这一时期及时敏锐地把握了我国区域发展差距正在逐
步扩大的基本现实，党的十六大报告明确指出要扭转区域差距不断

① 李兴江、孟秋敏：《论中央三代领导集体对中国区域经济发展的贡献》，《甘肃省经济管
理干部学院学报》2005年第1期。
② 《江泽民文选》第2卷，人民出版社2006年版，第437页。

扩大的趋势，要求把区域共同发展放入全面建设小康社会的大格局中加以考虑，要加强东、中、西部的区域交流与合作。① 胡锦涛同志在这一时期尤其强调公平正义在发展中的重要作用，他指出，维护和实现社会公平和正义，"是我国社会主义制度的本质要求，在促进发展的同时，要把维护社会公平放到更加突出的位置"。② 2005 年党的十六届五中全会上，胡锦涛同志较为系统地提出了我国区域发展的总体格局，在继续坚持贯彻西部大开发战略的基础上又提出了"振兴东北老工业基地"、"促进中部地区崛起"和"鼓励东部地区率先发展"。总体格局的提出，使得我国区域发展的政策版图更加完整，区域公平的推进有了更为坚实的基础。2006 年党的十六届六中全会上，胡锦涛同志亲自主持制定了《中共中央关于构建社会主义和谐社会若干重大问题的决定》。其中突出强调了统筹我国区域发展的紧迫性，强调了对落后地区扶持的必要性，要求建立健全区域发展互惠机制，这进一步贯彻了我们党促进区域公平发展，优化国土开发格局的决心。③

党的十七大明确要求继续深入实施区域发展总体战略，优化区域互动发展机制，还强调了推进我国区域"主体功能区"的发展思路，这又把我国区域公平的政策保障提升到了新境界。胡锦涛同志要求区域发展应当基于资源环境承载力、区域发展潜力，根据比较优势进行，这要求加强薄弱环节，平等享有基本公共服务，并逐步形成东西部地区共同发展、人民生活水平差距趋向缩小的区域协调发展模式。胡锦涛此时继续致力于推进区域发展总体战略，完善区域协调发展互动机制，力求形成公平公正的区域发展模式。它要求区域间应当完善市场机制，打破行政区划，促进主导产业转移，破除区域内生产要素自由流动的限制。据此，"十二五"规划要求，实施区域整体发展战略，以主体功能区为引领，打造区域经济优势。充分发挥区域发展模式的主要功能，充分发挥不同地区的比较优势，促进生产要素的合理流动和深化区域合作，促进区域互动，缩小区

---

① 《十六大以来重要文献选编》（上），中央文献出版社 2005 年版，第 19 页。
② 《中共中央关于构建社会主义和谐社会若干重大问题的决定》，人民出版社 2006 年版。
③ 同上。

域发展差距。按照全国经济合理布局的要求，规范区域发展，合理调控区域发展，形成有序、协调、可持续的国家空间发展模式。①2010 年党的十七届五中全会进一步明确了实施主体功能区战略的方案，国务院随后印发了《全国主体功能区》规划。

以胡锦涛为总书记的中央领导集体及时捕捉新世纪国际国内环境和形势的变化，以科学发展观为指导，在更高层面上丰富和发展了马克思主义区域公平观。这一思想以形成公平的区域发展格局为目标，创新了区域经济发展模式，确立了通过在抑制地区差距扩大速度的基础上逐步缩小地区发展差距，提供了统筹区域发展的新思路。这是对社会主义本质认识深化的结果，也表明了我党驾驭社会主义市场经济能力的加强。

（五）以习近平同志为总书记的党中央对区域公平的新阐述、新实践

党的十八大以来，基于对中国改革发展稳定大势的全面深入思考与系统谋划，习近平总书记在促进区域公平方面审时度势，亲自提出和推动了许多全新的战略构想和战略举措，为构建区域公平新体制的理论和实践赋予了全新的内涵，注入了鲜活的动力，引领中国区域发展迈进公平协调的新时代。

1. 以中国梦为指引，打造区域命运共同体，谱写中国梦的区域公平新华章

"实现中华民族伟大复兴，就是中华民族近代以来最伟大的梦想。"② 中国梦是关于如何实现中华民族伟大复兴的战略思想，是十八大以来党的理论创新的重大成果，也是习总书记区域公平思想的根本指针。

中国梦是在我国全面深化改革开放、全面建成小康社会的实践过程中，立足我国实际和现实国情、顺应人民期望而形成的理想追

---

① 国务院：《中华人民共和国国民经济和社会发展第十二个五年规划纲要》，2011 年 3 月 16 日（http://news.xinhuanet.com/politics/2011-03/16/c_121193916.htm）。

② 《习近平在参观〈复兴之路〉展览时强调：承前启后 继往开来 继续朝着中华民族伟大复兴目标奋勇前进》，《人民日报》2012 年 11 月 30 日第 1 版。

求。对当前和今后一个时期而言，助推"中国梦"的重要任务是加快推进全面建成小康社会的进程，这要求区域间共同的、普惠的发展。为此，习近平总书记站在历史的高度，既特色鲜明，又整体推进区域空间公平布局，为中国梦打下坚实的基础。

第一，共同建设"丝绸之路经济带"和21世纪"海上丝绸之路"，打造区域命运共同体，复兴中华民族强国梦。2013年9月和10月，习近平同志分别提出了建设"丝绸之路经济带"和建设21世纪"海上丝绸之路"的倡议，受到国内外的高度重视，为内陆和沿海区域发展均衡化布局指明了方向。"一带一路"的提出，是习总书记着眼于中华民族的长远利益，在更高层次上与沿线国家打造命运共同体，在坚持市场经济驱动、秉持自由贸易原则的基础上，继续推动生产要素的自由流动以复兴百年强国梦的重要举措。这一举措将通过开放实现体制和机制的创新，全面提升西部地区区域发展水平。

第二，把生态文明理念提升到事关区域公平的高度，推进中国各地区绿色发展、绿色繁荣与绿色崛起，谱写中国梦的区域发展新华章。促进生态文明建设是区域发展新时代的必然要求，是区域公平和可持续发展的重要组成部分。习近平总书记重视区域生态文明建设。他一再指出，生态文明建设关系到人民的未来和我们国家的福祉。中国的土地十分辽阔，生态环境面临着多种多样的严重历史遗留问题，生态文明建设面临着巨大的挑战。从如何促进生态文明建设的目标出发，总书记从确立生态理念，提高生态系统和生态安全的维护水平，建立对环境友好的产业结构、生产方式、生活方式角度出发，提出了区域空间发展格局的基本思路。2013年，习总书记要求尽快在每个城市进行特定的开发强度划界，还要严格限定生态发展的"红线"。区域发展与生态环境保护一直是一个高度复杂和困难的议题。习近平总书记要求更加切实地促进区域发展绿色化、循环化、低碳化，永远不会以牺牲环境获取短期经济增长。这揭示了中国新一代领导人对区域发展的理念，代表国家区域发展的最高原则。

2. 以社会主义核心价值观为导向，倡导协同、包容发展理念，构建区域公正和谐发展新格局

党的十八大提出的社会主义核心价值观体现了社会主义核心价值体系的根本性质和基本特征，是社会主义核心价值体系的高度凝练和集中表达。习近平总书记多次做出重要论述、提出明确要求，为加强社会主义核心价值观在区域发展领域的贯彻指明了努力方向，提供了重要遵循原则。

中国是人口众多、经济社会发展不平衡的国家。面对这种状况，就必须加强顶层设计，充分考虑到不同地区的历史客观情况，尽最大可能在区域公平的理念下推进落后地区的加速发展。而要做到这一点，需要构建一个全社会都能认同的核心价值观，这样可以将不同地区发展的认识提升到一个更高的价值战略层面上来认识。习近平同志的区域公平理念也明确地体现出以社会主义核心价值观为引领，始终贯彻着社会主义核心价值观倡导的和谐、公正、平等、法治等精髓的理念。

第一，树立区域平等包容发展理念，深入推进区域一体化进程，将京津冀协同发展上升为国家战略。2014 年，习近平提出，实现京津冀协同发展是放眼未来新的首都经济圈建设和促进区域发展体制和机制创新的重要举措。① 习近平指出，北京、天津、河北加起来有超过 1 亿的人口和 21 万平方公里的土地，这几个省份在文化上有着深刻的历史根源，完全可以协同发展。北京、天津和河北省应基于各自的比较优势，基于现代工业要求的原则，立足区域优势，基于合作和互利共赢的理念，优化区域分工和产业布局，以资源空间统筹规划作为切入点，建立长期的体制机制，从广度和深度加速发展。推进三个地区联动发展要破除共同存在的体制机制障碍，自觉打破"一亩三分地"的思维定式，根据共同建设共同受益的原则，对三地的基础设施建设和环境保护与污染防治采取协同化作战方法，实现相辅相成的良性互动和共赢发展。习近平总书记强调指出，实现京津冀协同发展是重大的国家战略，需要坚持优势互补、互惠互利不

---

① 王红茹：《"首都圈"大猜想》，《中国经济周刊》2014 年第 13 期。

断推进，加速正在进行的合作开发的科学化。该战略经济意义在于激活北京首都经济圈，启动环渤海经济带，在更大范围内通过区域合作实现资源的优化配置，建立一种新的世界级大城市群，真正使这个区域成为中国第三经济增长极；其生态的意义，是有效治理以雾霾为代表的污染问题，解决受到人们重视的健康问题，将北京建设成国家生态文明的示范区；其政治和安全的影响，是从根本上确保首都周边地区的政治安全、社会安全，消除各种安全风险和不确定性因素，确保履行资本的高效、有序运作的核心职能。

京津冀协同发展是以社会主义核心价值观为导向的区域协同战略的体现。这是中国寻找具有全球竞争力的区域增长新引擎的重大举措，它不仅仅是以发展为主题，更是以新时期社会主义核心价值观为导向和根本依归的；它不仅仅着眼于区域发展，也着眼于时代大局，更着眼于民族战略的需要。

第二，树立区域公正和谐发展理念，坚持推进区域合作与城市群协作共荣，着力打造"长江经济带"。近年来，支撑我国区域发展的一些基础性条件发生了很大变化。这主要表现为，国家对交通通信、基础设施长期持续的大量投资产生的累积性影响，改变了中国传统的区域发展格局中的生产要素的相对静止状态，使生产要素在不同区域之间的合理流动成为可能。它大大缩短了不同地区之间的时空距离，因而为重塑区域发展的格局提供了基于交通硬件的条件。习近平作为党的总书记，敏锐地觉察到了这一背景，要求东部、中部和西部的发展战略和各种类型的国家区域规划要有联动和联系，以进一步提高其科学性，并促进城市群作为新型城市化战略的主要形式，形成区域公平发展的国家战略新选择。长江经济带正是在这种情况下被放在国家战略的层面考虑，它标志着改革开放以来中国的区域公平战略进入了一个新的阶段，开始考虑到不同的区域发展领域和我国整体发展的相互作用。

长江流域是中国最具活力的经济区，其总面积占据我国国土面积的18%，国内生产总值占据全国的37%。2013年，习近平在中央层面决策，把建设长江经济带作为国家战略领域重点。习近平在湖北要求，要加强我们在长江流域的合作，发挥内河运输到全流域的黄金水道作用。调研中，习近平指出建立长江经济区反映了国家的战略意图，首先依托长江三角洲城市群和城市群中间的长江中下游地区、成渝城市群推进整体区域发展；第二是把上海、武汉和重庆市三个主要的航运中心联系起来；第三是促进长江流域本身的发展；四是要促进"两个"开放，即中国—巴基斯坦、中国—印度—缅甸经济走廊。

习近平同志主题突出的专题式、定点突破式区域发展思路及由此推动的政策体系，体现在"一带一路"和"长江经济带"的提出和有序推进上。这是充分体现新时代区域发展精细化、复杂化、联动化趋势的创新主张，是充分把准中国区域公平主动脉的具有高度针对性的有效政策主张，也是社会主义核心价值观倡导的和谐公正平等思想在跨区域公平发展方面的具体体现。

3. 着力注重中西部落后地区和边远贫困地区发展，推动区域共同繁荣

第一，着力加快落后贫困地区和边疆地区发展，努力缩小地区差距。促进区域公平发展，必须重视中西部落后地区，重视贫困地区。习近平青年时期在陕西农村地区工作过多年，也在福建的山区主政过一段时间，对于落后地区有着深厚的感情。他多次要求重视落后地区发展，使区域的发展更加趋向公平，有利于推动不同地区同步实现小康社会。

2010 年，当时身为国家副主席的习近平同志到山西调研指导，明确提出了全面实现小康社会的重点在于落后地区加快发展。习近平同志主持中央工作不久后又专程前往河北阜平考察，访问了当地的农村居民，在深入交流后总书记意味深长地指出，我国区域发展的最艰难最繁重的任务在于贫困地区、落后地区、农村地区。在中央政策层面，习近平要求在一系列的区域规划中重点突出西部地区和边疆地区的加快发展，力求资金与技术可以以更加有效率的方式传送到落后地区，使各地区人民共同享有良好的生活水平。① 这些指

---

① 李寅：《经济发展：民族地区期盼的"中国梦"》，《中国民族报》2013 年 3 月 26 日第 1 版。

示与方针在实践中取得了重要成效，在当前国内经济增速普遍下行、保增长压力与日俱增之时，落后地区的经济增速始终保持了较高水准，如新疆、宁夏、贵州等省区 2013 年国内生产总值增速达 11% 以上，高于全国平均水平 3 个百分点以上。

第二，从区域规划的战略高度注重国土均衡开发，维护落后地区发展权益。在 2013 年的中央城镇化工作会议上，习近平同志从全国各大区域发展的普遍大势出发，认为我国广大的内陆地区也应该建成若干大型城市，并成为在东北和中西部地区的空间发展重要增长极。诚然，珠江三角洲、长江三角洲和京津冀是促进中国区域发展的三个重要核心区，在这三个区域已经形成了与其发展相适应的国际化大都市。然而，我国其他区域的发展同样需要利用大型城市的集聚效应和辐射效应，同样需要在中心城市快速发展的同时以点带面促进各区域共同繁荣，这可以成为支撑未来我国区域公平的新动力。只有实现这些目标，在未来相当长的时间内，中国才可能保持经济高速增长。为此，习总书记提出了促进领土的均衡发展。他及时地看到了我国的自然资源、社会资源、经济资源、人口资源分布不协调，中西部的发展滞后影响到了其人口和资源的吸收与容纳能力。在市场机制作用下，有数以亿计的国内劳动力不得不每年前往沿海地区，这样大规模的人口流动给社会安全带来了隐患。有鉴于此，建设一个均衡发展的国家，不只是一个经济问题，更是一个国家安全问题。在中部和西部地区创建更多的就业机会，才能促进国家平衡发展，同时也能增进当地就业，转移中西部地区的剩余劳动力，以便使中国的区域生产力分布相对平衡。

4. 深入推进改革创新与区域全方位开放，为区域公平发展注入全新驱动力

党的十八大后，习近平同志以巨大的政治勇气和锐意进取的实干精神，明确指出要在新时期全面深化改革，希冀以勇闯改革深水区的创新精神探索突破影响区域公平的体制机制性障碍。他在新时期深刻地认识到，深化区域发展体制改革是全面深化改革的重要方面和重要突破口之一。在结合自己的工作经验与深入调查研究的基础上，习近平同志一方面注重从我国区域公平的整体布局出发思考

区域发展问题，另一方面提出了建设"上海自贸区"这一我国区域发展体制改革试点的重大举措，开始了新时期以深化改革促发展、向全面开放要效益的区域发展新探索。

第一，进一步深化改革，支持上海自由贸易试验区"大胆闯、大胆试、自主改"。习总书记要求自贸区按照国际通行规则，加快完善和国际投资贸易基本制度相衔接的现行规则和条例，尽快形成一大批可复制的新经验，以加快促进投资和贸易便利化、管理规范高效化。上海自由贸易区的建设可以视为深化区域发展改革的关键，有利于适应新形势下的全球贸易和经济的发展。在我国，积极主动的开放战略表明，中国将开放作为新一轮的区域发展的重要引擎，体现了新一轮改革和开放的导向。相比"京津冀协同发展"是在中国国内涉及不同省份之间的合作，上海自贸区重点是中国和海外的对接，是下一阶段重要的经济引擎。自贸区的推进速度和强度显示新政府推进区域开放的决心，这有利于提高经济效率，也为小政府、大市场经济体制的建立提供了宝贵的典型。因此，随着自由贸易区的建立，中国预计将获得参加新一轮的全球贸易自由化的机会。在未来，中国将由此进一步融入国际经济和贸易环境。这是习总书记区域公平发展战略的深化拓展。

第二，深入实施区域发展总体战略，坚持优化区域发展顶层设计，探索体制机制新突破。习近平总书记多次强调要实施区域发展总体战略，这是新时期保障区域公平的基本手段。"区域发展总体战略"，不是简单地复制现有西部大开发、中部地区的崛起和东部率先发展的区域发展架构，而是要打造中国区域发展适应新时期新环境的新布局。习近平认为新时期的地区发展规划应当更加适应当代世界经济社会运行高度复杂化、联动化的特点，既要按照市场经济政策的一般规则加以制定，也要更加注重地区针对性。在考虑全国发展整体战略布局的前提下，充分发挥各地区发展的主观能动性，充分尊重各地区基于自然条件、社会状况、历史因素、生产力发展水平等个性化发展要求。在保证全国区域整体发展质量的前提下，制定体现各区域独特优势的发展方略。正是这样一个个具体化、个性化的区域发展战略的逐步实现，我国区域发展目标也越来越具有目标针对性和地区适应性。

　　总之，十八大以来，习近平总书记以"中国梦"和社会主义核心价值观为引领，审时度势，亲自提出和推动了一系列内涵丰富、影响深远的区域公平重大战略构想和战略举措，为区域公平发展的理论和实践赋予了全新的内涵，注入了鲜活的动力。它们将有效带领我国突破区域发展的瓶颈，实现各区域公平、健康、快速发展。

第三章

区域公平的基本特征和政策目标

　　区域公平的理论概括是我国推进现代化建设和科学发展的必要环节，但是，对于区域公平的特征研究学界却缺乏关注。为数不多的研究又莫衷一是，缺乏充分科学的概括，在一定程度上消解了这一理论的实效性。因此，在深入系统地开展有关研究的基础上，逐渐减少对区域公平特征的观点分歧，统一认识，达成共识是十分必要的。区域公平的基本特征可以总结为三个"统一"，区域公平的政策目标可以概括为三个"协调"。

一　普遍共性和特殊差异的统一

　　人类的一切公平原则和观念，包括区域公平的观念，都是特定历史背景的产物，都体现着一定的阶级指向。在阶级社会中，公平的观念必然由于阶级立场和阶级利益的不同，不同的阶级有着不同的公平标准。因此，从来不会存在一个普世的、一成不变的、永恒的公平标准。但是，我国是全体劳动人民当家作主的社会主义国家，社会各阶层的根本利益是一致的，对区域公平的诉求具有一定程度的普遍性。其次，随着我国经济水平的不断提高和对外开放的不断深化，处于不同发展水平和风俗习惯的区域之间的政治、经济、文化联系越来越密切。在这种交往联系中，就必然产生出各方共同遵守的一些区域公平的原则，比如区域间的发展差距不应过大，不能长期牺牲一定区域的利益等等。只有坚持这些原则，在我国社会主义初级阶段这一全国人民共同面临的现实国情下，不同的地区在全国一盘棋的视角下，形成共同遵守的区域公平价值观是有可能的。

中国是一个有着 13 亿人口、56 个民族、五千年历史的东方大国，国土面积十分广大，涵盖了不同类型的区域。各区域之间的发展基础与发展水平不同，产业结构和生态状况不同，文化习惯与生活习惯各异，自身的利益诉求也不尽相同。这就要求我国在坚持区域公平普遍性要求的基础上，立足不同地区的实际，突出各区域公平发展的特殊性要求。促进区域公平，应当充分考虑区域自身的特殊差异性，不能一刀切地要求各区域有同样的发展模式，不能以完全相同的区域公平标准处理各区域问题。这就要求以区域公平为原则的区域发展必须与各区域的自身属性和特点相适应。

我国的国土区域具有明显的多样性。从地形上看，从西到东的三个区域呈现出显著的海拔阶梯地形，高原和山区占总面积的 59%，而平原只有 12%，而且自然灾害频发。我国不同区域的自然资源和环境生态条件差别十分鲜明。我国以矿产资源为代表自然资源总量较为丰富，但大多分布在生态比较脆弱的西部地区，而我国东部地区的人口数量却远远多于西部地区，这样不同地区的人口、资源与环境承载力不可同日而语。[①] 上述我国国土区域的特点表明，一方面，并不是所有地区都适合于大规模、高水平的工业化和城市化的发展，必须基于土地面积合理、有序的发展，尊重各区域自身的特点是区域公平发展的必要条件。另一方面，并不是所有的土地具有相同的特性，必须因地制宜，区分发展模式和要求，分类开发和考核。

因此，区域公平一方面要求更改所有区域只重视自我发展，忽视全面发展的现状，转向要求区域公平发展的综合国土开发格局；要求更改忽略未来一代的发展权益，转向对区域眼前的利益和长期的可持续发展都应有所考虑。另一方面，区域公平也要求尊重各区域自身的现实特点，要求各区域充分发挥自身比较优势，力避"千

---

① 马凯：《推进主体功能区建设 科学开发我们的家园》，《行政管理改革》2011 年第 3 期。

地一面"的发展模式，开辟一条区域整体发展与个性化发展有机结合的有效途径。

因而，根据各区域自身特点，通过明确不同区域的定位才能把区域公平落到实处。对于全国区域公平的整体布局来说，在坚持发展是第一要务的同时必须关注各个具体区域在发展中的科学定位。譬如对于拥有沿海地理优势的地区，仍然要保障其发挥得天独厚的发展条件，使其经济总量和社会效益得以稳步提升，同时注意发展方式的有效转变，形成创新型、可持续的发展模式；对于自然资源密集的地区，应当注重使其资源优势转化为经济优势，促进产业布局优化和提升产业结构、实现资源集约发展、清洁发展，从而在合理统筹规划的基础上实现区域公平发展。我国目前大力开展的主体功能区建设，正是强调区域合理分工和各区域特色发展，这种特色发展模式的实现是通过不同区域不同的评价体系和发展重点来保证的。这种从区域发展实践中不断总结经验而得出的发展理念是适合于我国的现实国情和历史条件的，也为区域公平的实现提供了良好的可行思路。

二　历史和现实的统一

纵观人类社会发展历程，从来没有绝对的和永恒的公平，公平是一个历史的、相对的、有条件的概念。[①] 同样，区域公平作为一个历史范畴，是随着历史的发展而变化的，不同时代、不同信仰的理论家对于区域公平的理解是各不相同的。区域公平受到时代生产力水平、相应的政治和法律上层建筑发展的制约，在不同的历史条件下具有不同的具体内涵。因此，对于区域公平概念的讨论必须置于一定的历史条件、一定的社会生产关系之下，从而清晰地认识到区域公平是一个发展着的历史范畴，没有恒定不变的公平正义的标尺。

---

① 何建华、马思农：《分配公平：是否可能及何以可能》，《伦理学研究》2010 年第 2 期。

　　基于此，绝不能把科学的区域公平观与平均主义画等号。区域公平发展不是区域间绝对平均，不是短期内实现不同地区发展水平和速度的一致。就我国当前的区域发展实践而言，追求区域公平发展是符合全体人民共同利益的区域发展导向，但是这绝不是要求完全抹平区域间的差距，或者刻意要求发达地区放慢发展步伐，机械性地等待欠发达地区的追赶步伐。实际上，区域间存在发展差距，且这种差距有时可能还会扩大，这些现象在一定时期内一定程度上是正常与合理的。从发达国家区域发展的历史来看，在某个时期内，区域利益冲突加剧、甚至差距急剧拉大是发展中难以完全避免的问题，要以发展的眼光看待。我国社会经济文化发展的不平衡性决定了地区之间实现共同繁荣在时间、程度及方式上会有显著差异。从这个实际出发，让一部分有条件地区先发展起来，发挥先富地区的激励效应、示范效应和辐射效应，帮助、支持不发达地区和贫困地区，带动其他地区逐步走向共同繁荣是区域公平的内在要求。若无视基本国情，认为区域公平就是绝对平均主义，就不利于国家的整体发展，从而在根本上阻碍我国实现现代化战略的历史进程。具体地说，在当代中国，我们所强调的区域公平，逐步缩小地区差距，不是通过人为因素刻意要求发达地区停下或者放慢发展步伐实现的，而应该是通过发达地区在自身健康持续发展的同时，利用各种途径帮助落后地区后发快进，迎头赶上。这就要求发达地区认识到自己在我国区域发展的不同历史阶段所承担的历史责任。落后地区也要注意把握历史机遇，利用好后发优势，逐步缩小差距。区域公平目标的最终实现是一个长期的动态过程。

　　然而，对于区域公平这种历史性认识是必要的，但是这并不表明区域发展与区域公平有着天然的不可调和的矛盾，并不表明区域公平只是一种理想，不具有在现实中实现的可能性。区域公平既要尊重一定历史条件下的现实状况，又要努力超越时代条件的局限，从这个意义上说，对于区域公平的追求既体现了社会的共同理想，又体现了人类脚踏实地的努力，因而在实践中找到了理想性与现实性的统一。人只有在现实生活中才能找到区域公平的最深层根据，真正的区域公平只能在现实中生成。可以说，社会的发展史始终伴随着区域公平实现的程度和范围不断提高与扩大的过程。因而，在思考区域公平问题时，必须坚持历史与现实相统一的原则。

总而言之，从区域公平的历史性出发考察世界各国区域发展的历程，在发展的一定阶段，尤其是发展的早期阶段，给予一些区域政策倾斜，适当拉开不同区域间的发展差距，是尊重区域发展客观规律的必然选择，也是促进区域整体发展速度与质量的必要保证。适度的区域差距为健康有序的区域市场竞争提供了必要的地域条件。只有区域间具有发展水平和产业结构的差异性，才能促使不同地区形成相互竞争、你追我赶的良好发展局面；才能充分发挥各区域的自身特点，形成优势互补；才能充分调动各地区的发展积极性。如果区域差距彻底消失了，在现实国情下，不同区域人们因为相互交往、相互竞争、相互比较、你追我赶而产生的生产热情也随之消失，区域的比较优势和合理分工也难以形成，区域发展将呈现千地一面的状况，各区域因而缺乏自身特色，有序健康的区域发展格局也难以形成。

从区域公平的现实性出发，我国当前处于并将长期处于社会主义初级阶段的基本国情，区域发展总体水平的差距与区域发展结构性的差距将长期存在。中央政府既要尽力而为，努力多措并举地合理控制区域差距，减少不同区域人民的生活水平差距，又正视当前的发展阶段和现实条件，根据生产力的现实水平状况，逐步实现区域公平。在新世纪新阶段，我国实现区域公平的根本途径，仍然是努力发展社会主义生产力，调动全体人民生产创造的积极性，为社会主义建设积累财富，创造物质条件。总之，只要坚持以发展为第一要务，同时有效发挥政府在区域发展上以公平为导向的宏观调控作用，我国区域公平发展的新格局一定可以实现。

三　主观和客观的统一

从哲学上说，公平是对人们的生活方式和社会关系的理性评价。公平问题产生的真正源泉是人类之间的相互作用，并以利益相关者的人际交往为前提。公平问题不仅取决于人类相互作用的本质，并受主观意识的影响。人总是站在自身角度，主观度量、评价、选择和改变这种关系，由此提出了公平问题。同样，区域公平作为受到某种形式的社会关系支配的价值评价，不可避免地与主观作用息息相关。对于不同的评价主体来说，由于主体的社会地位和价值取向有所差异，因而对于区域公平的判断往往有所不同。另一方面，区域公平又是特定社会生产方式的产物，而这种生产力和生产关系在一定的历史条件下并不是以人的意志为转移的，因而区域公平也具有其客观性。区域公平的主观性与客观性统一于一定社会的具体实践。作为一个社会和国家普遍接受的区域公平原则，必然既依赖于现实的特定的生产方式状况，又充分关照具体民族或社会的主体风俗习惯和价值偏好，因而是主观和客观的具体统一。①

依据历史唯物主义原理，区域公平与否的判断标准既不能是某种个人的意愿，也不能是某种简单的教条，而只应当是"生产的利益"②。在根本意义上，生产力标准是建立区域公平的根本标准。生产力标准包容了合规律性和合目的性的统一，主体需求评估的合理性必须基于生产力的基础上。当然，这并不是简单地用生产力标准直接取代区域公平标准。区域公平标准是一种在生产力标准指导下，涉及各个层面的具体原则。这一原则还有着许多的中间环节，它更多地是通过主观和客观的中介性来体现出自身要求的。

区域公平的实现要求人们的行为方式尊重自然世界的客观定律，尊重经济发展的客观规律。改革开放以来，我国不断探索区域发展规律，不断在中国特色社会主义理论指导下完善区域发展政策体系，不断优化政府对区域发展的调控方式，不断改进区域发展方式，实现了区域发展公平与效益的统一。各地区的物质财富总量和发展的客观条件有了较大程度的改善，区域产业条件和基础设施有了很大进步。与此同时，区域发展的目的在人，力求营造各区域公平发展

---

① 程小强：《论历史唯物主义视野下的"公平困境"问题——兼论我国转型期社会的"公平困境"现象》，硕士学位论文，华侨大学，2007年。

② 夏文斌：《公平原则与和谐社会的建构》，《北京大学学报》（哲学社会科学版）2005年第2期。

的环境的目的，正是要全面惠及不同地区的人民群众。因而，区域公平的实现需要以促进人的全面发展为中心，充分体现以人为本这一根本要求；同时树立顺应自然规律、遵循市场规律、按区域规律谋发展的理念，实现人与自然的和谐相处。

　　区域公平是从全国发展一盘棋的角度，从系统论与协同论的整体战略思维出发，以社会主义公平制度伦理为基本判定标准，分析研究一个地区的经济社会发展所承担的责任和义务，与整个国家对其投入和要求而形成的一个总体价值判定。公平具有一种主体态度认同的成分，这种主体态度认同是在比较中产生的。但无论是公平还是区域公平，绝不是人们头脑臆想的产物，它与区域和国家整体协调发展的具体政策目标紧密相连。具体地说，如果整体发展得很快，而一个地区落后贫困动荡，这当然与所制定的区域公平政策有关。反之，国家发展缓慢，而某个区域却不合常理地异军突起，这也会给区域公平带来隐患。从这个基本认识出发，明晰区域公平的政策目标十分重要。

四　政府和市场的协调

　　自改革开放开始，在区域发展中，市场扮演了越来越重要的角色。然而，在构建区域公平中，需要进一步理顺政府与市场之间的关系。通过消除政府与市场的潜在冲突，才会使企业真正成为独立的商品生产者，以确保生产要素的合理区域间流动，也为特定区域发展创造了一个更好的外部环境，以使本区域可吸引更多的经济资源。

　　如前文所述，马克思主义区域公平观要求区域公平应当在国家计划的调控下实现，西方的区域发展理论也认为区域公平难以仅仅通过市场的力量自发实现，而必须依靠政府的介入，通过政府对区域资源的调配逐步实现。实际上，当代中国区域公平建设，必须依靠市场和政府的合力，必须改革不合理的政府—市场关系定位。社会各方需要认识到区域公平不再是单一的地方政府经济行为取向可以完成的，它要求有效地消除行政化的经济管理方式，充分发挥市场配置资源的基础性作用，同时更好地发挥政府作用。在区域公平的实现过程中，不能依靠政府介入对微观经济领域的调节，而应当让政府掌控宏观经济发展大局，着眼于保障区域发展总体朝着公正、健康目标迈进。① 作为市场主体的居民和企业，应当通过诚实劳动与依法竞争，在价格信号的导向作用下，完成资源的有效配置。企业（无论是国有企业还是民营企业）作为商品的生产者和销售者，应当享有生产活动的决策权，应当不断增强自身的活力和竞争力，同时自负盈亏，承担市场选择的结果。当然，与此同时，政府负有对市场监管的责任，必须保障市场机制的流畅运行，为市场主体创造良好的宏观环境与氛围，避免"市场失灵"，治理扰乱市场秩序的违法犯罪现象。②

在政府发挥好自身作用、有效进行区域调控的基础上，坚持区域发展的市场化价值取向，坚持不断地改革创新，这是我们强调的区域公平理念的一个重要特征，也是被我国区域发展实践历程所证实的我们必须坚持的区域公平现实的实现路径。单纯依靠政府行政性力量推进区域公平，必然损失发展的效率，使得区域共同发展的速度和质量受到严重影响；单纯依靠市场自由放任的支配区域发展格局，必然会出现区域发展差距持续扩大和区域发展不公平特征越发明显的现象，也容易引发由于区域产业结构和发展水平差距过大而导致的区域利益格局固化，使区域资源配置公平性无法保证。

总而言之，促进区域公平，必须把发挥市场机制的作用和加强宏观调控相结合。市场机制需要继续在资源配置领域发挥着决定性的作用，同时需要真正加强政府对区域发展的宏观调控水平，优化各级政府以公平为导向的区域发展调控思路，合理定义政府和企业在地区经济活动和运行中的权力，使区域经济活动的行为规范化和合理化，促进区域资源分布空间组合的科学合理，保障区域公平、

① 勾志骞：《区域经济发展不平衡性研究》，硕士学位论文，东北师范大学，2007年。
② 周鹏：《区际经济协调发展及管治研究》，博士学位论文，同济大学经济管理学院，2007年。

健康、和谐发展。①

　　区域发展的公平是社会关系公平的一个方面，而社会关系的公平只能是由社会主体来推进，或者说区域公平的推动是社会主体的重要实践活动，是人的本质力量和能动性的体现。对区域发展是否公平进行评价的主体是人，而从现代市场经济中政府—市场二元结构的角度看来，保障区域公平实现的主体应当是政府。区域公平涉及不同利益主体相互融合和冲突，如何使这种利益交往持续有序，进而促进区域和整体的经济社会全面健康发展，这就需要政府承担起重要的责任。因为政府在这一利益整合的系统中，可以超越部门和眼前利益，可以在更大的历史空间来谋划社会整体系统的进步，故区域公平的实现必须依靠政府在市场经济发展格局中所独有的牵一发而动全身的市场调节作用，有效发挥政府部门整合和利用社会资源的能力。②

　　区域公平需要依靠政府的推动来实现，同时在不同社会性质的国家中，由于其政府所代表的阶级利益与所持有的阶级立场不同，故推进区域公平的目标和手段都会有所区别。我国是人民当家作主的社会主义国家，因而政府在推进区域公平建设当中应当有着更大的政治优势，应当更为广泛地动员民间力量和多种社会力量参与区域公平的推进，从而赢得对于这一重要问题更多的关注和对有关政策的拥护与支持。

　　另一方面，区域公平本质上是对区域利益关系和区域现实分配关系的价值评价，政府在推动区域公平构建的过程中，其调控的着力点也应当是区域利益关系和区域的现实分配关系。因而政府在推进区域公平发展过程中，不能秉持家长式大而全的管理思路，应该以区域利益和分配关系为调控对象，以公共部门和公共产品为调控重点，充分利用法律法规、转移支付等手段，并辅以必要的行政性手段，多措并举、多方推进。③

---

①　吴璀平：《论安徽统筹区域经济发展》，硕士学位论文，安徽大学，2005 年。
②　焦兴旺：《大国经济及其战略》，博士学位论文，中央民族大学，2009 年。
③　同上。

五　中央和地方的协调

区域公平发展的真正实现，一方面要依靠各区域自身的不断发展，不断增强自身造血能力，提高自身经济社会的实力；另一方面需要依靠中央的统一部署，统筹规划，以实现区域间的相互协调，有序健康发展。区域公平的构建，必然要求形成协调的中央与地方的关系。实现区域公平，就需要将中央的决策部署、地区的实际与依靠地方政府的力量紧密结合起来，缺少中央的决策部署，发达地区对欠发达地区的扶持就无从谈起。可见，区域公平理念要求中央和地方的关系应是良性互动的，是中央统一领导权威、中央与地方合理分权、一定程度的地方自治三者的完美结合。中央所集之权只能是依法属于中央的部分，超过这个限度就会导致中央高度集权；而低于这个限度则会导致地方势力无限扩大，区域发展不公平。因而，中央在区域发展中扮演的是科学规划、统一协调的角色。

自从改革开放以来，在区域发展中，中央—地方分权改革是要调动地方的积极性，但是仍然有需要加以改进的地方。从中央到地方的权力下放，在一定程度上造成了在同一时间双方职责尚不清晰。未经授权进行分类和定义的权力下放意味着中央和地方政府在宏观经济管理上的混乱，国家权力下放措施的作用不可避免地形成过度中央集权和过度分散共存的盲目性。地方政府一方面得到了一部分本应由中央政府行使的权力，另一方面却保有一部分权力而不下放给企业，形成地方政府手中权力的错位和约束的缺失。这种情况扭曲了区域利益关系，政策环境的本位主义和地方保护主义倾向在这样的条件下将会不可避免地导致地方政府的权力滥用。另外，地方权力下放，以何种方式、在何种程度上仍然不是十分完善，以往的分权改革在一定意义上缺乏认真的规划和总体设计，有不同程度的随机性，缺乏法律保障，这表明地方政府的短期行为在一定程度上是必然趋势。

正确处理中央和地方的关系，有利于防止区域发展格局的变化成为国家整体发展的不利条件，消除或削弱利益主体之间的摩擦和矛盾。在市场条件下，需要从宏观上掌握新的功能，开发新的对策，促进中央和地方关系的整体协调和整体经济的持续健康发展。因此，需要明确划分中央和地方政府权责，理顺中央和地方政府之间的关系，规范地方政府在区域发展中的任务。这就要求坚持中央在分配上的领导权和调控权，坚持民主集中制的原则，坚持理顺地方自主权和中央指挥权之间的关系。[①]

六　先发展地区和后发展地区的协调

区域公平的实现，离不开先发展地区对后发展地区的支援和帮扶，离不开区域之间的协调与互动。后发展地区之所以欠发达，自身因素不容忽视，但与国家的政策措施也是分不开的。要维持一个国家和一个区域的公平发展，可能需要先打破过去传统固化的"公平"观，这可能也是长期影响我国经济社会快速发展的重要原因。为了效率，先要打破僵化的均等，这是我国改革开放推动区域经济社会发展的一个基本思路。改革开放后，西部后发展地区通过廉价的资源输出，无条件支持东部沿海地区的发展，而同时享受的优惠政策少。后发展地区不断输出不可再生的矿产资源，不断流走宝贵的人才资源，逐渐"抽空"，而政府相应的补偿和回馈机制没有形成或还不够完善，直接导致了"马太效应"。发达地区的"先富"，在一定程度上是靠着国家的"政策红利"，包括特别优惠的政策、财政和金融支持，靠着中西部地区廉价的矿产、劳动力等资源，甚至表现为掠夺性、毁灭性的牺牲落后地区的资源利益为条件，这才使得东部沿海地区逐渐摆脱贫困，成为先发展地区。

当然，前文已经证明，在经济社会发展基础比较落后的国家，集中各种资源、制定倾斜政策使基础条件较为优越的地区率先发展

---

① 周鹏：《区际经济协调发展及管治研究》，博士学位论文，同济大学经济管理学院，2007年。

起来，在一定发展阶段和从一定程度上说是必要的。但是当这些地区已经成为先发展地区后，先发展与后发展的落差越来越明显，越来越引起强烈的社会反响，并严重影响区域公平的推进。对此，应适时建立二者互惠的机制，促进区域资源、区域产业结构、区域市场的对接，建立区域协作和区域互助机制，这是基于可持续发展和现代化发展战略的必然选择，是体现区域发展公平和社会主义本质的必然要求。

在处理区域公平问题上，应坚持区域公平发展，要从宏观上对发达与欠发达地区的发展进行调控，打通地区间的发展联系，制定有利于促进欠发达地区加快发展的政策。真正从战略规划和政策措施层面，把落后地区的发展赶超作为我国区域发展布局的着力点，作为推进区域公平的关键环节和实现途径。同时，由于多年的累积性作用，东部地区和西部地区的发展差距是显而易见的，也是多方位多层次的，弥补这样的差距也需要多方面的努力。面对这样的现实条件，推进区域公平发展要求我们在继续支持东部地区率先发展的同时，采取综合性的措施，实施不同层次的组合型政策，推动更多的区域发展资源向西部落后地区倾斜。国家应引导西部地区学习东部地区的先进经验，并在中西部地区培育若干有发展前景的支柱产业，适当培育新的增长极，使先发展地区和后发展地区的差距不断缩小，最终达到共同富裕，区域共荣。

不可忽视的是，不顾及区域共同利益关系的区域独立化发展会导致区域彼此间的不和谐，而且公平的区际关系也是需要维护的，这就使得协调区域之间的利益关系必然成为区域公平发展的主题。同时，有效协调区域之间的利益关系还可以成为综合联动治理多方并存的区域问题的良策。总之，区域公平发展是要分阶段的、有重点分步骤推进的，整体目标的实现不可能是一蹴而就的。这就要求着力协调发达地区与落后地区之间的发展关系，在不同阶段突出不同重点，根据实际情况和发展规律，适时采取不同的区域发展政策导向；既要关注发达地区的优先发展，更要着力推进落后地区后发快进，实现赶超式、跨越式发展，逐步实现区域公平，从而提高整个社会的和谐与公平程度。

第二编 现实问题篇

　　理论研究的目的在于指导实践。区域公平是我国实现区域协调发展的重要保障和重要前提。新疆的跨越式发展事关我国改革发展稳定的大局，是实现我国区域公平的重要举措、重要环节。要针对新疆问题做好区域公平发展这一篇大文章，首先必须实事求是地回顾新疆在新中国成立以来特别是改革开放以来的发展历程，从实现中华民族伟大复兴中国梦的高度，来进一步分析新疆的现实定位，从而找准促进新疆公平发展的着力点。自改革开放以来，中央和地方政府为促进新疆经济社会发展制定了一系列发展战略和相关政策措施，使得新疆经济社会和人民生活发生了翻天覆地的变化。从根本上讲是我国区域公平战略基本成就的重要体现。但新疆经济发展水平与内地仍有一定差距，教育科技发展相对落后，法律法规不完善，新疆内部区域发展失衡，以及所面临的特殊复杂的国内国际形势等，这些问题都实实在在地存在着。因此，在新的历史条件下，从推进区域公平发展的视角出发，全面总结新疆发展成就，科学分析存在问题，是推进新疆长治久安必不可少的一环。

第四章

新时期中央推进新疆区域公平发展的战略回顾

尽管构建区域公平是近年来学术界提出的一个重要命题，但我党在边疆治理的实践中已经在探索和践行这一理念，用以加快新疆发展的战略追求。新中国成立以来，新疆一直是中央政府开发和建设的重点省区之一。早在 20 世纪 50 年代，中央就在新疆建立起石油、煤炭、钢铁、有色金属、机械等现代企业。在之后经济建设的各个发展阶段，中央政府把新疆的开发建设都列入国家规划并付诸实施。改革开放以来，中央政府从新疆所处的特殊战略地位出发，提出"开发新疆，建设新疆"的方针，加大了对新疆开发建设的力度，一系列战略措施在新疆的热土上逐步展开。

"基地建设战略"为新疆发展提供了物质保障；"恢复兵团建制"为区域公平提供了组织保障；"优势资源转换战略"站在对新疆区情更加明确认识的基础上，为新疆发展提供了方向上的指引；在国家沿边开放的指导下，新疆的"对外开放战略"以"全方位开放、向西倾斜、内引外联、东联西出"为方针，同自身长期的战略优势密切结合起来，实现了新疆最为重要的战略部署；"科教兴新战略"则从实现以上战略出发，为基地建设、资源优势转换以及新疆对外开放战略提供科技和人才的才智支撑；"西部大开发战略"是支持西部地区开发建设，实现东西部地区协调发展的重要方针，也是我国现代化建设中一项重要的战略任务；"对口援疆战略"按照"输血"与"造血"相结合、东西互助的工作思路在援疆的十几年中发挥了意义深远的影响。以下将依次展开回顾，并通过对这一历史进程的研究分析，进一步把握区域公平的实践意义。

一　基地建设战略：打造区域公平的物质基础

区域公平首先必须有一定的物质条件做支撑。基地战略定位就是从全国一盘棋的角度来设计新疆的战略定位。1978 年，党的十一届三中全会胜利召开，实现了伟大的历史转折。三中全会后，新疆也和全国一样，认真贯彻落实党的十一届三中全会精神，实现了工作中心重点转移，进入了改革开放的历史新时期。改革开放以后，新疆紧随国家宏观战略部署，紧密结合新疆的实际，积极探索符合新疆区情的发展战略和发展道路，在社会主义现代化建设的初级阶段，相应地提出了与新疆发展相关联的一系列战略。由于这个时期中央已经有了明确的开发新疆、建设新疆的设想，并且提出要做好大规模开发新疆的准备工作，这一时期，新疆提出基地建设战略，正是与中央这一战略设想紧密联系在一起的。

在"六五"时期（1981—1985），自治区就酝酿和提出要建设新疆十大基地的战略设想，然而此时生产建设也只是从新疆具有的资源潜力和已经形成的经济能力进行设想的，还没有形成一种有计划的、有组织的和有资金投入的生产基地建设，没有形成一种规模。到了"七五"时期（1986—1990），自治区第一次提出了"三大基地"的计划，即初步建立经济作物基地、畜产品基地、石油和能源基地。在"八五"时期（1991—1995）和"九五"时期（1996—2000），建设和形成新疆有特色的生产基地，就已经成为这两个时期新疆国民经济整体计划的中心内容。生产基地建设，从最开始提出的十二大基地（粮食基地、棉花基地、甜菜基地、瓜果基地、畜牧业基地、棉纺和毛纺基地、制糖基地、食品工业基地、畜产品加工基地、石油和石油加工基地、煤炭基地、有色和稀有金属基地），集中为十大基地（畜产品基地、棉花基地、甜菜基地、瓜果基地、石油基地、煤炭基地、化工基地、棉纺织基地、毛纺织基地、制糖基地），最后确定为六大基地（石油和石油化工基地、棉花基地、粮食基地、畜产品基地、优质瓜果基地、糖料基地)。①

　　基地建设战略贯穿在新疆发展的历程中，为新疆的稳步发展奠定了坚实的物质基础。生产基地建设的战略部署是中央实现开发新疆、建设新疆战略的基本保障，是推动新疆发展的发动机，为之后一系列有层次展开的新疆发展战略做好了准备和铺垫。

二　恢复兵团建制：为区域公平提供组织保障

　　早在 1949 年底新疆刚刚和平解放时，中国人民解放军西北野战军第一兵团的二、六两军便在王震将军的带领下开始进驻新疆，并成功地与新疆起义军、三区革命民族军会合，由中央军委整编为国防部队和生产部队，其中生产部队共计 55 万人，担负起屯垦戍边的历史使命。在 1954 年 10 月 7 日，中央军委决定，这支生产部队集体转业，正式成立了新疆生产建设兵团，开始了轰轰烈烈的大生产运动。新疆生产建设兵团从创建之日起，就保留有其独特性。其在体制上具有一定的模糊性：不是现役部队但却保持着部队师、团、连的建制；兵团农牧团场的职工既是农民（担负着新疆每年 20%的粮食产量，36%的棉花产量），又是工人（建立起了门类较齐全的工业体系），更是军人，他们既从事生产劳动又肩负着镇守边关的神圣义务（兵团的 58 个边境农场戍守着 2019 公里边防线）。②

　　然而，新疆生产建设兵团在"文化大革命"中属于重灾区，兵团的事业受到了极大的破坏，人心涣散，生产下降，财务严重亏损。由于种种原因，中共中央于 1975 年 3 月 25 日，决定撤销新疆生产建设兵团，改变体制，成立了新疆农垦总局。新疆生产建设兵团撤销以后，屯垦戍边、发展经济和维护新疆稳定的特殊作用明显削弱。面对国际政治、周边形势出现的新情况、新问题，恢复新疆生产建设兵团已成为加快新疆经济社会发展、维护边疆长治久安的迫切需

---

①　唐立久、樊森：《新疆经济发展战略与新型工业化之路》，《新疆财经》2005 年第 6 期。
②　郭刚：《论新疆生产建设兵团的历史地位和作用》，《石河子大学学报》（哲学社会科学版）2002 年第 2 期。

要，也是兵团人呼唤改革开放、屯垦戍边和发展壮大的强烈要求和愿望。

1978 年，国家农垦总局派出工作组对新疆农垦管理体制等问题进行调研，提出了恢复新疆生产建设兵团的建议。1981 年，时任政治局委员、中央军委常委、国务院副总理王震 4 次赴疆调研、考察，再次向中央提出恢复新疆生产建设兵团的建议。1981 年 7 月 1 日，邓小平批示："请王震同志牵头，约集有关部门领导同志，对恢复生产兵团的必要性作一系统的报告，并为中央拟一决议，以凭决定。"① 同年 8 月，邓小平亲自偕王震、王任重前来新疆视察，就恢复新疆生产建设兵团的问题广泛地听取了各方意见，认为恢复新疆生产建设兵团的时机已经成熟。根据邓小平的指示，国家农委党组和新疆维吾尔自治区党委经过慎重研究，于 1981 年 9 月 22 日向中央提交了《关于恢复新疆生产建设兵团的报告》。② 报告从战略角度考虑，提出恢复兵团体制的三大好处：一是有利于巩固国防，二是有利于加快新疆的经济社会建设，三是有利于加强民族团结。1981 年 12 月 3 日，中共中央、国务院、中央军委做出了《关于恢复新疆生产兵团的决定》。③ 此后，党和国家始终把支持兵团发展壮大作为新疆发展和稳定工作的重要内容。邓小平充分肯定"兵团是新疆经济建设的重要力量、民族团结的重要力量、安定团结的重要力量和巩固边防的重要力量"④；江泽民要求兵团做"生产建设的模范、安定团结的模范、民族团结的模范，以及稳定新疆和巩固边防的模范"；胡锦涛提出兵团要"更好地发挥推动改革发展、促进社会进步的建设大军作用，更好地发挥增进民族团结、确保社会稳定的中流砥柱作用，更好地发挥巩固西北边防、维护祖国统一的铜墙铁壁作用"。1990 年 9 月，江泽民来新疆考察时说："历史证明，组建生产

---

① 中共中央文献研究室、中共新疆维吾尔自治区委员会编：《新疆工作文献选编》，中央文献出版社 2010 年版，第 256 页。

② 段良：《建国以来党中央领导集团关于新疆工作决策的历史回顾和经验总结》，《中共乌鲁木齐市委党校学报》，2009 年第 4 期。

③ 中共中央文献研究室、中共新疆维吾尔自治区委员会编：《新疆工作文献选编》，中央文献出版社 2010 年版，第 254 页。

④ 同上书，第 252 页。

建设兵团进行屯垦戍边，是具有战略意义的，是完全正确的。"① 此后，不断加强兵团工作，支持兵团发展、壮大，是中央治国安邦的一项战略性决策，是维护国家统一、开发建设边疆的重大举措。2009 年 8 月 25 日，胡锦涛总书记在自治区干部大会上做重要讲话时明确指出，在新疆组建和发展生产建设兵团是党和国家治国安邦的一项战略决策，是维护祖国统一、开发建设边疆的重大举措。新疆生产建设兵团担负着中央赋予的屯垦戍边的重要历史使命。② 2014 年 5 月，习近平到新疆兵团调研，专门就兵团建设发展召开座谈会，对兵团体制给予了充分肯定，强调：新形势下兵团工作只能加强，不能削弱。使兵团真正成为安边固疆的稳定器、凝聚各族群众的大熔炉、先进生产力和先进文化的示范区。③ 这些重要论述充分肯定了兵团的战略地位。

历史和现实都充分证明，正是由于兵团的存在，可以进一步整合各方面资源，促进新疆协调全面地发展。特别是在区域地理环境的改造治理，在人口的合理配置分布，在各种文化的交融交往，在民族大团结等方面，兵团都发挥了不可替代的作用。没有兵团，新疆的经济社会发展将会失去平衡，人心就会不稳，各项事业也会受到严重影响。

三　优势资源转换战略：区域公平的活力所在

区域公平不是一种僵化的行政行为，而是和国家范围内经济交换交往活动密不可分的行政行为。"八五"时期（1991—1995），根据党的十四大精神，新疆维吾尔自治区对新疆的区情做了更深入的认识和研究，经过认真的研究讨论，自治区初步达成了一个共识：

---

① 中共中央文献研究室、中共新疆维吾尔自治区委员会编：《新疆工作文献选编》，中央文献出版社 2010 年版，第 403 页。

② 同上书，第 601 页。

③ 《紧紧依靠各族干部群众共同团结奋斗　建设团结和谐繁荣富裕文明进步安居乐业的社会主义新疆》，《人民日报》2014 年 5 月 1 日第 1 版。

新疆处在社会主义初级阶段，是一个经济和文化比较落后的少数民族地区；新疆具有资源优势，这种优势资源在新疆经济发展以及在国内外经济发展中具有重要地位；资源优势和地缘优势在对外开放中有着重大的意义和作用。在这样的背景下，新疆首次提出了优势资源转换战略。

优势资源转换战略内容主要是：利用和开发水土资源和石油资源，把石油作为首要的优势产业，以石油产业为先导对自治区产业结构进行有方向性的调整。进入90年代中后期，随着市场经济的发展，优势资源转换战略向着深度和广度转变。以优势产业和品牌产品启动扩大市场和消费需求的趋向，使新疆经济发展战略一改过去优势资源转换"全面出击"的态势，转而实施以"一白一黑"为重点的优势资源转换战略，进一步加快优势产业和优势产品发展。"一白一黑"战略，是优势资源转换战略的进一步深化，实现了向产业聚焦延伸。实施产业聚焦战略，其考虑就是为了配合国家能源开发战略，基于新疆在棉花、石油及化工产业方面的优势和潜力能够带动新疆经济发展而展开的，即要把新疆建成全国最大的优质棉花生产基地、西北最大的优质纱布生产基地和全国重要的石油化工基地。从1997年到2007年，新疆连续11年成为全国第三大原油产区。2008年，新疆原油产量超过拥有胜利油田的山东省，成为我国第二大原油产区。2009年以来，随着一批重点石油、化工项目的建设和投产，新疆不仅成为国家重要的石油能源基地，也成为全国重要的石油、化工生产基地。2011年，新疆原油产量2615.60万吨，产量居全国第五，占全国原油产量的12.84%。目前新疆也已成为中国最大的棉花产区，自1998年度以来，棉花的调出量始终保持在110万吨以上，销售范围遍及全国30个省、市、自治区的300多家纺织企业，出口亚洲、东欧等国家和地区，新疆棉花在国内外具有很高的知名度和影响力。

优势资源转换战略是基地建设战略的进一步深化，是把建设生产基地与新疆优势资源有机地结合在一起，由生产基地建设到资源转换，以期获取更大的增值空间。利用和开发石油资源，把石油作为首要的优势产业，以石油产业为先导对产业结构进行带有方向性的调整；以农业产业化推进农业特色资源的深度转化。实施优势资源转换战略，不仅满足了经济发展对资源的需求，而且有力地带动了相关产业的发展，对促进区域经济结构的形成和升级、解决就业以及推动城市化发展进程等发挥了重要作用，显然成为推动新疆经济社会蓬勃发展的重要动力。

四　对外开放战略：区域公平的新视角

20世纪80年代末，在我国沿海开放成功推进的基础上，中央开始实施沿边开放战略。新疆地处国家西北边陲，与周边八国接壤，陆上边境线5600多公里，边境县市32个，具备了沿边开放的地缘条件。尤其是1990年9月12日中国新疆北疆铁路与苏联土西铁路顺利接轨，意味着继西伯利亚大陆桥之后，又一条横贯亚欧大陆的更为便捷的铁路通道形成，即第二座亚欧大陆桥全线贯通。从而进一步把新疆推向了中国向西开放的前沿。在这样的背景之下，自治区党委、政府提出了"全方位开放、向西倾斜、内引外联、东联西出"的方针，并且明确了以地缘优势带动资源优势，以贸易先行促进产业联动，把新疆建成全国向西开放的重要基地和桥头堡。新疆真正现代意义上的对外开放战略开始形成。

1987年4月，中共中央、国务院在批转《关于民族工作几个重要问题的报告》中强调指出，新疆、西藏、云南等省区和其他一些少数民族地区，具有对外开放的优越地理条件，又有丰富的地下、地上资源和独特的旅游资源，进一步搞好开放，就能把某些劣势变成优势，加快经济的发展。① 同年，国家民委等十几个部委联合就边境贸易情况进行调研，并向国务院提出《关于积极发展边境贸易和经济技术合作、促进边疆繁荣稳定的意见》；1991年4月，国务院办公厅批转了这个文件，推动了新疆边境贸易的顺利发展。1992年，国家实施沿边开放战略，国务院发布了一系列文件，陆续批准

---

① 　王拴乾：《新疆经济发展战略思路的四次飞跃》，《新疆社会科学》2001年第1期。

珲春、黑河、绥芬河、满洲里、二连浩特、伊宁、博乐、塔城、畹町、瑞丽、河口、凭祥、东兴等 13 个城市为沿边开放城市，加上辽宁丹东，共批准设立了 14 个国家级边境经济合作区，并给予了一些优惠政策；1994 年 4 月，时任国务院总理李鹏在访问哈萨克斯坦时，针对与中亚国家发展经贸关系提出了六点主张，表明了从国家大战略的角度上要与中亚国家发展多边合作，实现共同发展。① 新疆对外开放战略在国家的支持下，开放重点更加明晰，中亚国家成为新疆最重要的战略合作伙伴。1996 年 1 月，国务院发出《关于边境贸易有关问题的通知》，对边境贸易管理形式、税收等若干问题作出具体规定，强调要"积极支持边境贸易和边境地区对外经济合作的发展"。党的十六大之后，国家进一步加大了实施"走出去"战略的力度。在这些优惠政策的支持下，新疆的对外开放步伐明显加快，与周边区域经济技术合作更趋活跃，边境贸易迅速发展，新疆逐步变成了我国对外开放的前沿阵地。2007 年 9 月，《国务院关于进一步促进新疆经济社会发展的若干意见》指出，新疆是中国面向中亚开放的桥头堡，并且明确了新疆的四大战略功能：向西出口商品加工基地和商品中转集散地；向西出口商品基地和区域性的国际商贸中心；国家紧缺能源和矿产资源的国际大通道；贯通欧亚大陆的交通要道。由此可以看出，新疆的对外开放战略在这一时期就是面向中亚的对外开放战略，这一战略既是国家战略也是新疆战略，新疆战略地位被大大提升，其推进必然是国家层面和新疆层面共同使力。新疆的对外开放水平也必然随之迈向新的台阶。

在对外开放战略的指导下，2013 年新疆对外贸易额达 275.6 亿美元，在西部 12 个省区市中居四川、重庆、广西之后，列第 4 位。其中，边境贸易额为 167.58 亿美元，占新疆对外贸易额的 60.81%，占全国边境贸易的 37.24%，已经连续占据全国 9 个陆路边境省区之首。新疆边贸出口总额为 130.33 亿美元，占新疆对外贸易出口额的47.29%；边贸进口总额为 37.25 亿美元，占新疆对外贸易进口额的13.52%。新疆与中亚五国贸易额达到 190.4 亿美元，占到新疆对外

---

① 张琴：《新疆对外开放战略选择研究》，《天山学刊》1997 年第 1 期。

贸易额的69.07%。与此同时，对外贸易的基础设施也得到了明显改善。目前新疆共有行政等级公路20953条，总里程达到了15.2万公里。区内的铁路运营达到了4239公里，连通了全区的主要城市和经济区域，也成为连通周边国家重要的枢纽。同时，新疆已建成并投入使用的机场有16个，目前新疆开辟的航线有153条，通航里程超过16万公里，已形成连接内地52个大中城市和国外43个城市的空运网络，新疆已成为国内拥有机场最多、航线最多的省区。中吉乌铁路在"十二五"开始建设，中巴铁路建设也提上了议事日程。同时原油管道、天然气管道、成品油管道的建设总里程也达到了6700多公里，第一条来自境外的输油管线"中哈原油管道"，从2006年中哈原油管道正式输油到2013年底，管道累计向中国运输原油6360万吨，贸易额达4215亿美元，成为我国非常重要的战略资源通道。新疆"向西开放"的对外开放战略已经同自身长期的战略优势密切结合起来。就此，从方向上讲，新疆的对外开放实现了最为重要的战略部署。

李克强在2011年首届亚欧合作论坛上说，我们的目标是：充分发挥新疆向西开放的桥头堡作用，把新疆建设成为对外开放的重要门户和基地。为推动亚欧合作发展、实现新跨越，李克强提出三方面建议，即深化贸易和投资务实合作；促进基础设施互联互通；提高产业和企业互利合作共赢。温家宝在第二届"中国—亚欧合作博览会"指出，新疆地处亚欧大陆的心脏地带，自古以来就是中西经济文化交流的必经之地，古老的丝绸之路从这里通向亚欧各国。随着中国全方位对外开放，新疆在中国向西开放和沿边开放的区位优势、人文优势、资源优势再度凸显出来。他还强调指出，我们要充分发挥新疆的优势，大力发展边境贸易、边民互市、旅游购物等符合当地实际的贸易方式。新疆有17个国家级开放口岸和15个国家级产业聚集园区，包括喀什、霍尔果斯两个经济开发区和中哈霍尔果斯国际边境合作中心。中央政府在土地、税收、进出口、基础设施建设等方面给予新疆优惠政策，欢迎各国企业来这里投资兴业。

由此可见，中央是站在向西开放的战略高度来提出并设计新疆区域公平发展的。因为在全球化和市场一体化的背景下，仅仅依靠政府对新疆输血是不可能完全实现其可持续发展的。必须在充分把握国际经济社会发展大趋势的前提下，在深刻认识新疆的区位和资源优势的基础上，主动设计谋略，按照市场需求，扩大开放，在开放中寻找动力，在开放中增加我们改革的力度。

五　"科教兴新"战略：区域公平的动力源

从现代化的视角来看，新疆具有资源能源优势，但在智力资源方面，与发达地区相比有着很大的差距。而在知识经济时代，一个国家、一个区域的发展，就必须有大量优质智力资源的储备。这是保持区域公平赶超的重要前提。"科教兴新"战略是在我国20世纪末提出"科技兴国"战略的基础上，从新疆的实际区情出发形成的。1990年，自治区党委第65次常委会议上，明确提出"科技兴新"战略。1991年3月，自治区党委第四次党代表大会正式确定把"科技兴新"战略作为新疆经济和社会发展的战略指导方针之一。1995年，党中央、国务院下发了《关于加速科技进步的决定》，同年召开了全国科学技术大会，明确提出了"科教兴国"战略，在全国掀起了全面贯彻实施"科教兴国"战略的高潮。在全国科技大会之后，自治区也适时地召开了自治区的科学技术大会，贯彻落实中央和国务院科技大会的精神，把"科技兴新"拓展为"科教兴新"，并把"科教兴新"作为新疆国民经济发展的主体战略。

在科技发展上，国家采取了积极稳妥的有力措施：一是为新疆输送一批批大学毕业生、高科技人才，充实新疆科技队伍，弥补新疆人才的短缺状况。二是对新疆进行大规模的科学技术、专门人才、先进的技术设备和先进科研设备的投资。大力开办中央在疆企业，以其先进的技术、强有力的科技队伍、雄厚的资金实力扎根新疆，大大地缩短了新疆与内地特别是东南沿海地区的技术差距。三是建立和发展新疆高新技术开发区，从发展市场经济、对外开放的高度，给新疆发展科技创造了一个有利的条件和环境。四是实施并推进了与全国同步的一系列科技攻坚计划。如"星火计划"、"火炬计划"，在这两项计划中，国家和自治区实施的项目就达到 421 项，有效地提升了自治区的科学技术水平，加强了先进技术产业化的过程。五是把新疆科技研究的重点机构纳入了国家管理范畴，统一地、有计划地进行重大科研项目和课题的研究。中国科学院新疆分院在人事、财务和科研等方面都归中国科学院统一领导，而它所从事的研究任务和目标却始终是面向新疆自然科学的实际科研问题，为自治区的经济发展和可持续发展服务，这就在实际上减轻了自治区对科技投入资金的压力，同时又满足了自治区对科技研究实用的需要。六是国家为加强边远地区的基础性研究，在国家"自然科学基金"中专设了"地区科学基金"，新疆也被列入其中，给予重点的资金资助。国家对新疆的重点建设、支柱产业建设、可持续发展等科研项目，给予了人力、物力、财力的支持，把其中一些科技项目列入国家的攻关计划。七是制定优惠的对外经济政策，进一步加强了与国际经济技术的交流与合作。正是在"科教兴新"战略的指导下，改革开放以来，新疆科技和教育事业的发展在数量、规模、质量上都有了前所未有的进步，取得了辉煌的成就。

在教育发展方面，为加快少数民族地区教育事业的发展，国家对中国西部的各省区的教育实施了一系列的扶持政策。改革开放之初，为了发展少数民族地区基础教育事业，解决少数民族边境地区师资问题，国家划出专项资金，将大批少数民族地区民办教师转为公办教师。1979 年 8 月 7 日，新疆维吾尔自治区人民政府批转国家教育部《关于 1979 年教育部门补充教师等问题的请示报告》，1980 年新疆边境县的 1.4 万名民办教师和非边境县的 7000 名民办教师转为公办教师；1984 年国务院颁布的《关于筹措农村学校办学经费的通知》中指出：除国家拨给的教育经费外，乡人民政府可以征收教育费附加，经费实行专款专用。1992 年 12 月 24 日新疆维吾尔自治区人民政府颁发《关于加快教育改革与发展的决定》，提出：要进一步健全和完善以国家财政拨款为主，辅之以征收教育税费、收取非义务教育阶段学杂费、扩大校产收入、社会捐资集资和建立教育基金的投入体制；1996 年，自治区人民政府颁发《新疆维吾尔自治区人民教育基金征收管理暂行办法》（新政发〔1996〕12 号）规定，从 1996 年 3 月 1 日起，在全疆范围内开征人民教育基金。城镇教育费附加和人民教育基金的征收，是新疆维吾尔自治区党委和人民政府为贯彻落实中央优先发展教育和自治区"科教兴新"的战略方针，增加对基础教育的投入，改善办学条件，提高教学质量，加快新疆基础教育发展的重大举措；1999 年，国家为实施西部大开发、加快新疆少数民族人才的培养，仿照西藏的做法，在内地发达省区、市举办新疆高中班。国务院转发了教育部等部门《关于进一步加强少数民族地区人才培养工作的意见》（教民字〔1999〕85 号）和教育部下发《关于内地有关城市开办新疆高中班的实施意见》（教民字〔1999〕2 号）文件。2000 年 4 月 6 日，教育部在北京召开会议部署内地有关城市开办新疆高中班工作，确定在北京、上海、天津、南京、杭州、广州、深圳、大连、青岛、宁波、苏州、无锡等城市开办新疆高中班。办学方式主要采取异地办班、寄宿制管理，实行定点、包干负责制。2002 年 8 月，国务院做出了《关于深化改革加快发展民族教育的决定》，提出了加快民族教育发展的政策措施：提出要将中央财政扶持教育的重点向民族工作的重点地区、高寒山区、边境地区以及发展落后的人口较少的少数民族聚居区倾斜；"十五"期间及 2010 年，"国家贫困地区义务教育工程"、"国家扶贫教育工程"、"西部职业教育开发工程"、"高等职业技术教育工程"、"教育信息化工程"、"全国中小学危房改造工程"、中小学贫困学生助学金专款、青少年校外活动场所建设项目等要向少数民族和西部地区倾斜；继续实施"东部地区学校对口支援西部贫困地区学校工程"；高等学校少数民族贫困生优先享受国家资助；国际教育贷款、海外和港台教育捐款的分配，重点向少数民族和西部地区倾斜等全方位、多角度的各项优惠政策。[①] 除此之外，新疆高校招生对少数民族考生实行的优惠政策也是国家对新疆实施整体教育优惠政策中持续历史最长、最稳定、影响面最大、政策目标实现最具规模化的一项优惠政策。2014 年中央第二次新疆工作座谈会召开，提出了新疆发展必

---

① 艾力·伊明：《新疆教育事业对口支援与协作的历史回顾》，《内蒙古师范大学学报》（教育科学版）2006 年第 7 期。

须做到教育优先，提出要进一步加大投入，在南疆地区推进高中免费等具体举措。在这些优惠政策的支持下，新疆的各项教育事业将得到新的发展。

六 西部大开发战略：建构区域公平的顶层设计

支持西部地区开发建设，实现东西部地区协调发展，是我们党领导经济工作的一条重要方针，也是我国现代化建设中的一项重要的战略任务。改革开放以来，由于东西部地区发展差距的历史存在和过分扩大，已成为一个长期困扰中国经济和社会健康发展的全局性问题。在此背景下，1999 年国家开始实施西部大开发战略。西部大开发的实施，为新疆经济和社会发展提供了前所未有的机遇和良好的条件。在实施西部大开发战略当中，新疆处于优先和十分重要的地位，这是由新疆特殊的战略地位和其他省区不可替代的资源优势、区位优势和独特的社会人文环境所决定的。新疆处于亚欧大陆腹地，有丝绸之路的文明，有西域独特的中心地位，又是中西文化交汇之处，有民族、宗教的多元化格局。作为我国向西开放的通道和门户，如此多元灿烂的文化历史、区位优势，决定了新疆在西部大开发中的特殊地位和意义。新疆开发时机也已成熟，条件已经具备。东部大开发取得了战略性的成功，更高层次的大开发、大提高和全国经济的持续增长必然要求有新的经济增长点的支撑和各地区经济协调发展的相互支持和推动，这就形成了现在进行西部大开发的最佳时机。经过半个世纪的发展，特别是改革开放 20 多年的发展，新疆已有相当的经济基础，其经济规模和经济实力都大大增强，已具备了大开发的条件。

2000 年 1 月，国务院西部地区开发领导小组召开西部地区开发会议，研究加快西部地区发展的基本思路和战略任务，部署实施西部大开发的重点工作。2000 年 10 月，中共十五届五中全会通过的《中共中央关于制定国民经济和社会发展第十个五年计划的建议》，把实施西部大开发、促进地区协调发展作为一项战略任务。在中央政府西部大开发战略指导下，新疆在 21 世纪前十年的经济发展战略目标和主要任务是：营造宽松的发展环境，强化内在发展动力，提高自我开发能力和建立良好开发机制；实现综合区力增强，经济效益提高，财政状况好转和生活质量提高。大力加强基础设施和基础产业建设；加强科技教育和人才队伍建设。开发目标是：把新疆建成全国最大的优质商品棉基地、优质纱、优质布生产基地和重要的粮食、畜产品、瓜果、糖料生产加工基地，中国重要的石油天然气和石油化工基地，成为中国经济增长新的重要支点。[①] 2000 年 1 月，国家投资总额 3.2 亿多元的"九五"重点工程在新疆兴建的 8 个国家粮食储备库全部完工。8 个粮库分别建在哈密、库尔勒、阿克苏、阜康、奎屯、石河子、精河与清水河，总仓容为 5.5 亿公斤；5 月 18 日，全长 1160 公里的新疆疏勒至西藏阿里光缆通信工程全线开工；5 月 22 日，总投资 3970 万的重点绿化工程——阿拉山口环保绿化工程正式动工；6 月 26 日，乌鲁木齐市外环路工程开工；8 月 18 日，国道 314 线小草湖—托克逊高等级公路段及相关公路改造工程开工，总投资 5.38 亿元人民币；9 月 17 日，乌鲁瓦提水利枢纽工程开始全面发挥效益，提前一年造福和田人民。10 月，全长 266.21 公里，总投资 52.1 亿元的乌鲁木齐至奎屯高速公路全线通车，结束了新疆没有一条完整高速公路的历史。西部大开发中新疆开发的宏伟蓝图缓缓展开。同时，为了配合西部大开发，确定了 30 个计划作为"十五"期间开工的重点项目，总投资约 700 亿元人民币，其中包括群众瞩目的塔里木河干流河道治理工程、"西气东输"工程、阿舍勒铜矿、罗布泊钾盐开发等建设项目。2012 年 2 月 20 日，国务院正式批复同意国家发改委组织编制的《西部大开发"十二五"规划》。该《规划》全面总结了"十一五"西部大开发取得的显著成就，深刻分析了新形势下深入实施西部大开发战略面临的新机遇新挑战。明确指出"十二五"时期，是深化改革开放和加快转变经济发展方式的攻坚时期，是深入实施西部大开发战略和全面建设小康

---

① 司正家：《实施西部大开发战略的理性思考——抓住西部开发机遇　加快新疆发展》，《新疆师范大学学报》（哲学社会科学版）2000 年第 4 期。

社会的关键时期，必须深刻认识并准确把握国内外形势新变化新特点，紧紧抓住和用好重要战略机遇期，推动西部大开发再上一个新台阶。按照中央有关深入实施西部大开发战略，西部地区到 2020 年要实现综合经济实力、人民生活水平和质量以及生态环境保护都"上一个大台阶"的总体要求。西部大开发"十二五"规划继续把基础设施建设放在优先位置，重点加强新疆交通、水利、能源通道和通信等基础设施建设。交通方面：加快兰新第二双线区际通道建设；规划建设中吉乌铁路、霍尔果斯口岸站；规划建设北屯至准东、哈密至罗布泊、哈密至将军庙等区域开发性新线铁路；建设乌鲁木齐市集装箱中心站；建设连云港至霍尔果斯国家高速公路，连接中亚的国际运输通道基本实现高等级化，显著提升口岸公路和国家边防公路通行能力及服务水平；建设乌鲁木齐西北门户枢纽机场，改扩建和田、哈密等支线机场，迁建富蕴等支线机场，新建莎车、石河子等支线机场。水利方面：加快建设克孜加尔、阿尔塔什等大型水利枢纽工程；开工建设布尔津河西水东引工程；加快大型灌区节水改造力度；继续推进农村饮水安全工程建设，基本完成病险水库的除险加固任务。管网方面：建设中哈原油管道二期、独山子—乌鲁木齐管道等陆路进口通道及配套干线工程；建设中亚天然气管道C线，完善西北通道；加强综合信息基础设施建设，推进电信网、广播电视网、互联网"三网融合"发展，促进信息化和工业化深度融合。

　　乘着"西部大开发"战略的东风，新疆不断加快发展，投资以每年上千亿元的规模递增。西部开发战略实施十多年来，一批对自治区经济增长和结构调整有重大作用的水利、能源、交通等基础设施和基础产业项目陆续建成或部分建成，其中包括"西气东输"、塔里木河流域综合开发、全疆电网联网等，新疆的高等级公路、铁路、机场等交通设施日益完善。在加快开发的同时，新疆人民也注重环境保护，在科学发展观的指导下，新疆社会、经济和谐发展。

七　对口援疆战略：区域公平的比较优势

20 世纪 80 年代以来，新疆出现了有利于发展的国际环境，也出现了干扰发展的一些不稳定因素，到 21 世纪，新疆的战略地位凸显，诸多因素推动新疆必须有一个大的发展。在国际上，随着中国和苏联关系逐渐趋于缓和，中国西部边境压力逐步减小，新疆的建设步伐也逐渐加快，特别是在 1992 年，随着苏联的解体，中国西部出现了有利于经济、社会更快发展的宽松国际环境，在国内推动新疆经济社会发展的任务也表现得尤为迫切。首先，由于自然环境和社会发展滞后等因素限制，新疆相当一部分地区经济发展落后，社会发育程度低，贫困面大。新疆仅国家级贫困县就有 27 个，占全国国家级贫困县的 21.9%，援疆政策的实施，有助于新疆社会、经济的全面发展。

早在 1979 年 4 月，乌兰夫在全国边防工作会议报告中就提出，认真落实中国共产党的民族政策，增强各族人民大团结，加速发展民族地区经济文化建设，并初步提出对民族地区实施对口援助。[①] 同年 7 月，中央以中发〔1979〕52 号文件转批了乌兰夫的报告。国家"要组织内地省、市，实行对口支援边境地区和少数民族地区"。同月，党中央决定组织内地省市实行对口支援边境地区和少数民族地区，其中江苏支援广西、新疆，可以说这是对口援助之始。其后，80 年代初期的全国支援西藏的政策以前所未有的力度展开，同时相关部门的援疆政策也逐步得以实践，但力度远远落后于对西藏的援助。1996 年 3 月，江泽民同志主持中央政治局常委会关于专题研究新疆稳定工作的会议，下发了《中共中央关于新疆稳定工作的会议纪要》7 号文件，做出了"培养和调配一大批热爱新疆，能够坚持党的基本理论、基本路线和基本方针，正确执行党的民族宗教政策

---

① 杨富强：《"对口援疆"政策回顾及反思——以 1997 年至 2010 年间政策实践为例》，《西北民族大学学报》（哲学社会科学版）2011 年第 5 期。

的汉族干部去新疆工作"的决策部署。随着中央 7 号文件的出台，1997 年 2 月，由北京、天津、上海、山东、江苏、浙江、江西、河南、河北等 9 省市和中央及国家有关部委选派到新疆工作的首批 200 多名援疆干部陆续抵疆，大规模的对口援疆工作正式开始，"对口援疆"战略正式拉开序幕。其后有广东、辽宁、福建、湖南、湖北等 5 省市参与其中。大规模对口援疆之初，政策宗旨和目的就是要调配干部援助新疆建设，实质上叫"干部对口援疆"更为恰当。随着"对口援疆"的逐步深入，2002 年中组部选择新疆哈密市和霍城县开展援疆干部担任县市委书记试点工作。2005 年又将这一试点扩大到阿图什市、疏勒县和和田市，由此援疆干部担任县市委书记的县市达到 5 个。党的十六大以后，胡锦涛在关于新疆的讲话中曾多次谈到新疆发展需要全国的帮助和支持，并明确提出了"稳疆兴疆，富民固边"战略。此后，中央多次在与新疆有关的会议及文件上涉及援疆工作的重要性论述及相关措施。如中央相继下发了中共中央办公厅〔2003〕32 号和〔2004〕11 号文件，对援疆工作进行了一系列具体部署。2005 年，中央对援疆政策做了调整，中共中央办公厅下发〔2005〕15 号文件。中央要求对新疆南疆四地州和兵团等，实行干部支援和经济对口支援相结合，分别由北京等 7 省市和中国长江三峡工程开发总公司等 15 家国有重要骨干企业承担对口支援任务。同年 5 月，援疆工作领导会议和对口支援南疆工作会议召开，内地 7 省市援疆干部领队、南疆四地州及 33 个县市的主要领导、兵团三个师的主要领导参加了对口支援南疆的会议。2007 年人事部专门出台了《关于进一步促进新疆人事工作的意见》（国人部发〔2007〕161 号），《意见》要求：探索建立专业技术人员继续教育对口援疆制度，鼓励东部沿海和经济发达地区面向新疆开展继续教育对口支援项目。2007 年 9 月，国务院召开常务会议研究加快新疆经济社会发展时强调，坚持不懈加大对口援疆工作力度，促进民族地区经济、政治、文化、社会全面进步。同月，国务院颁布了《国务院关于进一步促进新疆经济社会发展的若干意见》（国务院 32 号文件），强调要加大对新疆的对口支援力度，提出要本着办实事、求实效的原则，完善和创新对口支援方式，把工作重点放在培育当地自我发展能力上。要以经济、科技、教育、医疗、文化援助为重点，全方位开展援疆工作，特别要在资金、人才、技术和项目等方面，加大对南疆四地州的支持。要进一步扩大干部和专业人才的援疆规模，加大对新疆各类专业人才的对口培训力度。引导东部地区经济实力雄厚、产业优势明显、人才和技术力量突出的大企业和企业集团，同新疆联合开发各种优势资源。鼓励更多的省市、企业向新疆提供人才、资金、项目援助，加强经贸合作交流，形成全国支援新疆发展的格局。

近年来，复杂的国际局势，金融危机和"7·5"事件，使新疆社会经济和新疆各族人民心理上都出现了变化，使新疆的发展与稳定面临着更为严峻的挑战。由于境内外"三股势力"的干扰，社会不稳定因素增加。新疆是中国西北边疆的战略屏障，是中国反恐怖、反分裂、反颠覆的重要前沿阵地。在此局势下，2010 年 3 月 29 日至 30 日，全国对口支援新疆工作会议在北京召开，至此全国新一轮援疆序幕拉开。国家对新疆经济发展战略由政策支持发展为全国对口援建，将保障和改善民生作为援建的重点工作。同年 4 月，中央召开政治局会议，提出全力改善民生和发展经济，是维护新疆和谐稳定的基础，是新疆一切工作顺利进行的根本。① 2010 年 5 月 17 日至 19 日，中央新疆工作座谈会在北京举行。中央提出了未来五年至十年新疆发展的目标任务：2015 年新疆人均地区生产总值达到全国平均水平，城乡居民收入和人均基本公共服务能力达到西部地区平均水平，到 2020 年促进新疆区域协调发展、人民富裕、生态良好、民族团结、社会稳定、边疆巩固、文明进步，确保实现全面建设小康社会的奋斗目标。2013 年 9 月 23 日至 24 日，第四次全国对口支援新疆工作会议在北京召开，会议分析了新疆工作形势，研究部署就业、教育、人才等援疆重点工作。2014 年 5 月 28 日至 29 日第二次中央新疆工作座谈会在北京举行，这次会议全面总结了 2010 年中央新疆工作座谈会以来的工作，科学分析了新疆形势，明确了新疆工作的指导思想、基本要求、主攻方向，对当前和今后一个时期新

---

① 巴特尔：《推动新疆民生建设　促进社会和谐发展》，《新疆社科论坛》2011 年第 6 期。

疆工作做了全面部署，提出进一步深入推进对口援疆工作。会议强调，举全国之力，深入推进对口援疆工作。新疆将深入贯彻第四次全国援疆工作会议精神，把增加就业作为援疆工作首要任务，实施就业优先战略，帮助受援地群众特别是少数民族群众实现稳定就业。把保障和改善民生放在突出位置，全力配合重大民生工程建设，实施民生援疆项目。推进产业援疆，加快劳动密集型产业向新疆特别是南疆转移。大力推进教育援疆，充实教学力量，提高受援地双语教育、职业教育水平。推进科技、人才、卫生、文化等全方位援疆。

新一轮对口援疆工作开展以来，各对口援疆省市把与群众息息相关的民生工程摆在援建工作首位，重点实施了一大批受援地迫切需要的民生项目，实施援助新疆地方项目 2378 个（不含兵团），拨付到疆援助资金 248.6 亿元，超出国家核定额度的 26.5%。新疆紧紧抓住国家推进产业转移的政策机遇，依托对口援疆平台，吸引、支持 19 个对口援疆省市企业、中央企业来疆投资。出台了《新疆维吾尔自治区关于推进产业援疆工作的指导意见》，明确了产业援疆的基本原则、重点领域和保障措施。与援疆省市签署了冠名支持产业园区建设合作框架协议，建立了援疆省市的 48 家国家级开发区对口支援新疆 39 家产业聚集园区的结对关系，促成了徐工集团、苏新能源、中广核、武汉当代、诚信化工、隆平高科、华孚集团等国内一大批知名企业落户新疆，大众汽车、三一重工产业园、广新集团 20 万锭棉纺、浙江荣盛集团天然气化工等一大批项目开工建设或建成投产。中央企业完成新疆地方项目投资近 2000 亿元，引进 19 个援疆省市经济合作项目约 2700 个，到位资金 2600 亿元左右，占新疆区外经济合作项目到位资金总额的 68.2%。一批强产业、惠民生的重大项目密集开工建设和建成投产。同时，各援疆省市以对口援疆干部人才培养工程为载体，全面推进 8 个方面重点工作：通过援疆渠道柔性引进各类干部人才 8826 人；选派 4623 名干部人才赴援疆省市挂职锻炼；选派 2.3 万名未就业普通高校毕业生赴援疆省市培养学习；培训新疆各类干部人才 33.9 万人次；投入 9.8 亿元用于基层组织和政权建设，新建改扩建村和社区阵地 2000 多个；组织 2.7万名县乡村干部赴援疆省市轮训；选派 366 名青年科技英才赴内地定向培养；圆满完成近 1200 名专业技术援疆干部人才中期轮换工作，对进一步优化干部人才队伍结构、培养本地人才起到了重要推动作用。在政策的实践过程中，由于中央的多方面协调，基本上形成了固定的对口援助关系（见表 4—1）。19 个支援省市、中央和国家机关、有关企业和新疆维吾尔自治区、新疆生产建设兵团认真贯彻中央的决策部署，团结协作，开展了规模空前的对口援疆工作，取得了举世瞩目的巨大成就。

在新一轮对口援疆的强大推动下，天山南北形成了大建设、大开放、大发展的局面，做到了全面援疆、民生优先，形成了互动互利的新一轮援疆热潮。这是一场国家层面的大动员，出台政策之多、投入资金之多、建设项目之多、惠及民生之广，在新疆历史上前所未有，必将在解决制约新疆发展稳定的根本性、长远性、基础性问题上取得重大突破，体现了中央推动新疆实现跨越式发展的坚定决心。

表 4—1　　　　　　　　19 省市对口援疆具体布局

援疆省市	对口支援地区	援疆省市	对口支援地区
北京市	和田市；和田县；墨玉县；洛普县；新疆生产建设兵团农十四师团场	黑龙江省	福海县；富蕴县；青河县；新疆兵团十师
上海市	巴楚县；莎车县；泽普县；叶城县	安徽省	皮山县
广东省	疏附县；伽师县；兵团农三师图木舒克市	河北省	巴音郭楞蒙古自治州；兵团农二师
深圳市	喀什市；塔什库尔干县	山西省	农六师五家渠市；昌吉回族自治州阜康市
天津市	民丰县；策勒县；于田县	河南省	哈密地区；兵团农十三师

续表

援疆省市	对口支援地区	援疆省市	对口支援地区
辽宁省	塔城地区	江苏省	克孜勒苏柯尔克孜自治州阿图什市；乌恰县；伊犁哈萨克自治州霍城县；农四师66团；伊宁县；察尔查尔锡伯自治县
湖南省	吐鲁番地区		
浙江省	阿克苏地区；阿拉尔市	福建省	昌吉回族自治州的昌吉市；玛纳斯县；呼图壁县；奇台县；吉木萨尔县；木垒县
吉林省	阿勒泰市；哈巴河县；布尔津县；吉木乃县	山东省	疏勒县；英吉沙县；麦盖提县；岳普湖县
江西省	克孜勒苏柯尔克孜自治州阿克陶县	湖北省	博尔塔拉蒙古自治州博乐市；精河县；温泉县；兵团农五师

第五章

区域公平视角下新疆发展成就及原因

改革开放后，新疆经济和社会发展取得了巨大成就，新疆经济、社会、文化、教育、人民生活发生了翻天覆地的变化。新疆的巨大变化，从根本上来说，就是我们国家区域公平战略基本成就的体现。

一 经济发展迅速

（一）综合实力显著增强

1990 年，新疆国内生产总值（GDP）仅为 261.44 亿元，2013 年实现生产总值达到 8360.24 亿元，是 1990 年的 31.98 倍，年均增长 16.26%。1990—2013 年，第一产业增加值从 104.09 亿元增加到 1468.30 亿元，年均增长 12.2%；第二产业增加值从 83.18 亿元增加到 3776.98 亿元，年均增长 18.05%；第三产业增加值从 74.17 亿元增加到 3114.96 亿元，年均增长 17.65%。三次产业的比重从 1990 年的 39.8：31.8：28.4 转变为 17.6：45.2：37.2，产业结构进一步合理化。

1990 年，新疆人均生产总值为 1713 元，2013 年达 37181 元，是 1990 年的 21.71 倍，年均增长 14.3%。按当年平均汇率折算，2013 年人均生产总值达到 6098.35 美元，首次突破人均 6000 美元大关。1990—2013 年，城镇居民人均可支配收入从 1314 元增加到 19874 元，年均增长 12.5%；农村居民人均纯收入从 684 元增加到 7296 元，年均增长 10.8%。可见，新疆的国民经济正处在快速发展的阶段，这为今后的跨越式发展奠定了良好的基础，增强了新疆的综合实力。

（二）农村经济全面发展

近年来，围绕粮食、棉花、特色林果、优质畜牧业基地和设施农业建设，新疆农业产业化经营加快发展，优势特色农产品产业带逐步形成，农业基础地位、农业综合生产能力进一步加强和提高，农产品有效供给成倍增长。1990 年新疆实现农林牧渔业总产值 144.65 亿元，2013 年实现农林牧渔业总产值 2538.89 亿元，农林牧渔业总产值增长了 16.55 倍，年均增长 13.3%。其中，2013 年农业产值 1806.11 亿元，比上年增长 7.83%；林业产值 48.13 亿元，比上年增长 11.83%；牧业产值 604.20 亿元，比上年增长 24.48%；渔业产值 17.17 亿元，比上年增长 12.52%。

新疆主要的农产品产量持续增加。2013 年粮食产量达 1360.83 万吨，是 1990 年的 2.01 倍；园林水果产量达 1407.78 万吨，是 1990 年的 17.62 倍；棉花产量 351.80 万吨，是 1990 年的 7.50 倍；牛奶产量 134.99 万吨，是 1990 年的 4.38 倍；肉类总产量 139.26 万吨，是 1990 年的 4.57 倍。

农业生产条件显著改善，到 2013 年，新疆农作物播种面积达到 5212.26 千公顷，其中粮食播种面积 2204.22 千公顷、棉花播种面积 1718.26 千公顷、油料播种面积 221.74 千公顷、甜菜播种面积 65.90 千公顷、果园 933.98 千公顷。新兴"红色产业"中的红枣、石榴、番茄的种植面积分别达到 486.141 千公顷、12.222 千公顷、75.46 千公顷，种植面积和产量均居全国第一。

现代畜牧业加快发展。从猪牛羊存栏和出栏量看：羊存栏量由 1990 年的 2830.81 万只增加到 2013 年的 3663.22 万只，出栏量由 1070.4 万只增加到 3107.49 万只；牛存栏量由 338.2 万头增加到 371.14 万头，出栏量由 70.1 万头增加到 230.26 万头；猪存栏量由 89.71 万头增加到 274.72 万头，出栏量由 78.93 万头增加到 439.57 万头，生产能力大幅提高。从主要畜产品产量看：肉类总产量由 1990 年 30.5 万吨增加到 2013 年 139.26 万吨。其中，羊肉产量由

15.8 万吨增加到 49.71 万吨；牛肉产量由 7.1 万吨增加到 37.82 万吨；猪肉产量由 4.9 万吨增加到 31.33 万吨。2013 年绵羊毛、山羊绒、牛奶、禽蛋的生产总量分别达到 9.16 万吨、0.123 万吨、134.99 万吨和 28.17 万吨，畜牧业总产值高达 508 亿元，较上年增长 11.65%，畜牧业经济实力明显增强。

依托丰富的光热水土资源优势，新疆的特色优势农业以及传统的农产品产量呈持续增长态势，农业综合实力不断增强，带动农村经济的快速发展，为新疆农民收入的快速增长提供了有力支撑。

（三）　新型工业化加快推进

新疆的工业经历了从无到有、从小到大的发展过程。新中国成立初期的 1952 年，新疆仅有工业企业 771 家，年产值仅 2.2 亿元。到 2013 年，新疆有规模以上工业企业 2224 家，工业总产值 9121.21 亿元，年均增长 14.6%。其中，国有工业、集体工业和其他经济类型的工业产值分别为 589.70 亿元、13.62 亿元、8517.89 亿元。1952 年工业增加值为 1.09 亿元，2013 年工业增加值达到 3200 亿元，年均增长 14%。

近年来，通过实施资源优势转换、大企业大集团战略和中小企业成长工程，新疆的新型工业化进程加快，主要工业产品产量成倍增长。1952 年到 2013 年，原油产量由 5.21 万吨增加到 2658.47 万吨；原煤产量由 43.73 万吨增加到 17499.89 万吨；天然气由零产量增加到 282.91 亿立方米；发电量由 0.05 亿千瓦时增加到 1613.01 亿千瓦时；棉纱产量由 0.05 万吨增加到 43.46 万吨；布产量由 0.033 亿米增加到 0.75 亿米；粗钢、钢材、水泥产量分别由 0.77 万吨、0.06 万吨、0.18 万吨增加到 1276.77 万吨、1512.90 万吨、5410 万吨；机制纸、成品糖、化肥从无到有，2013 年机制纸产量 45.74 万吨、成品糖产量 46.72 万吨、化肥产量 374.77 万吨。到目前，新疆的工业实力已大大增强，技术水平明显提高，形成包括石油、石油化工、钢铁、煤炭、电力、纺织、建材、化工、医药、轻工、食品等资源工业为主体的门类基本齐全，具有一定规模的现代工业体系。

（四）对外贸易规模新的扩大

新疆自古以来就是我国连接中亚、西亚、南亚和东西欧的重要通道，改革开放以来，新疆积极贯彻执行"外引内联、东联西出"的发展战略，充分利用与八国接壤这一独特的地缘优势，对外贸易取得长足发展。新疆对外贸易总体呈增长趋势，新疆进出口贸易总额从 1990 年的 4.10 亿美元，增加至 2013 年的 275.62 亿美元，增长了 66.22 倍，年均增长 20.1%。其中，2013 年出口贸易额 222.70 亿美元，进口贸易额 52.92 亿美元，进口和出口贸易额分别占总贸易额的 19.20%、80.80%。

新疆主要的贸易方式有边境小额贸易和一般贸易，其中边境贸易占总贸易额的比重较大，还包括边民互市贸易、旅游购物贸易等几种形式。2013 年边境小额贸易占贸易总额的 52.09%，一般贸易占 34.51%，加工贸易占 1.85%，其他贸易占 11.55%，贸易方式多种多样。随着对外贸易规模的不断扩大，以及采取多样化的贸易方式，新疆已经逐步形成了沿边、沿桥（亚欧大陆桥）和沿交通干线向国际、国内扩展的全方位、多层次、宽领域的对外开放格局，成为中国向西开放的前沿。

（五）固定资产投资不断增长

全社会固定资产投资额逐年递增。1990 年新疆全社会固定资产投资为 88.78 亿元，2013 年全社会固定资产投资达 8148.41 亿元，是 1990 年的 91.78 倍，年均增长 21.7%。

按三次产业固定资产来看，1990 年新疆第一产业、第二产业、第三产业固定资产投资额分别为 3.48 亿元、56.58 亿元和 18.03 亿元，2013 年三次产业固定资产投资额分别为 235.5 亿元、3979.4 亿元、3572.5 亿元，三次产业固定资产投资额年均递增 20.1%、20.3% 和 25.9%。

按城镇和农村固定资产投资额来看，1990 年城镇投资 79.16 亿元，2013 年城镇投资 7384.44 亿元，是 1990 年的 93.28 倍，年均增长 21.8%。其中 2013 年房地产开发投资 825.7 亿元，是 1990 年的 869 倍，年均增长 34.2%。新疆农村固定资产投资 1990 年为 9.62 亿元，2013 年为 764 亿元，是 1990 年的 79.4 倍，年均增长 20.9%。其中，2013 年非农户投资 403 亿元，是 1990 年的 195.6 倍，年均增长 25.8%；2013 年农村个人投资 361 亿元，是 1990 年的 47.7 倍，年均增长 18.3%。不论在城镇还是农村，固定资产投资的增长不仅增强了新疆的经济实力，为改善人民物质文化生活创造了一定的物质条件，而且对新疆社会主义现代化建设的发展具有重要意义。

（六）财政实力明显增强

2013 年地方财政收入 1556.55 亿元，增长 24.36%。地方财政一般预算收入 1128.49 亿元，增长 24.15%。其中，各项税收收入 826.34 亿元，增长 18.23%。在税收收入中，国内增值税 119.14 亿元，增长 18.46%；营业税 305.67 亿元，增长 17.88%；资源税 71.74 亿元，增长 3.45%。

地方财政支出 3519.52 亿元，增长 14.26%。地方财政一般预算支出 3067.12 亿元，增长 12.76%。其中，社会保障和就业支出 263.17 亿元，增长 15.53%；教育支出 532.67 亿元，增长 12.41%；医疗卫生支出 160.91 亿元，增长 10.30%。

近年来，新疆金融业得到了快速发展。目前，新疆共有各类金融机构数 3567 个，从业人员达 65741 人；各类保险公司 29 个，保险机构数 1714 个，保费收入达 273.49 亿元；证券经营机构 71 家，39 家上市公司，全年通过发行、配售股票共筹集资金 155.06 亿元。可以看出，新疆的财政收支保持稳步增长，财政实力明显增强，金融业发展态势良好，融资总量不断增加，为新疆的跨越式发展提供了有力支撑，也为新疆经济增长和社会发展做出了积极贡献。

二　社会发展稳步向前

相比较来说，社会层面的发展更多体现着公平的意义。如何从区域公平角度大力推进公共服务均等化、优质化，这是新疆改革开放以来发展的重点所在。

（一）教育规模逐渐扩大，教育层次不断完善

新疆教育事业的发展为新疆的经济发展不仅提供了大量的人力资源，而且成为经济增长的智力支持和重要保障。随着中央政府和新疆地方政府对新疆教育经费的投入连年加大，新疆的教育经费总额从 1996 年的 37 亿元上升到 2013 年的 602.64 亿元，18 年间增长了 15.29 倍，其中国家财政性教育经费占大约 91.94%。这为新疆的教育事业发展提供了物质保障。

从 1978 年到 2013 年，新疆普通高等学校从 10 所增加到 36 所，职业高中学校从无增加到 69 所，技工学校从 10 所增加到 108 所，特殊教育学校从 1 所增加到 26 所；各级各类学校教师人数从 12.95 万人增加到 29.73 万人，增长约 2.30 倍；研究生全年招生人数由 16 人增加至 6222 人，增长 387.88 倍，在校研究生 16867 人，增长 1054.19 倍。截至 2013 年，新疆共有各类学校 9124 所，各类学校教职工 38.77 万人，其中专任教师 32.47 万人；少数民族专任教师 18.02 万人，占专任教师的 55.50%。各类学校在校生数 462.16 万人，其中少数民族在校生 293.33 万人，占 63.47%。各类学校招生 137.41 万人、毕业生 125.7 万人，其中少数民族招生和毕业生分别为 90.63 万人和 75.42 万人。由此可见，改革开放以来，新疆教育规模逐渐扩大，教育层次不断完善，教育水平不断提高，同时也极大重视少数民族的教育发展，少数民族教育发展水平也在不断提高。

（二）科技水平不断进步

新疆科学技术的整体实力大为增强，建立起了专业比较配套、布局比较合理、具有新疆区域特征的研究与开发体系、技术推广体系、科技管理和服务体系；培养了一批学术造诣较深的科技专家，造就了一支具有较强研究、开发、试验、推广和管理能力的多民族科技队伍；重点建设了一批反映新疆科技优势的实验中心、试验基地。

2013年，新疆科技研发经费（R&D）投入39.73亿元，新疆企事业单位各类专业技术人员已达44.62万人，其中，工程技术人员数达4.80万人，卫生技术人员数为8.32万人，科学研究人员数为0.29万人，教学研究人员数达28.16万人。新疆申请专利8224项，获得专利授权4998项。签订各类技术合同983项，技术合同成交金额29653.08万元，技术交易额达28370.11万元。新中国成立60多年来，新疆共取得自治区级重大科技成果6396项，其中获国家级奖励190项，自治区级奖励2693项。

（三）人民生活水平显著提高

伴随着经济和社会各项事业的发展，新疆各族人民的收入水平和生活水平逐年提高。从1990年到2013年，城镇居民家庭人均可支配收入和农村居民家庭人均纯收入都呈现出快速上升的趋势，城镇居民家庭人均可支配收入由1314元增加到19874元，增长14.12倍；农村居民家庭人均纯收入由683.47元增加到7296元，增长9.67倍。城镇居民家庭恩格尔系数和农村居民家庭恩格尔系数都呈现出稳步下降的趋势。1990年，城镇居民家庭恩格尔系数为47.8%，农村居民家庭恩格尔系数为53.7%。到2013年，城镇居民家庭恩格尔系数下降至34.5%，农村居民家庭恩格尔系数下降至36.1%。这说明城镇居民和农村居民的生活水平在逐步提高。

居民消费水平呈明显递增趋势。2013年，新疆居民消费水平为11401元，比1990年的796元增长13.32倍；城镇居民消费水平达到18285元，比1990年的1508元增长11.13倍；农村居民消费水平达到5942元，比1990年的447元增长12.29倍。

（四）劳动就业明显增加

截至2013年，新疆就业人员达到1096.59万人，比上年增加86.15万人，增长8.53%。按三次产业划分，第一、第二和第三产业就业人员分别为506.35万人、178.79万人和411.46万人，分别占总就业人员的46.17%、16.30%和37.52%。城镇登记失业率也由1990年的3.8%下降到2013年的3.4%。可见，新疆劳动就业形势良好，失业率逐步下降，社会保障全面进步。

（五）新疆卫生事业也在持续快速发展

1990 年新疆只有 3945 个医疗卫生机构，67414 张病床，卫生技术人员数和卫生人员数分别为 79853 人和 102053 人，而且卫生机构都集中在少数城市（镇）。到 2013 年，新疆医疗卫生机构增至 18663 个，比 1990 年增长 3.73 倍；病床达到 137325 张，比 1990 年增长 1.04 倍；卫生技术人员数和卫生人员数分别达到 145851 人和 189578 人，分别比 1990 年增长 82.65% 和 85.76%。目前新疆的医疗水平有了很大提高，自治区首府及地州的一些大医院已装备了一大批现代化诊疗设备，医疗专业分科日趋完善。

（六）新疆社会保障事业进入了快速发展轨道

目前新疆建立健全了包括基本养老、医疗、失业、工伤、最低生活保障等在内的多层次社会保障体系。截至 2013 年，新疆保险参保人数达 2195.34 万人次，综合参保率达 96.85%。其中参加职工基本养老保险 326.04 万人；参加职工基本医疗保险 358.93 人；参加失业保险 218.52 万人；参加工伤保险 239.87 万人；参加生育保险 230.22 万人。社会福利事业也在稳步发展，到 2013 年末，新疆有收养性福利事业单位机构 600 个，工作人员 4975 人，53442 张床位，收养人数达 32612 人，比上年增长 6.7%。

三　新疆发展的公平政策分析

近年来，中央和地方政府为贯彻落实西部大开发战略，分别从经济、对口援疆及社会三大方面出台了大量体现区域公平的相关政策，从产业、资源配置、对外开放、教育、科技等多方面，都加大了对新疆的支持和倾斜，为进一步支持和引导新疆经济及社会的健康发展提供了有力保障。

（一）区域经济公平政策助推新疆跨越式发展

1. 产业发展政策。2010 年 5 月中央新疆工作座谈会召开之后，新疆迎来了产业加快发展的春天。根据新疆产业发展实际情况，国家发改委于 2012 年 6 月出台了《关于支持新疆产业健康发展的若干意见》，对钢铁、电解铝、水泥、多晶硅、石油化工、煤炭、煤化工、火电、可再生能源、汽车、装备、轻工纺织 12 个产业实行差别化产业政策，有针对性地对重点产业实行政策支持和引导。在做好统筹规划和综合协调的基础上，适当放宽在新疆具备资源优势，在本地区和周边地区有市场需求的部分行业准入限制。

同时，国家发改委在安排产业结构调整、重点产业振兴和技术改造、工业中小企业技术改造等中央预算内投资时，将进一步向新疆倾斜；加大对新疆进口（含边境贸易）的支持力度，每年从全国进口专项贴息资金中单列一定金额，专项用于新疆扩大《鼓励进口技术和产品目录》内的先进技术、关键设备及零部件和资源性产品进口。借助中央的优惠政策和新疆经济社会大发展的机遇，新疆产业发展迈上了一个新台阶。

2. 经济、资源配置优惠政策。为更好更快地实现跨越式发展，2010 年 11 月 15 日，自治区政府发布《新疆维吾尔自治区促进股权投资企业发展暂行办法》，新疆资本市场"十二五"规划也拟定出台，并实施企业上市"四个一批"工程，健全政策支持体系和上市推进机制，培育创业风险投资体系，推动三板市场试点，多层次资本市场在新疆的建立，为跨越式发展集聚更多的资金。为提升新疆经济总量、优化经济结构，2012 年底新疆维吾尔自治区召开的全区经济与信息化会议提出，未来 5 年，除了石油石化，新疆还将打造化工和新型煤化工、电力、有色金属、机械装备制造共 8 个产值超千亿元的产业集群，重点培育乌鲁木齐经济技术开发区等 5 个工业产值超千亿元的产业园区和 50 家百亿元大企业大集团，使新疆生产总值早日跨入"万亿元"俱乐部。

在合理配置资源方面也推出了具体举措。在 2010 年 5 月 17 日召开的新疆工作座谈会上，中央决定在新疆率先进行资源税费改革，将原油、天然气资源税由从量计征改为从价计征；对新疆困难地区符合条件的企业给予企业所得税"两免三减半"优惠；中央投资继续向新疆唯吾尔自治区和兵团倾斜，"十二五"期间新疆全社会固定资产投资规模将比"十一五"期间翻一番多；鼓励各类银行机构在偏远地区设立服务网点，鼓励股份制商业银行和外资银行到新疆设立分支机构；适当增加建设用地规模和新增建设用地占用未利用地指标；适当放宽在新疆具备资源优势、在本地区和周边地区有市场需求行业的准入限制；加大生态建设和节能环保补贴力度；逐步放宽天然气利用政策，增加当地利用天然气规模等。

3. 对外开放政策。加快促进新疆外贸的发展，离不开政府的支撑。随着政府扶持政策的不断推进，新疆外贸的发展也在逐渐加速。

自 2008 年 11 月 1 日起，新疆维吾尔自治区采取专项转移支付的办法替代现行边境小额贸易进口税收按法定税率减半征收的政策，并逐年增加资金规模，专项用于支持边境贸易发展和边境小额贸易企业能力建设；在严格控制"两高一资"（高耗能、高污染和资源性）产品出口的原则下，对新疆具有出口优势的产品，有条件地适当放宽出口限制；国务院放宽新疆对周边国家投资的审批权限，鼓励企业到境外从事能源资源开发、农林业合作。

2010 年 5 月，中央提出在喀什、霍尔果斯各设立一个经济开发区，给予自取得第一笔生产经营收入所属纳税年度起企业所得税五年免征优惠，实行财政贴息、免征关税、设立产业投资基金、给予用地计划指标倾斜和设立海关特殊监管区等 10 项特殊政策措施；以边贸方式进口的属于国家鼓励类资源性产品，可享受进口贴息政策，同时期在中央新疆工作座谈会上明确了在新疆开展跨境贸易和投资人民币结算试点，对改善新疆贸易条件、增强我国在周边国家的地位和影响力具有重要的战略意义。而且自 2011 年起，为提高新疆对外开放水平，中国政府决定将乌鲁木齐对外经济贸易洽谈会升格为"中国—亚欧博览会"。

4. 价格政策。为贯彻落实党中央国务院关于促进新疆跨越式发展，支持喀什、霍尔果斯经济开发区建设有关文件精神，2011 年，国家发展改革委发出《关于运用价格杠杆促进新疆跨越式发展的若干意见》，出台了实施电气运价优惠，支持新疆经济发展；加大收费减免力度，降低企业经营负担；加强价格调控监管，稳定重要商品价格等三方面价格政策。

5. 非公经济和中小企业发展政策。2010 年，根据自治区出台的《促进中小企业发展的实施意见》以及新出台的非公有制经济政策中，新疆在优化发展环境方面放宽市场准入、实行对中小企业的政府采购扶持政策、降低鼓励类商业水电收费价格、减轻中小企业负担，并在强化财税支持、缓解融资困难、统筹解决用地需求等方面支持非公有制经济和中小企业发展，培育一批竞争力和组织创新力较强的中小企业集群。

（二）对口援疆促使新疆发展进入新境界

1. 人才干部对口援疆政策。中央为加快新疆经济发展和维护新疆稳定的需要，决定从内地省市和国家机关选派愿意去新疆，且坚持党的援疆政策，坚定维护党的民族、宗教政策的 2000—2500 名党政领导骨干和专业技术人员到新疆工作，从而为实现党中央、国务院关于加快中西部地区经济建设，逐步缩小地区间差距的战略目标，提供强有力的支持。随着 1996 年《中共中央关于新疆稳定工作的会议纪要》的出台，1997 年 2 月，由北京、天津、上海、山东、江苏、浙江、江西、河南、河北 9 省市和中央及国家有关部委选派到新疆工作的首批 200 多名援疆干部陆续抵疆，大规模的对口援疆工作正式开始，其后有广东、辽宁、福建、湖南、湖北 5 省市参与其中。

从 2005 年起，中央对援疆政策做了调整，中央要求对新疆南疆四地州和兵团等实行干部支援和经济对口支援相结合的方式，分别由北京等 7 省市和中国长江三峡工程开发总公司等 15 户国有重要骨干企业承担对口援疆任务。2007 年 9 月，国务院颁布了《国务院关于进一步促进新疆经济社会发展的若干意见》（国务院 32 号文件），强调要进一步扩大干部和专业人士的援疆规模，加大对新疆各类专业人才的对口培训力度，鼓励更多的省市、企业向新疆提供人才、资金、项目援助，加强经贸合作交流，形成全国支援新疆发展的格局。

在开展新一轮对口援疆中，围绕加快培养新疆经济社会发展重点领域干部人才、急需紧缺人才和基层一线干部人才，2012年自治区组织实施了《对口援疆干部人才培养工程实施方案》（以下简称《方案》），全面推进援疆人才柔性引进、干部人才保障、新疆干部人才挂职锻炼、县乡村干部轮训、交流任职，为就业普通高校毕业生赴援疆省市培训、新疆青年科技英才、干部人才培养等8项重点人才培养计划。《方案》计划到2020年，援疆省市、援助单位为新疆引进4万名各类人才，特别是紧缺人才；组织5000名新疆干部赴中央和国家机关、援疆省市挂职锻炼；并选派500名新疆干部到中央和援疆省市交流任职。

2. 教育对口援疆政策。在加强教育援疆方面，为全面贯彻落实中央新疆工作座谈会和全国教育工作会议精神，2010年7月29日，教育部会同有关部门在乌鲁木齐召开推进新疆教育跨越式发展工作会议。会上强调，要以高度的政治责任感、高度的大局意识、高度的负责任精神以及对新疆各族人民深厚的感情，坚定信心，锲而不舍，齐心协力，扎实工作，推进新疆教育跨越式发展。教育援疆已经全面展开，包括高等教育、基础教育援疆。

清华大学等10所高校对口支援新疆大学2010年度工作会议于8月31日在新疆大学举行。清华大学、西安交通大学、武汉大学、中南大学、北京外国语大学、大连理工大学、北京师范大学、中国矿业大学、同济大学、东华大学等10所高校与新疆大学代表签署了《清华大学等10所高校对口支援新疆大学学年度工作协议（2010—2011）》和对口支援新疆大学20个学院的年度工作协议。同时，北京大学等9所大学对口支援石河子大学的工作也顺利展开。这一举措，将对新疆高校在师资队伍水平、人才培养质量、科研服务能力和科学管理水平等四个方面的迅速提升起到重要作用。

3. 产业对口援疆政策。在推进产业援疆方面，自治区在2012年5月底出台了《新疆维吾尔自治区关于推进产业援疆工作的指导意见》，坚持"政府引导、市场主导、企业主体、互利共赢"的原则；确定推进煤炭开发，促进矿产资源开发利用，发展现代农副产品和轻工产品加工业，加快发展先进装备制造业、战略性新兴产业、现代服务业、旅游业等产业援疆的重点领域；强化政策扶持，建立包括自治区本级、受援地州市和县（市）的三级扶持产业援疆企业发展的专项资金，采取多种投融资方式和加大金融支持力度吸引各类社会资金对产业援疆项目的投入。

（三）区域公平社会发展完善新疆民生

1. 教育发展政策。对口支援已经对新疆高校实现全覆盖。继2010年清华大学、北京大学、中国农业大学等22所高校开展团队式对口支援新疆大学、石河子大学、塔里木大学工作之后，2011年又落实了内地19所本科高校采取"2对1"或"3对1"的方式对口支援新疆8所本科院校；30所高职高专院校对口支援新疆19所高职高专院校。新一轮"对口支援西部地区高等学校计划"也已确定41所内地高校对口支援新疆11所本科高校，并将高职高专院校纳入对口支援计划。

新疆教育区别于内地的另一个特色就是内地新疆高中班、区内初中班。自2000年国家举办内地新疆高中班以来，2013年办班城市已达45个、办班学校91所，在校生达3.09万人。从2004年起，自治区开办新疆区内初中班，目前内初班办班城市、办班学校分别达到13个、26所，在校生已达2.23万人。内高班、内初班的农牧民子女录取比例分别达到75%和90%，进一步满足了农牧民子女接受优质教育的需求。

2007年4月，自治区党委、政府印发了《关于大力推进"双语"教学工作的决定》，提出从学校教育抓起，以汉语教学为突破口，以提高少数民族教育质量、大力培养"民汉兼通"的少数民族人才为目的，大力推进"双语"教学工作。

为进一步提高教师的学历水平，到2010年，以新疆教育学院为依托，自治区建立了中小学"双语"教师培训基地，重点实施《国家支援新疆"双语"教师方案》、《新疆中小学少数民族"双语"教师培训工程》，加快"双语"教师培养培训步伐，采取选派支教教师和吸收师范类毕业生等措施解决"双语"教师紧缺的问题。实施职业院校教师素质提高计划，完善"双师型"教师的聘任与管理制度，职业院校"双师型"教师比例明显上升。实施高校思想政治教育学术带头人和中小学德育骨干教师培训工程；全面实施少数民族高层次骨干教师培养计划；利用现代信息、网络技术积极开展教师远程教育。

在国家的大力支持下，新疆双语教学规模数十倍增长。自治区实施"少数民族双语幼儿园建设工程"，2008—2012年，国家和自治区投入50亿元资金实施双语幼儿园建设工程。截至2012年底，新疆2237所国家项目幼儿园已全部建成并投入使用，截至2013年底，新疆学前和中小学少数民族接受双语教育和"民考汉"的学生182.61万人，已经占学前和中小学少数民族在校生数的70.93%。

2011年5月24日，自治区召开教育工作会议。这次会议进一步确立了新疆"教育立区"思想，出台了若干教育重大政策措施。自治区出台了一系列规划：学前和中小学双语教育发展规划、高等教育发展规划、学前教育三年行动计划等分项规划和中长期教育改革和发展规划纲要任务分工方案、自治区教育体制改革总体方案等文件，为贯彻落实国家和自治区教育规划纲要提供了有力支撑。

近年来，国家和自治区相继启动多项教育惠民工程，促使南疆地区基础教育条件得到极大改善，基础教育水平快速提升。为解决南疆学生上高中难和就业难问题，新疆从资金、师资等各方面向南疆四地州加快普及高中阶段教育倾斜，同时大力扶持职业学校建设，吸引更多南疆地区学生接受中职教育，并适度扩大中职生直升高职范围。

2011年5月18日，自治区党委召开常委会议，专题研究教育问题，确定了落实国家和自治区教育规划纲要，推进教育改革与发展的11项重大措施，在随后召开的全区教育工作会议上，对高校布局结构调整、教育规划用地保障、职业院校经费保障、少数民族预科学生资助政策等问题，提出了方向性的改革措施和办法。这个富有针对性的11项措施，受到自治区教育界的欢迎和高度评价。

2013年，新疆"普九"人口覆盖率已经接近100%，小学、初中学龄儿童入学率达98.88%。边远贫困地区学校布局趋于合理，中小学办学条件极大改善。全疆所有农村中小学生享受"两免"政策，对 86% 的农村寄宿中小学生给予生活费补助，城市中小学生全部免除学杂费，部分城市低收入家庭学生同时享受免费教科书。

自治区在 2012 年决定，在国家现行中等职业学校家庭经济困难学生资助政策和免学费政策基础上，由自治区财政支持，在南疆三地州及柯坪县、乌什县实行中等职业教育"三免一补"，即免学费、住宿费、教材费，补助生活费。并实施中等职业学校农村家庭经济困难学生和涉农专业学生免学费政策。截至 2012 年，共有 53.6 万人次享受免学费补助政策，资金总额 5.81 亿元。为减轻高校少数民族预科学生的经济负担。从 2011 年秋季起，自治区决定在高校建立少数民族预科学生学费和住宿费补助政策，按照生均 4000 元的标准给予学费和住宿费补助。2011 年，受益学生达 1.7 万人，资金总额 6800 万元。

2. 科技发展政策。第三次全国科技援疆工作会议于 2010 年 8 月 31 日在乌鲁木齐隆重召开，科技部部长万钢指出，科技援疆要认真贯彻落实中央对科技援疆工作的战略部署，着力支撑新疆经济发展方式转变，着力实现科技惠及新疆各族人民，着力加强新疆科技人才队伍建设，着力提升新疆的持续创新发展能力。科技部将加大对新疆的支持，有五项重大举措：一是国家各项科技计划向新疆倾斜支持。科技部将专门设立科技援疆专项，支持内地企业高校和院所与新疆的合作研究。二是加大对新疆创新基础能力的支持。在国家重点实验室建设方面实现零的突破，近期要在新疆新建两个省部国家重点实验室培育基地；推动新疆技术创新工程实施，推动一批产业技术创新战略联盟，建设一批技术创新服务平台；建设覆盖全区县市（团场）的科技信息服务平台，推进农村信息化建设。三是支持新疆科技人才队伍建设。依托创新人才推进计划，为新疆培养一批科技创新人才、中青年科技领军人才、科技创新创业人才，在重点领域建立若干创新团队和全国创新创业人才培养示范基地。四是加快推动新疆特色优势产业发展。集中资源建设天山北坡国家高新技术产业带，建设一批高新技术产业化基地；加快推进昌吉高新区升级工作；支持自治区和兵团各建设 1 个国家级农业科技园区。五是营造新疆跨越式发展的创新环境。积极推动新疆科技金融改革创新试点，支持乌鲁木齐高新区进行股权代办转让试点，使更多的金融资本投入新疆科技创新。

此外，2012年国家科技部与国家发改委联合发布了《全国科技援疆规划（2011—2020）》（以下简称《规划》）。《规划》提出，增强新疆自主创新能力是首要任务，促进经济发展方式转变是重中之重，加强科技惠民是根本出发点和落脚点；并从现代农牧业发展、高新技术研发及产业聚集园区建设、矿产资源勘查和开发利用、民生科技、可持续发展和生态文明建设等8个方面，确定了科技援疆的八项重点任务；还重点部署了天山北坡高新技术产业带建设等22项"十二五"时期科技援疆重大工程。

为促进科技援疆与干部、人才援疆有机结合，充分发挥援疆干部在创新创业中的作用，自治区科技厅与党委组织部联合开展"援疆干部人才创新创业计划行动"，并分别于2009年、2012年各安排了一批由援疆干部承担的自治区科技计划项目。根据《自治区科技计划项目管理办法》（新科计字〔2011〕149号）的要求，2013年自治区科技型中小企业创新基金项目经形式审查、初评、自治区科技计划管理委员会审定、可行性论证等立项环节，已初步确定。

根据科技部、中宣部、中国科协《关于举办2013年科技活动周的通知》（国科发政〔2013〕404号）精神，为贯彻落实党的十八大、自治区党委八届四次全委（扩大）会议精神，自治区科技厅、自治区党委宣传部、自治区科协决定继续在全疆范围内举办2013年自治区科技活动周。期间，自治区将联合有关地州市，举办科普博览、网络科技周、科研机构和大学向社会开放、科学使者进校园（社区）、优秀科普作品推介、媒体科普传播专题活动等重大示范活动。

3. 文化发展政策。2010年，根据中央新疆工作座谈会和全国对口支援新疆工作精神，文化部成立了支持新疆文化建设工作领导小组，并就文化援疆工作做出部署，将在新疆形成阵地巩固、功能完善、队伍壮大、服务健全的文化发展新格局，为新疆实现跨越式发展和长治久安奠定基础。其中将重点抓好新疆文化建设"春雨工程"、文化遗产保护工程、文化市场监管、对外文化交流等工作。中央新疆工作座谈会对新疆文化建设做出重要部署,将形成覆盖城乡的公共文化服务体系,加快推进公共文化基础设施建设和文化阵地建设,同时继续实施文化惠民工程,使各族群众享有丰富多彩、健康向上的精神文化生活。文化部和直属单位也有一些"自选动作",规划了一些马上可行、迅速见效的项目和活动,如将在新疆图书馆建成国家数字图书馆的新疆分馆,每个县还要配备 1 个 TB 的数字图书资源量。

第六章

新疆跨越式发展面临的时代挑战

新时代纵然为新疆的跨越式发展提供了众多发展机遇，但新疆经济发展和教育科技的相对落后，国家优惠政策不足和法律法规的不健全以及新疆内部区域发展的失衡同样是不争的事实，越发多变的国内国际形势以及复杂特殊的地缘政治社会状况、人才知识资源匮乏等种种不利因素给新疆实现跨越式发展带来了前所未有的时代挑战。

一 经济发展与内地的差距

2001 年新疆 GDP 为 1491.60 亿元，2013 年 GDP 达到 8360.24 亿元，年均增长 15.4%；人均 GDP 从 2001 年的 7945 元增长到了 2013 年的 37181 元，年均增长 13.7%；人均固定资产投资由 2001 年的 3763 元增长到了 2013 年的 35986 元，年均增长 20.7%；人均进出口贸易额由 2001 年的 94.4 美元增长到了 2013 年的 1217.2 美元，年均增长 23.7%。从以上可以看出新疆经济发展的各个层面在这两个五年计划期内都得到了较快较好的发展。但同时，内地其他省区经济也在快速增长，尤其是中东部发达地区更是实现了经济发展质和量的全面飞跃，这就使得新疆同发达地区的经济发展差距进一步扩大。

（一）经济总体发展差距显著

新疆与中东部地区及全国经济总体发展水平上存在较为明显的差距，这可从 GDP 总量、人均 GDP、单位产值能耗和固定资产投资四个方面来反映。

在 GDP 总量上，2006 年新疆 GDP 总量为 3045.26 亿元，中、东部地区省均 GDP 总量分别为 6497.05 亿元和 11889.39 亿元，新疆 GDP 总量比中、东部地区省均水平分别低 3451.79 亿元和 8844.13 亿元，仅为中、东部地区省均水平的 46.9% 和 25.6%；2013 年新疆 GDP 总量为 8360.24 亿元，中、东部地区省均 GDP 总量分别为 19055.82 亿元和 30309.55 亿元，新疆 GDP 总量比中、东部地区省均水平分别低 10695.58 亿元和 21949.31 亿元，仅为中、东部地区省均水平的 43.9% 和 27.6%。2006—2013 年新疆 GDP 总量年均增长 15.5%，中部、东部地区省均 GDP 总量年均增长率分别为 16.6% 和 19.2%，新疆 GDP 年均增长率比中、东部地区分别低 1.1 个和 3.7 个百分点。

在人均 GDP 水平上，2006 年新疆人均 GDP 为 14855 元，中、东部地区和全国人均 GDP 分别为 13231 元、25525 元和 16042 元，新疆人均 GDP 比中部地区高出 1624 元，比东部地区和全国水平分别低 10670 元和 1187 元，新疆人均 GDP 分别为东部地区和全国水平的 58.2% 和 92.6%；2013 年新疆人均 GDP 为 36922 元，中、东部地区和全国人均 GDP 分别为 37969 元、59696 元和 41605 元，新疆人均 GDP 水平比中、东部地区和全国水平分别低 1047 元、22774 元和 4683 元，分别为中、东部地区和全国人均 GDP 水平的 97.2%、61.9% 和 88.7%。2006—2013 年新疆人均 GDP 年均增长 13.9%，中、东部地区及全国人均 GDP 年均增长率分别为 16.3%、12.9% 和 14.6%，新疆 GDP 年均增长率比中部地区和全国水平分别低 2.4 个和 0.7 个百分点，比东部地区高 1 个百分点。

可以看出，尽管新疆 GDP 增长速度高于东部地区，但却低于中部地区，而且新疆 GDP 总量与中部地区省均水平的差距比和差距绝对量均在增加，与东部地区省均水平的差距比虽然略有缩小，但差距绝对量仍在逐年增长。新疆人均 GDP 年均增速低于中部地区和全国水平，新疆人均 GDP 同东部地区和全国水平间差距比趋于扩大，而且与中、东部地区及全国水平人均 GDP 差距绝对量也在一直增加。

在能源利用效率上，2006 年，新疆万元产值能耗为 2.092 吨标准煤/万元，中、东部地区万元产值能耗分别为 1.554 吨标准煤/万元和 1.066 吨标准煤/万元，全国平均水平为 1.289 吨标准煤/万元，每万元产值能耗新疆分别比中、东部地区及全国平均水平多 0.538 吨、1.026 吨和 0.803 吨标准煤，新疆每万元产值能耗分别是中、东部地区的 1.35 倍和 1.96 倍，是全国平均水平的 1.62 倍；2012 年，新疆万元产值能耗降为 1.631 吨标准煤/万元，中、东部地区分别降为 0.995 吨标准煤/万元和 0.732 吨标准煤/万元，全国平均水平为 0.87 吨标准煤/万元，每万元产值能耗新疆比中、东部地区多 0.636 吨和 0.899 吨标准煤，比全国平均水平多 0.761 吨标准煤，新疆每万元产值能耗分别是中、东部地区和全国平均水平的 1.64 倍、2.23 倍和 1.87 倍。2006—2012 年，新疆每万元产值能耗年均降低 0.077 吨标准煤，年均降低 4.1%；中部、东部地区每万元产值能耗年均分别降低 0.093 吨标准煤和 0.056 吨标准煤，年均分别降低 7.2%和 6.1%；全国每万元产值能耗年均降低 0.07 吨标准煤，年均降低 6.3%。

由此可见，从 2006 年到 2012 年，新疆、中东部地区及全国能源利用效率均在逐年提高，新疆万元产值能耗与东部地区间差距绝对量有所缩小，但差距比有所扩大了，与中部地区和全国水平之间的差距比和差距绝对量均增加了。从能耗降速来看，新疆每万元产值能耗的年均降低速度和年均降低量均小于中东部地区和全国水平，差距仍有继续扩大的趋势。

在固定资产投资方面，新疆及中东部地区固定资产投资规模逐年增长。2006 年新疆固定资产投资总额为 1567.052 亿元，中、东部地区省均固定资产投资总额分别为 3232.236 亿元和 5210.456 亿元，新疆固定资产投资总额仅为中东部地区省均水平的 48.5%和 30.1%。2013 年，新疆固定资产投资总额为 7732.300 亿元，中、东部地区省均固定资产投资总额分别为 15709.994 亿元和 18009.409 亿元，新疆固定资产投资总额为中东部地区省均水平的 49.2% 和 42.9%。2006—2013 年，新疆固定资产投资年均增长 25.6%，中、东部地区省均固定资产投资年均增长率分别为 25.3% 和 19.4%，新疆固定资产投资年均增速分别比中、东部地区省均水平高出 0.3 个和 6.2 个百分点。

从人均固定资产投资来看，2006 年，新疆人均固定资产投资额为 7644 元，中、东部地区及全国人均资产投资额分别为 6582 元、11186 元和 8368 元，新疆人均固定资产投资额高出中部地区水平 1062 元，比东部地区和全国水平分别低 3542 元和 724 元，人均水平分别为东部及全国水平的 68.3% 和 91.3%。2013 年新疆人均固定资产投资额为 34149 元，中、东部地区及全国人均资产投资额分别为 31303 元、35470 元和 32798 元，新疆人均固定资产投资额高出中部地区和全国水平 2846 元和 1351 元，比东部地区低 1321 元，为东部地区的 96.3%。2006—2013 年，新疆人均固定资产投资额年均增长 23.8%，中、东部地区和全国水平年均分别增长 25%、17.9% 和 21.5%，新疆人均固定资产投资额年均增速分别比东部地区和全国水平高出 5.9 个和 2.3 个百分点，比中部地区低 1.2 个百分点。

2006—2013 年，新疆固定资产投资总额与中东部地区间的差距比大幅降低且固定资产投资总额的年均增长率高于中东部地区，但差距绝对量仍旧逐年扩大。从人均固定资产投资额上来看，新疆人均固定资产投资额高于中部地区，与东部地区和全国水平的差距比和差距绝对量均逐年减少，但新疆人均固定资产投资额仍低于东部地区和全国水平。从人均固定资产投资额增速上看，新疆人均固定资产投资额增长速度高于东部地区和全国水平，但是低于中部地区。

从经济总体发展情况的诸多方面来看，经济发展水平从西向东逐步提高，呈阶梯状分布。新疆同中、东部地区差距较为明显，新疆 GDP 总量和人均 GDP 都远低于内地省份，万元产值能耗高于中东部地区反映出新疆能源利用效率较低，新疆固定资产投资规模小于中东部地区省均水平。人均固定资产投资额同东部地区和全国水平的差距比和差距绝对量均在缩小，且增长速度高于中东部地区和全国水平，但是人均固定资产投资额仍低于全国水平和东部地区水平。总之，新疆总体经济发展状况与内地地区之间存在着较为明显的差距。

（二）主要经济结构差异

经济结构的差异主要表现在产业结构和所有制结构两个方面。通过计算新疆、中、东部地区和全国水平 2006 年和 2013 年的产业结构状况以及产业结构修正范数①可以分析出产业结构差异的结果，具体见表 6—1。

表 6—1　　**新疆、中部、东部地区、全国产业结构状况表**

地区	2006 年三次产业比重（%）			2013 年三次产业比重（%）			地区产业结构修正范数	
	一产	二产	三产	一产	二产	三产	2006 年	2013 年
新疆	17.3	47.9	34.7	17.6	45	37.4	65	65
中部平均	14.8	48.9	36.3	12	51.5	36.5	67.1	69.3
东部平均	8	51.5	40.6	6.8	45.3	47.9	72.6	73.8
全国	10.7	50.1	39.2	10	43.9	46.1	70.4	71.2

资料来源：根据《中国统计年鉴》（2007、2014）中的有关数据计算得出。

注：产业结构修正范数是利用数学范数法利用三产所占比例计算出的加权空间向量长度，对于产业结构高度是一个正向指标，即该指标越大表示产业结构高度化程度越高。

根据表 6—1 中数据，2006 年新疆一产比重分别比中、东部地区及全国水平高 2.5 个、9.3 个和 6.6 个百分点，二产比重分别比中、东部地区及全国水平低 1 个、3.6 个和 2.2 个百分点，三产比重分别比中、东部地区及全国水平低 1.6 个、5.9 个和 4.5 个百分点；新疆产业结构修正范数分别比中、东部地区及全国水平低 2.1 个、7.6 个和 5.4 个百分点。2013 年新疆一产比重分别比中、东部地区及全国水平高 5.6 个、10.8 个和 7.6 个百分点，二产比重分别比中、东部地区低 6.5 个、0.3 个百分点，比全国水平高出 1.1 个百

① "产业结构修正范数"概念引自白雪梅、赵松山《浅议地区间产业结构差异的测度指标》，《江苏统计》1995 年第 12 期。

分点，三产比重分别比东部地区及全国水平低 10.5 个百分点和 8.7 个百分点，比中部地区高 0.9 个百分点；新疆产业结构修正范数分别比中、东部地区及全国水平低 4.3 个、8.8 个和 6.2 个百分点。

2006—2013 年，新疆一产比重上升 0.3 个百分点，中部、东部地区及全国一产比重分别下降 2.8 个、1.2 个和 0.7 个百分点；新疆二产比重下降 2.9 个百分点，东部地区及全国二产比重分别下降 2.9 个、6.2 个和 6.2 个百分点，中部地区上升了 2.6 个百分点；三产比重新疆、中部、东部地区及全国分别上升 2.7 个、0.2 个、7.3 个和 6.9 个百分点；新疆产业结构修正范数保持不变，中部、东部地区及全国产业结构修正范数分别上升了 1.8 个、1.2 个和 0.8 个百分点。产业结构高度化是一个第一产业比重不断下降而第三产业不断上升的过程。从 2006 年到 2013 年，新疆第一产业比重始终高于中东部地区和全国水平，且比重差距在扩大。新疆第三产业比重虽超过中部地区水平，但仍然低于东部地区和全国水平，且比重差距不断扩大。新疆产业结构修正范数始终低于中、东部地区及全国水平，且差距绝对数有所增加。综上所述，新疆产业结构高度化水平以及其提高速度均低于内地其他地区以及全国平均水平，差距较为明显。

服务业结构上，2006 年新疆服务业内部传统服务业①比重为 36%，现代服务业②比重为 64%；中部地区传统服务业比重为 43.7%，现代服务业比重为 56.3%；东部地区传统服务业比重为 40%，现代服务业比重为 60%；全国水平传统服务业比重为 40.7%，现代服务业比重为 59.3%。现代服务业内部，新疆金融业和房地产业所占比重为 24.8%，中、东部地区和全国金融业、房地产业所占比重分别为 25.5%、37.2% 和 33.5%，新疆金融业、房地产业占现代服务业比重分别比中、东部地区及全国水平低 0.7 个、12.4 个和

---

① 传统服务业包括：交通运输、仓储和邮政业；批发和零售业；住宿和餐饮业。
② 现代服务业：信息传输、计算机服务和软件业；金融业；房地产业；科学研究、技术服务和地质勘查业；租赁和商务服务业；水利、环境和公共设施管理业；居民服务和其他服务业；教育卫生、社会保障和社会福利业；文化、体育和娱乐业；公共管理和社会组织、国际组织提供的服务。

8.7 个百分点。到 2013 年新疆服务业内部传统服务业比重为 32.8%，现代服务业比重为 67.2%；中部地区传统服务业比重为 41.5%，现代服务业比重为 58.5%；东部地区传统服务业比重为 39.1%，现代服务业比重为 60.9%；全国水平传统服务业比重为 39.8%，现代服务业比重为 61.2%。现代服务业内部，新疆金融业和房地产业所占比重为 31.1%，中、东部地区和全国金融业、房地产业所占比重分别为 32.1%、42.5% 和 39.2%，新疆金融业、房地产业占现代服务业比重分别比中、东部地区及全国水平低 1 个百分点、11.4 个百分点和 8.1 个百分点。2006—2013 年，新疆现代服务业比重上升 3.2 个百分点，中、东部地区和全国现代服务业比重分别上升 2.2 个、0.9 个和 1.9 个百分点，新疆、中部、东部地区和全国金融业、房地产业占现代服务业比重分别上升了 6.3 个、6.6 个、5.3 个和 5.7 个百分点。

新疆现代服务业占服务业比重及上升幅度均高于中、东部地区及全国平均水平，但现代服务业中最重要的金融业和房地产业的比重却低于中东部地区及全国水平，新疆同中部地区及全国水平之间金融和房地产业占现代服务业比重差距逐年拉大，同东部地区仅略微缩小，这说明新疆地区服务业结构水平较低，现代服务业内部结构层次较低，且提高幅度较低。

所有制结构方面。所有制结构的发展过程应该是私有经济与国有经济之比不断增大的过程，不同地区私有工业企业与国有工业企业总资产比值①的大小可以作为判断地区间所有制结构差异的标准。2006 年，新疆私有工业企业与国有工业企业总资产之比为 0.07，中、东部地区及全国水平分别为 0.17、0.43 和 0.3，新疆比中、东部地区及全国水平分别低 0.1、0.36 和 0.23。到 2013 年，新疆私有工业企业与国有工业企业总资产之比为 0.23，中、东部地区及全国水平分别为 0.43、0.69 和 0.51，新疆比中、东部地区及全国水平分别低 0.2、0.46 和 0.28。2006—2013 年，新疆、中部、东部地

---

① 即私有工业企业总资产与国有及国有控股工业企业总资产的比值，可简写为 P/S（Private/State）。

区及全国私有工业企业与国有工业企业总资产之比分别增加了
0.16、0.26、0.26 和 0.21。可以看出，新疆所有制结构中私有经济
成分所占比重始终低于中、东部地区及全国水平，尽管新疆所有制
结构水平有一定程度的提高，但与中、东部地区及全国水平的差距
仍在不断扩大。

（三）经济开放度差距

经济开放度①用来反映一个国家或地区经济开放的国际化程度，
经济开放度越高，则它与世界经济的融合程度就越高，资源跨国或
跨区配置的范围就越大，反之亦然。不同地区不同的经济开放的国
际化程度就意味着不同的经济发展潜力与条件。经济开放度可具体
分解为贸易开放度和资本开放度。

2006 年，新疆经济开放度为 0.079，中、东部地区及全国经济
开放度分别为 0.05、0.326 和 0.242，新疆经济开放度分别比东部
地区及全国水平低 0.247 和 0.163，比中部地区高 0.029。其中，新
疆贸易开放度为 0.189，中、东部地区及全国贸易开放度分别为
0.087、0.723 和 0.527，新疆贸易开放度分别比东部地区及全国水
平低 0.534 和 0.338，比中部地区高 0.102；新疆资本开放度为
0.006，中、东部地区及全国资本开放度分别为 0.025、0.062 和
0.051，新疆资本开放度分别比中、东部地区及全国水平低 0.019、
0.056 和 0.045。2013 年，新疆经济开放度为 0.112，中、东部地区
及全国经济开放度分别为 0.124、0.543 和 0.417，新疆经济开放度
分别比中、东部地区及全国水平低 0.012、0.431 和 0.305。其中，
新疆贸易开放度为 0.207，中、东部地区及全国贸易开放度分别为
0.109、0.628 和 0.456，新疆贸易开放度分别比东部地区及全国水
平低 0.421 和 0.249，比中部地区高 0.098；新疆资本开放度为
0.049，中、东部地区及全国资本开放度分比为 0.134、0.486 和

---

① 经济开放度是由若干个代表经济开放因素的指数加权构成的综合指数，经济开放度
主要由贸易开放度和资本开放度构成。其中贸易开放度=进出口总额/GDP，进出口总额按当
年人民币对美元平均汇率折算，资本开放度=外商投资总额/GDP，根据新疆实际情况取两个
指标的权数分别为 0.4、0.6，即经济开放度=0.4×贸易开放度+0.6×资本开放度。

0.391，新疆资本开放度分别比中、东部地区及全国水平低 0.085、
0.437 和 0.342。2006—2013 年，新疆、中东部地区及全国经济开
放度分别提高了 0.033、0.074、0.217 和 0.175。

新疆地区经济开放程度始终低于东部地区和全国水平，与中部
地区间也由领先中部地区水平变为了落后于中部地区水平。2006—
2013 年间，新疆、中部地区、东部地区和全国的经济开放程度均在
提高，但新疆与东部地区和全国水平间经济开放程度的差距仍然十
分明显。

新疆总体经济发展各方面同中、东部发达地区以及全国平均水
平之间存在着明显的差距。通过以上对新疆和内地其他地区及全国
间差距的分析可以看出，新疆经济发展大致存在着经济总量和人均
经济总量较小、产业结构层次较低、服务业结构水平较低、国有资
产所占比例较大和经济开放程度尤其是贸易开放程度偏低等问题，
为新疆经济的跨越式发展带来了极大的挑战。

二　教育科技发展与内地的差距

经济要获得发展，教育是其基础，科技和人才为经济发展提供
技术和智力保障。教育科技发展的进度缓慢、人才储备规模较小以
及吸引人才机制上的缺陷使得新疆在教育科技和人才吸纳方面与内
地各省份差距也极其明显。

（一）教育发展较慢

半个多世纪以来，新疆教育事业的发展取得了巨大成就，但新
疆同发达地区相比，差距还是十分明显。教育改革与发展仍是一个
事关新疆快速发展而丢不开的沉重话题。实现新疆的跨越式发展，
离不开一支宏大的德才兼备的人才队伍的支持，而可以提供这种支
持的正是坚实的教育事业基础。发展教育事业是实现新疆跨越式发
展的基础，也是与全国其他地区实现经济协调发展的重要路径，是
对新疆经济社会实现可持续发展的关键支持。新疆地区在高等教育、

中等职业教育和基础教育各教育层面上同发达地区存在着一定差距。

高等教育是高层次稀缺人才最大的输出地以及科学技术研发的活跃地带。一个地区高等教育发展的层次及速度足以说明该地区劳动力素质水平以及居民素质水平的高低和人才输送能力的强弱。2006 年，新疆高等教育经费总投入为 23.284 亿元，中、东部地区省均高等教育经费总投入分别为 76.114 亿元和 133.378 亿元，新疆高等教育经费总投入仅为中、东部地区省均水平的 30.6% 和 17.5%；2010 年新疆高等教育经费总投入为 64.033 亿元，中、东部地区省均高等教育经费总投入分别为 165.953 亿元和 201.112 亿元，新疆高等教育经费总投入仅为中、东部地区省均水平的 38.6% 和 31.8%。2006—2010 年新疆高等教育经费总投入年均增长 28.8%，中部、东部地区省均高等教育经费总投入年均增长率分别为 21.5% 和 10.8%，新疆高等教育经费总投入年均增长率比中、东部地区分别高 7.3 个和 18 个百分点。新疆高等教育投入规模较小，但增速较快。

人均高等教育投入方面。2006 年新疆人均高等教育经费投入为 111 元，中、东部地区和全国人均高等教育经费投入分别为 155 元、280 元和 204 元，新疆人均高等教育经费投入仅为东部地区和全国水平的 71.6%、39.6% 和 54.4%；2010 年新疆人均高等教育经费投入为 293 元，中、东部地区和全国人均高等教育经费投入分别为 334 元、405 元和 404 元，新疆人均高等教育经费投入水平分别为中、东部地区和全国人均高等教育经费投入水平的 87.7%、72.3% 和 72.5%。2006—2010 年新疆人均高等教育经费投入年均增长 27.5%，中部、东部地区及全国人均高等教育经费投入年均增长率分别为 21.2%、9.7% 和 18.6%，新疆人均高等教育经费投入增长率比中部、东部地区和全国水平分别高 6.3 个、17.8 个和 8.9 个百分点。

新疆高等教育经费投入总量上与中东部地区省均水平存在差距，虽然差距比有所缩小，但是差距的绝对量却逐年增加；从高等教育经费投入总量增速上来看，新疆快于中东部地区省均水平；新疆人均高等教育经费投入低于中、东部地区及全国水平，新疆同中、东部地区之间无论从差距比还是从差距绝对量上都有减少，同全国水平相比差距绝对量略有增加，但差距比有所减小；从人均高等教育经费投入增速上看新疆领先于中东部地区及全国水平；新疆每万人高校在校生数低于中、东部地区及全国水平，新疆每万人高校在校生数同中部地区和全国水平间差距比和差距绝对量都有所增加，同东部地区间差距比维持不变但差距绝对量有所增加，从每万人高校在校生数增长速度上看，中、东部地区和全国均领先于新疆地区。

　　中等职业教育则是在高中教育阶段进行的职业教育，包括普通中等专业学校、技工学校、职业中学教育及各种短期职业培训等。它为社会输出初、中级技术人员，在整个教育体系中处于十分重要的位置。2006 年，新疆中等职业教育经费总投入为 31.163 亿元，中、东部地区省均中等职业教育经费总投入分别为 55.479 亿元和 101.24 亿元，新疆中等职业教育经费总投入仅为中、东部地区省均投入的 56.2% 和 30.8%；2010 年新疆中等职业教育经费总投入为 61.375 亿元，中、东部地区省均中等职业教育经费总投入分别为 119.374 亿元和 247.811 亿元，新疆中等职业教育经费总投入仅为中、东部地区省均投入的 51.4% 和 24.8%。2006—2010 年新疆中等职业教育经费总投入年均增长 18.5%，中部、东部地区中等职业教育经费总投入年均增长率分别为 21.1% 和 25.1%，新疆中等职业教育经费总投入年均增长率比中、东部地区分别低 2.6 个和 6.6 个百分点。

　　人均中等职业教育经费投入方面。2006 年新疆地区人均中等职业教育经费投入为 149 元，中、东部地区及全国平均中等职业教育人均经费投入分别为 113 元、212 元和 179 元，新疆人均中等职业教育经费投入分别为东部地区和全国水平的 70.3% 和 83.2%。2010 年新疆地区人均中等职业教育经费投入为 281 元，中、东部地区及全国平均中等职业教育人均经费投入分别为 240 元、499 元和 355 元，新疆人均中等职业教育经费投入比中部地区高 41 元，但仅为东部地区和全国水平的 56.3% 和 79.2%。2006—2010 年，新疆、中部、东部地区和全国人均中等职业教育经费投入增长速度分别为 17.2%、20.7%、23.9% 和 18.7%，新疆人均中等职业教育经费投入增速分别比中、东部地区和全国水平低 3.5 个、6.7 个和 1.5 个百分点。

新疆中等职业教育经费总投入始终低于中东部地区省均水平，且与中东部地区省均水平间的差距绝对量和差距比均有所扩大，从中等职业教育总投入年均增速上来看，新疆中等职业教育总投入年均增速慢于中、东部地区省均水平，差距有继续扩大的趋势。新疆中等职业教育人均教育经费投入高于中部地区水平，但低于东部地区和全国水平。2006—2010 年，新疆人均中等职业教育经费投入同东部地区和全国水平之间的差距比和差距的绝对量均有所增加，从人均中等职业教育经费投入增长速度上来看，新疆低于中东部地区和全国水平，新疆领先中部地区的优势逐渐缩小，同东部地区和全国水平间人均中等职业教育经费投入差距逐年扩大。

基础教育作为造就人才和提高国民素质的奠基工程，在一国教育事业中占据极为重要的地位。基础教育经费是一个地区基础教育发展水平的直接体现，充足的基础教育经费投入可以满足一个地区适龄儿童的基础教育普及。2006 年新疆基础教育经费投入总量为42.139 亿元，中东部地区省均水平分别为 87.521 亿元和 122.071亿元，新疆地区基础教育经费投入为中东部地区省均水平的 48.1%和 34.5%。2010 年新疆基础教育经费投入总量为 97.861 亿元，中东部地区省均水平分别为 134.560 亿元和 210.073 亿元，新疆地区基础教育经费投入仅为中东部地区省均水平的 72.7% 和 46.6%。2006—2010 年，新疆基础教育经费投入总量年均增长 23.4%，中部、东部地区省均水平年均分别增长 11.4% 和 14.5%，新疆基础教育经费投入增速比中东部地区分别快 12 个和 8.9 个百分点。

人均基础教育经费投入方面。2006 年新疆地区人均基础教育费投入为 201 元，中、东部地区及全国平均基础教育人均经费投入分别为 178 元、260 元和 184 元，新疆人均基础教育经费投入比中部地区和全国水平分别高 23 元和 17 元，比东部地区低 59 元，新疆人均基础教育经费投入分别为中部地区和全国水平的 1.13 倍和 1.09倍，但为东部地区的 77.3%。2010 年新疆地区人均基础教育经费投入为 448 元，中、东部地区及全国平均基础教育人均经费投入分别为 271 元、423 元和 304 元，新疆人均基础教育经费投入比中部、东部地区和全国水平分别高 177 元、25 元和 144 元，新疆人均基础教育经费投入分别为东部地区和全国水平的 1.65 倍、1.06 倍和 1.47 倍。2006—2010 年，新疆、中部、东部地区和全国人均基础教育经费投入增长速度分别为 22.2%、11.1%、12.9% 和 13.4%，新疆人均基础教育经费投入增速分别比中、东部地区和全国水平高 11.1 个、9.3 个和 8.8 个百分点。

新疆基础教育经费投入总量始终低于中、东部地区省均水平，但同中部地区省均水平间的差距比和差距绝对量均在减小；同东部地区间差距比虽然有所减小，差距绝对量却仍然在增加。从增长速度上来看，新疆基础教育经费投入年均增速快于中部地区和东部地区省均水平。在人均基础教育经费投入上，2006 年新疆人均基础教育经费投入高于中部地区和全国水平，但低于东部地区；到 2010 年新疆人均基础教育经费投入开始超过东部地区。可以看出，尽管近些年不断增加基础教育经费投入，但由于长期以来对基础公共教育设施条件建设欠账太多，总体而言与内地其他省区相比仍感不足。

综上所述，新疆地区教育发展方面基础教育发展较快，但是基础教育、中等职业教育和高等教育均存在教育经费投入总量不足的状况，中等职业教育和高等教育还存在人均教育经费投入过低的情况，另外，新疆每万人高校在校生数低于中东部地区以及全国平均水平。总之，新疆教育总体发展缓慢，给新疆跨越式发展带来了不小的挑战。

（二）科技发展速度较慢

熊彼特在创新理论中提出："创新者通过出卖技术使用权或生产新型产品满足高层需求来获得高额利润，并将这一利润再次投入到新技术的研发创新当中，因此总能够先人一步实现技术的更新换代。"科学技术的高投入会刺激一个地区技术的扩散，进而催生技术交易市场的诞生。在这个市场上交易双方在新技术使用费用上达成一致，从而实现对技术的交易，新技术的扩散将提升整个地区的平均劳动生产率，这将极大地带动该地区的经济发展。

人均科技研发（R&D）经费支出方面。2008 年，新疆人均 R&D
经费为 55 元，中、东部地区及全国人均 R&D 经费分别为 109 元、
343 元和 202 元，新疆人均 R&D 经费仅为中东部地区及全国水平的
50.5%、16.0% 和 27.2%。2013 年新疆人均 R&D 经费为 139 元，
中、东部地区及全国人均 R&D 经费分别为 360 元、996 元和 611 元，
新疆人均 R&D 经费为中东部地区及全国水平的 38.6%、14.0% 和
22.7%。2008—2013 年，新疆、中部、东部地区和全国人均 R&D
经费年均增长分别为 20.4%、27%、23.8% 和 24.8%，新疆人均
R&D 经费增速分别比中、东部地区及全国水平低 6.6 个、3.4 个和
4.4 个百分点。

人均三种专利授权数方面。2008 年，新疆每万人三种专利授权
数为 0.7 件，中、东部地区和全国分别为 0.9 件、4.5 件和 2.7 件，
新疆仅为中、东部地区和全国水平的 77.8%、15.6% 和 25.9%。
2013 年，新疆每万人三种专利授权数为 2.2 件，中、东部地区和全
国分别为 4 件、15 件和 9.6 件，新疆仅为中、东部地区和全国水平
的 55%、14.7% 和 22.9%。2008—2013 年，新疆、中部、东部及全
国每万人三种专利授权数年均分别增长 25.7%、55.6%、27.2% 和
28.9%，新疆年均增速分别比中、东部地区和全国水平低 29.9 个、
1.5 个和 3.2 个百分点。

人均技术市场交易额方面。2008 年，新疆人均技术市场交易额
为 35 元，中、东部地区和全国分别为 58 元、356 元和 201 元，新疆
人均技术市场交易额为中、东部地区和全国水平的 60.3%、9.8% 和
17.4%。2013 年，新疆人均技术市场交易额为 13 元，中、东部地
区和全国分别为 203 元、860 元和 549 元，新疆为中、东部地区和
全国水平的 6.4%、1.5% 和 2.4%。2008—2013 年，新疆人均技术
市场交易额年均减少 18%，而中、东部地区和全国人均技术市场交
易额年均分别增长 28.5%、19.3% 和 22.3%。

新疆人均科技研发支出远低于中东部地区和全国水平，从 2008
年到 2013 年，新疆人均 R&D 经费支出同中东部地区和全国水平间
的差距不断扩大，无论是差距比还是差距绝对量都在增加。从人均
R&D 经费支出增速方面看，新疆人均 R&D 经费年均增速低于中东部

地区和全国水平，这意味着差距还将进一步扩大。新疆人均三种专利授权数始终落后于中东部地区和全国水平，2008—2013 年，新疆三种专利授权数年均增速远远落后于中东部地区和全国水平，同中东部地区和全国之间的差距比和差距绝对量均有所增加，总体差距进一步扩大。新疆人均技术市场交易额不增反降，导致新疆人均技术市场交易额同中东部地区及全国水平之间的差距进一步拉大，差距比和差距绝对量都在增长，大幅度落后于内地其他地区和全国平均水平。

（三）人才储备不足

科学技术是第一生产力，人是生产力中最具决定性的因素。科技进步是经济发展的重要推动性力量，科技创新是社会生产力解放和发展的重要基础和标志，它决定经济发展的进程，而人才是加速科技创新推动生产力进步的根本要素。因此，经济竞争、科技竞争，归根到底是人才的竞争。加强人才培养和人才队伍建设，保有充足的高水平人才储备，是一个地区实现经济跨越式发展的必要条件。

R&D 人员方面。2006 年新疆每万人 R&D 人员数为 1.9 人，中、东部地区及全国每万人 R&D 人员数分别为 5 人、11.1 人和 7.5 人，新疆为中、东部地区和全国水平的 38%、17.1% 和 25.3%。2013 年，新疆每万人 R&D 人员数为 2.9 人，中、东部地区及全国每万人 R&D 人员数分别为 11.6 人、26.7 人和 16.6 人，新疆每万人 R&D 人员数为中、东部地区和全国水平的 25%、10.9% 和 17.5%。2008—2013 年间，新疆、中部、东部地区和全国每万人 R&D 人员数年均分别增长 6.2%、12.8%、13.4% 和 12%，新疆每万人 R&D 人员数年均增速分别比中、东部地区和全国水平分别低 6.6 个、7.2 个和 5.8 个百分点。

新疆人才队伍建设滞后，人才外流严重。根据有关资料反映，1980—1999 年，新疆维吾尔自治区干部调出区外有 20 万人左右。这个数量占新疆当时企事业单位专业技术人才的 50% 左右，进出比约为 1∶6，人才流失率偏高。① 自 2000 年以来，新疆平均每年考入内地高等院校的学生在 1 万人以上，而毕业之后回新疆工作的不足 50%。近年来新疆制定了一系列优惠政策，吸引内地人才来疆工作，但却又冷落了原有的人才，出现了同等人才不同等待遇现象。②

新疆人才政策方面，特别是人才评价机制上存在弊端，主要体现在以下几点：一是缺乏科学合理的评价标准体系，阻碍了人才的脱颖而出，严重地提高了新疆地区人才流动与使用中的社会成本，降低了人才的使用效率。二是人才评价的非学术因素过度介入，过度的行政因素和经济因素的介入，造成重视"测评"轻视"评价"，使得人才评价趋于简单化。三是人才评价中监督不到位，监督机制不力。四是人才评价观的认知相对滞后。五是人才政策法规体系设置不够合理，当前的政策法规存在着相互矛盾、冲突，这给人才工作造成不必要的阻碍。六是人才评价中缺乏对人才的前瞻性认识，无法预期人才未来的发展空间和成果。③

总之，新疆教育和科技事业发展缓慢，落后于中、东部地区和全国水平，且与中东部地区间的差距不断扩大。同时由于本地区人才政策的原因和区位条件的差异导致新疆人才流失严重，人才评价机制的不健全也加剧了新疆人才储备的不足，给新疆的跨越式发展带来了前所未有的挑战。

三　复杂特殊的政治社会形势

新疆维吾尔自治区位于我国西北边陲，面积 166.49 万平方公里，占我国国土面积的 1/6，是中国面积最大的省级行政区。新疆地处亚欧大陆腹地，陆地边境线长达 5600 多公里，自东向西分别与蒙古、俄罗斯、哈萨克斯坦、吉尔吉斯斯坦、塔吉克斯坦、阿富汗、巴基斯坦、印度等 8 个国家相接壤，是中国面积最大、陆上边境线

---

① 田园：《浅谈新疆人才评价机制构建》，《经济研究导刊》，2013 年第 16 期。
② 李春霞：《新疆人才资源开发存在的若干问题》，《经济研究导刊》2007 年第 8 期。
③ 田园：《浅谈新疆人才评价机制构建》，《经济研究导刊》2013 年第 16 期。

最长、接壤国家最多的省份。在历史上是古丝绸之路的重要通道，现在又成为第二座"亚欧大陆桥"的必经之地，战略位置十分重要。

2013 年，新疆总人口为 2264.3 万人，拥有维吾尔族、汉族、哈萨克族、回族、柯尔克孜族、蒙古族、俄罗斯族、塔吉克族、乌孜别克族、塔塔尔族、满族、达斡尔族等 55 个民族，其中维吾尔族人口占 46.5%，是新疆总人口中比例最大的民族。纵观世界各国经济发展历程，稳定的社会政治环境对经济社会发展具有重要意义。政治稳定和社会安宁是经济社会快速健康发展最重要的基础，而要实现一个地区的跨越式发展其重要性则更是不言而喻。独有的地缘政治环境、复杂的民族、宗教和文化构成以及新时期的诸多变化，使新疆的政治社会形势复杂特殊而又具有地域特征，这都给新疆的跨越式发展带来了严峻的挑战。

（一）新疆社会稳定面临的问题

新疆的民族、宗教、文化复杂，境内有 8 个跨国界的民族与周边国家在经济文化上保持着传统的联系。

"三股势力"（民族分裂势力、极端宗教势力和国际恐怖势力）借助歪曲宗教教义的手段恶意煽动狂热分子发动所谓的"圣战"，扰乱稳定秩序。随着苏联解体，中亚五国相继独立，"三股势力"就在中亚地区通过相互勾结的方式不断发展势力，扩大社会影响以达到分裂主权国家并建立起所谓的"独立国家"。疆内外的"三股势力"相继建立了一些恐怖组织，其中以臭名昭著的"东突伊斯兰运动"、"世维会"、"东突反对党"、"东突厥斯坦青年联盟"等为典型代表。"三股势力"公开宣称要通过恐怖暴力手段达到分裂祖国的罪恶政治目的，如在"东突伊斯兰运动"、"东突反对党"等恐怖组织的纲领中明确提出，要"走武装斗争道路"，要"在人口集中的地区制造各种恐怖活动"；"东突厥斯坦青年联盟"的纲领更是赤裸裸地明确主张"要形成建立强大的地下力量，通过暴力推翻中国现政权，实现新疆独立"。自 20 世纪 90 年代以来，"三股势力"越发猖獗并在中国新疆展开了一系列的恐怖、分裂活动，制造了一系列震惊世界的恐怖袭击事件，以此达到破坏新疆及整个中亚地区社会政治的稳定，妄图达到分裂新疆、分裂中国、破坏稳定局面的不轨目的。此外，境内的"三股势力"还与中亚地区的"基地"组织、"三股势力"、西方反华势力相互勾结、狼狈为奸。[①] 可以说，"三股势力"的破坏活动已经严重影响了新疆以及我国西部地区的经济社会发展环境。这样的社会政治形势给新疆地区的跨越式发展蒙上了阴影，不仅干扰了正常的经济生产活动，还给当地居民的正常生活造成了极大的威胁，是实现跨越式发展道路上最大的障碍。

（二）俄白哈海关同盟使新疆经济贸易环境走向复杂

2009 年 11 月 27 日，俄罗斯、白俄罗斯和哈萨克斯坦三国元首签署了包括《关税同盟海关法典》在内的 9 个文件，这标志着俄白哈关税同盟的正式成立。自 2010 年 1 月 1 日起，关税同盟开始正式运行，三国对外实行统一进口税率（部分商品有过渡期），统一非税率调节规则，包括办理外贸许可程序和制定外贸限制政策，并根据关税同盟海关法典取消了海关同盟内的海关手续，建立起了统一的关境。目前，俄白哈关税同盟已成为中亚地区最为成功的区域合作组织。俄白哈关税同盟的成立与发展，在促进成员国经济发展的同时，将会对非关税同盟国，特别是中国与俄白哈等国家的经济贸易产生一定的负面影响。

俄白哈关税同盟成立对同盟国之间的贸易产生积极影响，但是由于贸易额增长的局限性，必然会促使同盟国采取进一步的经济合作，这将给中国新疆同类商品的出口贸易带来巨大的损失。近年来，哈萨克斯坦和俄罗斯与中国积极开辟西部边境贸易口岸所努力营造的贸易环境，也随着俄白哈关税同盟的成立蒙上了一层阴影。新疆与哈萨克斯坦和俄罗斯之间的贸易往来，也因此受到严重影响，同时贸易保护主义带来的贸易摩擦大大增加。2012 年 2 月 12 日，俄罗斯、哈萨克斯坦和白俄罗斯三国对中国钢铁行业发起反倾销调查。随着俄白哈关税同盟的继续发展，类似的贸易摩擦可能造成的两国

---

① 中央宣传部宣传教育局、教育部思想政治工作司、国家民委政策法规司等编：《民族团结教育通俗读本》，学习出版社 2009 年版。

之间的政治摩擦则可能对处在两国边境地带的新疆地区造成影响。

（三）新疆内部发展存在着不平衡

新疆地区南北疆之间经济发展水平的差距十分明显，内部发展的失衡在资本聚集效应的作用下减少了南疆地区经济社会发展所必需的资本要素，进一步加剧南北疆经济发展不平衡，拉大南北疆居民生活水平上的差距。这种收入差距扩大表现形式的多样性与复杂性，使得新疆地区的社会矛盾也出现隐含性与复杂性。社会利益分配不均衡带来的社会问题越来越突出，社会矛盾频繁出现，各利益群体的摩擦与冲突日益增多，同时将会导致低收入人群的不满进而可能引发社会的不安定和政治局势的动荡。经济发展的不平衡还使占人口比例较小的高收入阶层优先享有社会经济各类公共资源，资源越来越多地集中到发达地区和强势群体中造成资源的浪费，落后地区反而出现资源不足的现象，种种差距最终将会成为公众不满情绪的导火线。

四　法律法规政策需进一步完善

法律法规作为我国依法治国的基础，通过发挥其明示、预防、校正以及扭转社会风气、净化人们心灵、净化社会环境的作用，不断推动着我国各区域的健康发展。在我国不断发展的过程中，法律法规的健全也逐渐成为新时代、新形势下区域发展对于法治、法制的新要求。

综观我国区域立法现状，宏观上为了实现区域社会经济的协调发展，相继颁布了《计划调控法》、《国民经济稳定增长法》、《产业政策调控法》、《区域经济协调发展法》、《财政调控法》等一系列宏观调控的法律法规，其目的是为政府实施宏观调控来缩小区域差距，实现区域公平，达到区域经济的合理规划。而有关区域立法多以地方立法的形式表现出来，主要有依行政权限划分产生的地方经济立法和基于一定社会经济区域的特殊性由国家授权由地方立法机关制定的区域经济立法。对于新疆而言，其地处我国西北边陲，是一个多民族聚居、多文化交融的地区，同时又与中、东部地区社会经济发展都存在一定差距，实施适合新疆地方的法律法规具有必然性和必要性。新疆地方政府和地方人民代表大会也制定和实施了一系列促进新疆地方发展的法律法规，如《新疆维吾尔自治区发展规划条例》、《新疆维吾尔自治区信息化促进条例》、新疆维吾尔自治区实施《中华人民共和国农村土地承包法》办法等。

我国现有的区域立法对社会经济的发展起到了一定的作用，但也存在着一些问题：一是我国没有一部关于区域经济宏观调控的法律，没有建立起一套区域社会经济协调发展的法律体系。改革开放以来，各地方政府在市场经济过程中为了促进本地区的社会经济快速发展，相继制定了一些地方性的法律法规，彼此之间形成了一种竞争的态势，导致各省市区、地区之间的优势资源不能得到充分的互补、交流，进而影响了全国均衡发展的需求。建立和完善国家宏观的区域经济调控法律可以更好地协调各地区之间的产业分工以及区域间的宏观整体规划，帮助各地区整体实现共同富裕。二是受立法权限制约，立法效力仅能涉及本省或本地区的管辖范围，对于跨地区协作的经济形式缺乏良好的统筹规划。法律法规作为政策运行的依据，可以规范跨省区合作过程的模式和行为。新疆是我国欠发达地区，与其他省区建立区域经济合作促进自身经济社会发展是跨越式发展的必然需要，但在区域经济合作中，如何更好地规划本地区的社会经济发展以及协调合作省区的共同发展，需要更加强有力的法律法规来保障实施。如新疆与甘肃在 2005 年联手建立的"跨区域口岸合作机制"，旨在建立以区域经济共同发展为基础、跨区域现代物流为依托的口岸合作新方式。但在对外口岸贸易以及企业间的贸易投资和发展中，如何有效地促进双方经济社会的全面发展，并未有完善的、行之有效的法律法规保驾护航。三是立法的行政色彩严重，行政命令和干预过多，缺乏经济管理的科学性和民主性，尤其表现为缺乏效力稳定的基本法、框架法。对于区域政府而言，区域立法更多地取决于该项法律法规是否有利于本地区的利益。对于新疆这样一个多民族聚居的地区来说，区域立法不仅要考虑经济的发展、社会的进步，还要考虑到民族间的安定团结，以及国家整体宏观战略的需要。然而行政命令的干涉现象尤为严重，失去了市场为导向的机制体系，对于社会经济的跨越式发展形成了一定的阻力。虽然我国已经把《西部开发促进法》列入立法议程，但还未正式出台，其他相关立法还没有列入议事议程，亟待完善。① 综上，法律法规的完善，是使得区域公平与新疆跨越式发展的基石。

① 郭佳子、冀楠：《代表建议制定〈西部大开发促进法〉称条件成熟》，新华网，2011年3月12日（http：//news. xinhuanet. com/legal/2011-03/12/c_ 121179261. htm）。

第三编　国外借鉴篇

区域公平问题是每个国家在其发展过程都必然遇到的一个实践问题。这一问题也影响到一个国家政治、经济、社会等多个方面，它很可能成为一个国家在发展过程中矛盾冲突的引爆点。也就是说，这一问题处理不好，就可能使一个国家的整体发展战略受到重挫。反之，在发展伊始，就将区域公平作为一个重要的发展原则和理念，时时在制度设计和具体举措中注重对这一问题的解决，就会最大限度地避免发展代价的过大损耗，并使整个国家和社会向着好的一面发展，就如同美国学者罗伯特·兰普曼所说："众生之间社会与经济状况的平等，是人类的福祉。"

"他山之石，可以攻玉。"区域之间发展的不平衡作为一种普遍存在于各个国家的世界性现象，问题本身和解决方案存在一些普遍的规律、共同特点和多国共同适用的方法。国外一些国家在处理区域公平发展的问题上取得了突出的成绩，积累下来一些成功的经验，而同时也得到一些失败的教训。研究国外的成功经验，吸取失败教训，规避风险，有利于更合理、更有效地解决我国存在的区域不公平问题。对此，本书将主要参考美国、日本、巴西和印度四个国家的经验教训，特别是注重研究它们如何治理边疆落后地区，如何通过区域公平的整体思维来应对和解决发展不公平、不平衡问题的。由此再从我国的发展实际出发，从我国边疆地区的现状出发，进一步以转换拓展发展思路，提出有针对性的对策。

第七章

美国区域公平的实践及启示

一　美国促进区域公平的实践历程

美国作为当今世界唯一的超级大国，曾经也是一个区域经济极不公平的国家。在历史发展的长河中，美国经济发展曾一度因为区域的非均衡发展而受到制约。一方面，区域之间的非均衡性引发了一系列社会问题并进而造成社会不稳定；另一方面，社会不稳定又为经济发展创造了恶性的发展环境，产生了阻碍作用。而这种阻碍作用并不仅仅对美国经济落后的区域产生影响，甚至弥漫至整个国家，使得美国的经济发展曾一度落后于其他一些国家。当然，这种落后也存在历史的原因（美国本身建立的时间并不长，积累远落后于英国、德国、日本等）。有学者指出："美国经济增长率一度落后于日本、德国，表面原因像是投资不足，拓展国内市场容量的速度慢，实质在于落后地区的经济制约了美国整体有效需求的扩张，使得投资收益率低，回收期拉长。"① 这一研究表明，美国内部各区域之间非均衡发展，其国家的整体发展就被制约；美国区域取得相对均衡的发展，国家整体发展的潜力就被激发出来。

按照美国国情普查局的划分，现今美国主要分为四个大区九个分区，即东北区、中北区、南部区和西部区。② 其中，东北和中北两个区域作为资本主义涉入最早并生根发芽的地区，也就是美国资本

---

① 连振隆，《简述美国区域经济的均衡政策及启示》，《甘肃理论学刊》2000 年第 1 期，第 61 页。

② 杜平：《中外西部开发史鉴》，湖南人民出版社 2002 年版，第 128 页。

主义的发源地。这两个区域起步早、发展速度快、市场活跃、体系健全、功能齐全，因此，有学者称之为"美国的第一世界"。与此相对应，起步较晚、发展相对缓慢、长期以来必须依赖于北部支援的广袤的西部地区与南部地区则被称为美国的"第二、第三世界"。①当然，美国几个经济区域之间的经济发展状况不能被简单地、静止地看待，事实上，美国几个经济区域的发展是有其此消彼长的演进历史的。

（1）美国成立之初，经济起步最早的东北区毋庸置疑地处于领跑地位。

（2）美国西进运动初期，美国区域发展重点就一度从东北区往西扩散到中北区。随着中北区的逐渐崛起，东北区逐渐沦落为和中北区势均力敌的地位。当然从全国范围来说，东北区则和中北区一起成为美国经济中占据绝对优势的地区。同时，不可忽视的是，这一时期，随着专为赢利的投机分子和寻找生存发展机遇的贫穷人纷纷西进，广大的西部地区和南部地区也逐渐进入人们的视野。

（3）西进运动大规模开发之后，凭借广阔的土地资源、丰富的矿产资源和无限的可能性，西部越来越成为投机者发财致富、困难者摆脱贫困的梦想之地，并一度掀起了"淘金热"和"土地热"。此后，两次世界大战又为西部地区创造了迅速发展的条件和机遇。其中，第一次世界大战后陷入了短暂的发展迷途，第二次世界大战后经过调整迅速找到了适合的发展路径并得到快速发展。到20世纪80年代，美国"西海岸的经济发展速度和城市化水平远远高于全国的平均水平，西海岸大都市区已经崛起，成为美国新的经济中心和'阳光地带'"②。

（4）至此，美国区域发展趋于公平。然而应该注意的是："公共政策在使贫困和不平等状态发生改变的同时，也受到这一历史过程的影响。第二次世界大战以来，当国库充盈时，公共政策每年都

---

① 贾庆军：《美国调节区域经济差异的财政措施及启示》，《重庆工商大学学报》（西部论坛）2005年第1期。

② 戎生灵：《借鉴美国西部开发经验　加快中国西部开发步伐——兼谈宁夏大开发》，《世界经济研究》2001年第1期，第54页。

使贫困和不平等减少。然而，政策的变化性却倾向于强化市场机制下的不平等和贫困趋势，而不是抵消它。"① 也就是说，政策并不会永远停留在一个方面，它总是在不断地变化。而变化的政策最终结果是在与市场自由调配的战争中败下阵来，也导致区域不公平问题不可能得到完全解决，而只可能在一定程度上得以解决；而新的不公平问题又在此时出现，区域之间的不公平问题就会反复。因此，美国区域经济的强弱摆渡并没有因此而终止。80 年代中期以后，美国地区的不公平现象再度出现，并呈现缓慢扩大的趋势。

简而言之，美国的区域经济发展就是一场"三十年河东，三十年河西"的戏码。当然，美国以促进区域公平为目的的开发主要出现了两次高潮，并改变了地区发展格局：第一次表现为在西进运动中发展起来的中北部与东北部平分秋色，第二次则是第二次世界大战以后西部的崛起并最终改变了其在全国的落后地位。

因此，研究美国的区域公平问题与美国西部地区密切相关，而这就需要从美国成立及美国领土扩张的历史着手。美国 1783 年成立，建国时不过是一片弹丸之地，狭小的土地不足以撑起美国想要茁壮成长的野心。眺望广阔的北美大陆，美国绝不可能安于现状，大规模的西进拓展领土运动势在必行。因此，从 18 世纪末期开始，先后持续一个多世纪，美国政府及其人民共同导演并主演了历史上著名的领土扩张运动——"西进运动"②。通过购买、战争、胁迫等方式，美国将触角逐渐往西，并最终收获了大片土地。其领土面积扩大了 10 倍之多，最终由 95.6 万平方公里跃升至 960 万平方公里。由于历时较长，"西部"便成为"一个动态的概念，是由东向西不断扩张而形成的。西部的地理范围随着历史的发展而变化，故有'旧西部'、'新西部'和'远西部'之别"③。美国在政治上不断地向西扩展的同时，也不失时机地展开了对西部的开发。美国边疆史

---

① ［美］斯坦利·L. 恩格尔曼、罗伯特·E. 高尔曼：《剑桥美国经济史（第三卷）：20世纪》，蔡挺、张林、李雅菁译，中国人民大学出版社 2008 年版，第 178 页。

② 需要注意的是，这里所谓的"西"是以美国初始的领土为准的，因此，西进运动本身不仅包括当今美国的西部地区，也包括了它的南部地区。

③ 杜平：《中外西部开发史鉴》，湖南人民出版社 2002 年版，第 127 页。

和边疆学派的创始人弗里德里克·杰克逊·特纳曾这样感叹称："直到现在为止，一部美国史在很大程度上可说是对于大西部的拓殖史。一个自由土地区域的存在，及其不断的收缩，以及美国定居地的向西推进，可以说明美国的发展。"① 可以说，美国史脱离不了美国西部拓殖史，探讨美国区域经济公平问题更离不开"西进运动"。

　　一方面，如果单从领土的角度讲，经过西进运动，整个西部地区就已经逐渐归入美国版图之内。然而伴随广大的北美西部地区、南部地区一起纳入美国的，是美国逐渐演变成一个区域经济发展极不平衡的国家。北美地区一开始是印第安人的寄居地，基本处于落后而原始的状态，这个时候并不存在发展不均衡的问题。② 直到欧洲人发现这块大陆，北美沿大西洋沿岸迅捷成为欧洲人的殖民地并逐渐走上资本主义道路后，这块原始而落后的地区才开始有了所谓的发展不均衡的问题。在殖民者的开发下发展起来的东起大西洋、向西延伸至密西西比的 13 个殖民地，也就是美国成立后起步最早、经济最发达的地区，与当时仍处于印第安人之手的广大的西部、南部地区也就是后归入美国的广大西部地区相比，有着天壤之别。一个是资本主义发展初期影响下的殖民地经济；一个是仍然处于原始状态的自给自足，是学界公认的"未开垦的处女地"。将这两个存在巨大差距的地区合成美国领土，就必然形成了区域之间的不均衡，原始的、环境恶劣的地区就越来越成为美国经济发展的制约因素。因此说，正是因为西进运动才导致了大批贫困地区的纳入，才形成了区域经济非均衡的态势，这也才有了所谓的促使区域公平的实践历程。当然，本书也不能将造成美国的区域不均衡性的原因简单地定义为字面上的领土扩张，因为所谓的领土扩张本身也必然包含着不同区域之间历史和现实存在的资源禀赋、人力人才资源的互动。除

---

① 弗里德里克·杰克逊·特纳：《美国历史上的边疆问题》，纽约 1920 年版，第 1 页。转引自何顺果《美国边疆　西部开发模式研究》，北京大学出版社 1992 年版，第 3 页。

② 刘旭贻、杨生茂在《美国通史（第一卷）》（北京：人民出版社 2005 年版，第 40 页）的研究表明，"印第安人并不是美洲的真正土著居民，他们也是从这个大陆以外的地区迁徙而来的移民"。但是，这并不是本书研究的重点，重点是"在白人到来的时候，他们已经在美洲生息繁衍达数万年之久，实际上成为这个大陆的原住民"。因此，本书并不深究尚未真正解决的原住民问题，而仅从印第安人的美洲史说起。

此之外，国家的投入和支持也是不可忽视的因素。

另一方面，正是由于美国西部不断崛起，并最终走上科学技术的发展道路，才把美国推上世界强国的地位。试想，如果美国没有发生过领土扩张的历史，一直保持其成立时的较小的领土面积，而仅有95.6万平方公里的美国是否能创造另一个日本这样的面积小而经济强国的奇迹未曾可知；如果没有"西进运动"或者其他领土扩张，美国将不是今天的美国，它在学术界的热度和地位也会远不如今天，那么本书在讨论区域公平问题时也就不会参考美国的经验。

因此，研究美国的区域公平，事实上最主要的就是要研究广大的西部区域（包括美国西部地区和南部地区）的发展，以及了解它如何从一个自然之地转变为一个发达地区。有学者将美国西部的经济发展概括为六个不断变化的特点，并对应六个发展阶段：20世纪以前处于初步开发阶段，是"边疆处女地"；20世纪初期是"东部附属地"；第一次世界大战到大萧条时期经济不断增长，实现了"自给自足自立"；第二次世界大战期间获得了经济机构转变的契机，使得"经济机构成熟"；战后经济得到迅速发展，具有引领美国经济的趋势，并担任了"30年的主角"；当代，西部经济发展中的问题凸显，"环境资源失衡"成为经济增速的桎梏。[①] 参考这一阶段划分依据，从区域均衡发展的角度来考量西部经济的发展，本书认为西部经济主要分为三个阶段：东部经济的附庸阶段、自给自足阶段、引领美国经济阶段。

第一个阶段——东部经济的附庸阶段。西部扮演这一角色一直持续到第一次世界大战。这一时期，美国对西部的开发主要也只能是对农业的开发和资源的开垦。

由于外界的好奇心和美国领土扩张的决心，西部从一片未开垦的处女地到得到初步开发发生了质的飞跃。西部探险初期，不时传出了西部各种自然资源丰富、土地辽阔的噱头，极大地鼓动了一批投机分子和生存条件极端落后的贫困人民的探索欲望，进而开始了民间西迁进程，形成了美国历史上第一次最大规模的人口迁移，并

[①] 参见高芳英《20世纪美国西部经济地位的变化》，合肥工业大学出版社2011年版。

形成了"土地热"、"淘金热"。在这个过程中,官方也小有作为,政府颁布了一系列法律政策,极大地鼓舞了人民西迁并在西部生存发展。然而,初期形成的民间迁徙并不足以为西部带来巨大的生产力和发展条件,只是开始了西部地区自然的初步人化,实现了自然与人的初步结合而已。当然,对于西部本身而言,这已是巨大的发展。但与东北部发达资本主义经济相比,西部仍然有待开发。到了19世纪末20世纪初,美国西部又迎来了一批迁徙者。与上一次大规模迁移的人口构成不同,这一次更多的是拥有财富的理性投资者。正是因为移民构成与第一次的质的区别,这一次迁徙对西部各个方面都形成了一定的影响。然而,即便如此,美国西部也只是处于初级开发阶段,它的发展速度仍远远落后于东部地区,扮演着东部地区的附庸地角色。

此阶段的南部地区事实上比西部地区的发展情况更好,至少不是原生态状态。但是,北部发达的资本主义经济与南部落后的奴隶制经济之间的矛盾不可调和,终于在1861年前夕爆发了南北战争。作为新事物的资本主义在与作为旧事物的奴隶制度的斗争中必然会最终取得胜利。战后,南部经济制度结束,而美国也由松散的各联邦的相加变为相对团结的联邦的组合;但同时,新事物的发展总是遵循着这样一条原则:道路是光明的,但却一定都是伴随着曲折、障碍和困难的,有时候甚至会迂回倒退。尽管美国北部战胜了南部,但北部并没有达到从根本上改变南部的目的。美国北部想要迫切迅速改变南部的希冀最终证明不过是妄想,而且即便经过很长一段时间的改革后,南部仍然处于相对隔绝的状态。

第二个阶段——自给自足阶段。这一阶段美国对西部的开发模式开始转型,从农业开发逐渐转变为工业开发。总的来说,美国西部在这个阶段最终实现了自给自足,不再作为东部的附庸而存在。但如同美国北部自由资本主义想要战胜南部迂腐的奴隶经济一样,前途是光明的,道路是曲折的。西部地区实现最终的自给自足过程,经历了发展期、停滞期、调整期、繁荣期、衰退期、崛起期的反复过程。①

第一次世界大战期间，美国以中立者自居，因此在战争中扮演了兵工厂的角色。大量的战争需要，使得美国西部获得了前所未有的发展机遇。在战争需要的刺激之下，美国西部衍生出大量的就业机遇，并由此产生了一次移民浪潮。然而，仅仅依赖于战争需要的西部经济，必然会随着战争的结束而出现停滞的问题。战争结束后，美国西部迅速进入一个停滞期，就业人员成为失业人员。为了挽救这一艰难困境，美国进行了一段时间的调整。幸运的是，停滞期只延续了两三年时间，随即便出现了恢复的迹象，并进而出现了一段时间的繁荣状态。美国西部的每一次发展机遇面前都不可避免地预示着一次移民浪潮，这一次大萧条之前的繁荣同样伴随着一次移民浪潮。西部在经济上也第一次实现了自给自足并转变了角色，从东部的附庸变为独立的经济区。然而紧接着，西部地区又一次陷入了好景不长的魔咒。当整个世界陷入第一次经济危机时，美国西部经济也就应势衰退，繁荣不再。当然应该注意的是，逐渐自给自足是此阶段的主流，迂回反复的衰退或停滞只是暂时的，是支流。经济危机爆发后，出现了美国20世纪最严重的不平等现象。② 当然，经济危机并不只使西部落后地区受到牵连，它席卷了整个美国，这一整个国家的经济困顿状态直到罗斯福新政后才得以缓解。罗斯福执政后，开始了国家干预经济政策。政府出台了一系列法律条例，建立了一系列救济部门，也开始了一系列大型基础设施建设工程，在很大程度上缓解了经济的颓废状态，将广大的西部地区拯救了出来。

这一阶段，南部仍然处于落后、隔绝的状态。一直持续到20世纪40年代，随着美国政府加强对地区的干预，美国南部才逐渐并入主流经济。

第三个阶段，第二次世界大战后美国西部得到了前所未有的发展，开发模式从工业开始转变为信息科学技术业，并一跃成为可与东部相提并论的经济区域。

---

① 参见高芳英《20世纪美国西部经济地位的变化》，合肥工业大学出版社2011年版。
② 参见［美］斯坦利·L. 恩格尔曼、罗伯特·E. 高尔曼《剑桥美国经济史（第三卷）：20世纪》，蔡挺、张林、李雅菁译，中国人民大学出版社2008年版，第182页。

　　如同第一次世界大战为美国西部带来了快速发展的机遇一样，第二次世界大战同样为西部提供了这样一个契机，甚至给其带来了更大的进步。西部地区最终成为美国经济相当重要的组成部分，区域经济趋向公平。第二次世界大战期间，美国再次将地广人稀的西部作为战时储备地，并将90%的战争投资全投放于此。同时美国吸取了第一次世界大战时期的经验，不仅在此大量投入了军备资金，也十分强调国家层面的经济干预。在工业发展的模式、类别和技术支持以及雇佣劳动力的素质和构成等多个方面，政府都显示了一只"看得见的手"。正是因此，西部的未来发展才不至于重走第一次世界大战后迅速陷入停滞状态的道路，没有因为战争需要的消失而陷入发展动力不足的尴尬境地。相反，第二次世界大战结束后，西部经济结构得到有效改善，即便是军事工业也在战后迅速实现了职能转变，向着民用工业等方向发展。其后，西部的新兴科学技术包括原子能、宇航技术、电子计算机技术得到蓬勃发展，科技在全国的地位越来越凸显。此时，"美国西部几乎所有的主要产业部门经济效益的增长速度都快于东北部和中北部"①。在大量资金支持和工业乃至信息技术产业迅速发展条件下，美国西部随即产生了大量就业机会。因此，其所迎来的新的一次大规模迁移人口，越来越多地朝着非农业方向发展。同时，在西部科技进步和科技工业发展的基础上，又自然地吸引了大批科技人才的涌入，再一次改变着西部的人口结构。信息技术的发展和科技人才的涌入互相补充，西部最终朝着科学化的方向前进，实现了良性而可持续的发展。美国西部经济起飞并实现了经济地位的根本性扭转，同时给美国整个国家的经济也带来了巨大的变化。有学者这样评价说：如果说战争期间美国西部经济还处在逐渐取得与东部抗衡的过程，那么战后的西部则"在各方面都呈现出繁荣强盛的态势，西部在美国领先地位确立的同时，美国也确立了世界强国的地位"②。

---

　　① 戎生灵：《借鉴美国西部开发经验　加快中国西部开发步伐——兼谈宁夏大开发》，《世界经济研究》2011年第1期，第54页。

　　② 高芳英：《20世纪美国西部经济地位的变化》，合肥工业大学出版社2011年版，第131页。

随着美国西部城镇化和新兴城市不断崛起，西部地区和南部地区人口的猛增和各产业的超速发展并不单一指向经济发展这一进步意义。任何事物都有两面性，它的一个显要而迫切需要解决的问题就是生态破坏、能源危机、通货膨胀等问题。当然，这些问题不是美国西部独有的，在美国各个地区都普遍存在，甚至在世界各个国家都普遍存在。这些问题对各个区域都有明显的影响，成为一个国家持续发展的瓶颈。

二　美国保障区域公平的政策总结

自美国开始扩张领土起，区域的不公平发展问题就一直制约着美国的整体发展。为了促使新纳入的土地得到更好的开发，美国在不同时期采取了一系列不同措施。总的来说，有利于美国保障区域公平发展的政策可归纳为以下三个方面：

（一）鼓励人口迁移

人是生产力中最活跃的因素。各种自然资源如果纯粹作为自然资源，只具有潜在的经济价值，并不能产生任何实在的经济价值。只有当自然资源与人相结合之后，才能转化为商品，并进而形成一场经济开发运动。人的要素在美国大规模的扩张领土过程中的作用，被有的学者更加凸显出来："最基本的当然还是那个大规模的移民运动，领土的扩张可看作是这个运动在地理方面的结果，新州的组建则可看作是这个运动在社会方面的结果，而经济上的发展便是它们的综合体现。"[1] 因此可以说，正是因为几次不断涌入的移民潮，为西部带来了生机。这里的移民不仅包括后来的足以改变西部经济结构的高科技人才的涌入，还包括一贫如洗的拓荒者、理性而拥有财富的投资者、寻找就业机会的劳动者。他们的到来为美国西部增添

---

[1]　何顺果：《一个具有重大意义的主题——从特纳的"边疆假说"谈起》，《美国研究》1993 年第 1 期，第 102 页。

了一份色彩，使得美国西部成为一道独立的风景线。总有着一顶特色鲜明的帽子，表现在文学上就是"西部文化"，表现在日常生活中就是"西部情结"，展现到大银幕上就是"西部片"，其实可以简单地说就是"西部"。甚至，美国西部在一些研究者眼里，它才是最能代表美国的部分，比如美国著名边疆学者特纳就持这一观点，他曾经说过："我们将在向西扩张的历史中研究美国发展的主线和支配我们特点的力量。"也有其他国家的学者对此表示赞同，比如英国研究者詹姆斯·布赖斯也认为："西部是美国最美国化的部分，即是说是美国区别于欧洲那些特点表现最突出的部分。"①

　　西部一开始只是一片蛮荒之地，是什么吸引了美国人民的眼球，以至于形成大规模的人口迁移呢？或者说美国人民是基于什么选择了未知的西部呢？从第一批西迁的人本身的角度来说，他们中有投机者、探险者还有试图在西部找寻发展机遇的贫穷人。这三种人都因为不同原因存在向西部迁移的可能性和主动性，因此，只需要有"未知的世界"和"潜在的收益"两个噱头存在，就会有人义无反顾奔其而去。从自然的客观条件来说，西部本身作为未知的世界存在于当时的美国人眼里，加上广阔而肥沃的土地、时而被发现的金矿，就足以吸引投机者、探险者和贫困人员的到来。当然这里也存在信息失真和信息不对称的问题，不排除其中一些人是因为他人夸张的描述被吸引而骗过去的。

　　在自然就存在移民可能性的基础上，美国政府还先后采取了大量的措施鼓励人民向西迁移。第一，通过土地法令以低廉或免费的价格使得广阔的土地被低价私有化，吸引了大量在东部难以生存的无土农民迁入和土地投机者等，大大地促进了西迁的进程。第二，加强铁路、公路等基础设施建设，改善东部、西部之间的交通运输条件，这为西部经济起飞奠定了坚实的基础。第三，制定法律并设立移民局鼓励移民，美国在1863年通过了《鼓励外来移民法》，一百年后又通过了《鼓励移民法案》，同时从联邦政府到西部各州政府都设有专门实施机构以促进移民、形成移民浪潮。第四，增加就

---

①　转引自张友伦《美国西进运动探要》，人民出版社2005年版，第29，23页。

业机会吸引人民西迁，保证移民继续留在西部生根发芽，最为典型的表现就是在两次世界大战期间。第五，提高劳动力素质，美国政府认识到要保证西部的可持续、良性发展，就尤其需要注重劳动力素质培养。因此，在人口陆续向西迁入的同时，美国还十分重视法律支持和以高等教育、培训等方式提高劳动者的市场竞争力。

通过各种鼓励人民向西部迁移的噱头和实际的措施，美国历史上发生了多起大规模的向西移民浪潮。20世纪之前，陆陆续续都有移民迁入西部，我们暂且将其算作一次移民浪潮；到1900年为止，西部经过大规模的移民而达到了9200万人口。① 20世纪则形成了多次有规模的移民浪潮。根据统计显示，从20世纪初到20世纪末，美国西部人口由1238万人上升到了7534万人，与此同时，美国的总人数分别是7621万人和24872万人。② 仅从这一数据来看，美国西部的人口在将近一百年的时间内增长了6倍，而美国总人口的增长比率仅为3倍。此外，仅从外来移民的情况看，"根据官方统计，在1818年到1920年期间，超过3370万移民从国外来到美国。但是，一旦来到这里，移民和本土出生的人都在不断向西迁移到边缘，从农村搬到城市，最近，又搬到郊区和'阳光地带'"。③ 外来移民给美国西部的开发创造了生机活力，甚至马克思、恩格斯也已经注意到这一问题。他们指出："正是欧洲移民，使北美能够进行大规模的农业生产，……此外，这种移民还使美国能够以巨大的力量和规模开发其丰富的工业资源。"④ 当然西部至今仍有大片环境极端恶劣的地区无人居住，但是，美国区域协调发展也并不是说在每一寸土地上都分布相等的人数。从宏观的角度来分析美国人口史，20世纪美国西部实现了人口的大量增加；人口与生产要素相结合又创造了巨大的生产力，极大地促进了西部的经济发展。新时期，虽然美国

---

① 吴江：《中美西部开发的对比与启示》，《中国经济史研究》2003年第2期，第22页。

② 转引自高芳英《20世纪美国西部经济地位的变化》，合肥工业大学出版社2011年版，第228—229页。

③ ［美］斯坦利·L.恩格尔曼、罗伯特·E.高尔曼：《剑桥美国经济史（第二卷）：漫长的19世纪》，王珏、李淑清译，中国人民大学出版社2008年版，第126—127页。

④ 《马克思恩格斯选集》第1卷，人民出版社2012年版，第378页。

西部人口增长比率低于南部地区及西南部地区，但这不在本书关于促使西部发展的历史研究中。

（二）区域开发政策法制化

在美国人看来，"立法是保障欠发达地区开发顺利进行的先行性和制度性前提"①。因此，美国出台了一系列有利于西部发展的法律制度。

美国最早出台的有关大西部的法案是针对西部土地开发的。可以说，"土地开发是西部经济增长的原始资本。……美国联邦政府利用西部地区广阔的土地资源成功地引入大量移民"②。美国分别于1784年、1785年、1787年制定了三个土地法令作为美国最初西部开发的具体纲领，对土地的归属（国家）、土地销售限额、土地售价、移民点建州等问题都进行了规定。按照规定，土地销售限额降低、土地售价降低，大大扩大了贫困者购买的可能性，直接吸引了在东部难以维持生存的人成群结队地赶到西部。而越来越多的人的会聚，又为西部建州创造了人员条件。1800年通过了《土地法》，1854年又通过了《地价递减法》，1862年又颁布了可以无偿分配土地的《宅地法》。《宅地法》规定21岁以上的成人可以仅交10美元的征费就可以几乎免费获得160英亩土地，同时，在这块土地上定居或者开垦一定年限后就永久拥有了这块土地的所有权。③ 与1787年土地法令相比，1862年《宅地法》显然能更大程度地调动土地投机者和贫苦农民向西迁移的积极性。十年后，美国于1873年和1877年又出台了《西部植树法》和《沙漠土地法》。这两部法律与《宅地法》的规定类似，只是与宅地法的居住或种植的具体操作不同。这两部法律规定，只要完成在土地上植树和修筑水渠的一定

---

① 《国外欠发达地区开发实践》，《西部大开发》2001年第3期，第39页。

② 丰志勇：《国家发展战略视角下的区域政策与经济增长研究》，东南大学出版社2012年版，第37页。

③ 参见戎生灵《借鉴美国西部开发经验　加快中国西部开发步伐——兼谈宁夏大开发》，《世界经济研究》2001年第1期，第57页。

量之后，即可获得或者低价购得土地。① 但是美国西部大开发的过程
带有极大的盲目性，以至于资源浪费和枯竭，草原、森林、土地、
水源都遭到了较大程度的破坏。生态环境恶化，也为经济发展带来
严重的影响。针对这些情况，美国又制定了《开垦法》、《土壤保护
法》、《泰勒放牧法》、《农业调整法》、《土壤和水资源保护法》、
《防洪法》、《紧急土壤保护法》等多部法律，在一定程度上遏制了
环境的继续破坏，起到了保护了水土资源和生态环境的目的。

此外，美国为了解决区域不公平带来的社会问题，解决人们的
生存、生活、就业、发展问题，开始了综合开发治理并发展落后地
区的尝试。对此，美国制定了一系列开发法，包括针对全国贫困地
区的普遍适用法，也包括专门针对某些特别贫困地区的特别法。

第一种法律是针对所有贫困落后地区颁布的，旨在全国范围内
解决失业问题，促进落后地区的经济发展，主要包括 1961 年的《地
区再开发法》和 1965 年通过的《公共工程和经济开发法》等。

马克思曾言，资本主义在其发展过程中必然会周期性地爆发经
济危机。1929 年至 1933 年经济危机后，1957 年至 1958 年左右又一
次爆发了世界性经济危机。第二次经济危机铺天盖地地袭向美国，
直接冲击了美国整个国家的经济。经济发达地区自然首当其冲，落
后地区和本身得不到政府经济援助的地区当然也不能幸免，尤其是
美国南部一些地区遭遇了前所未有的惨淡状况。为了解决这一问题，
解救美国经济于水火之中，美国于 1961 年通过了《地区再开发
法》，此后，又陆续通过了《加速公共工程法》、《人力训练与发展
法》、《经济机会均等法》等。1965 年，美国又通过了《公共工程和
经济开发法》，其目的与之前的《地区再开发法》相同，但在对再
开发地区的界定、援助计划、援助途径等方面做了更加翔实的规定
和说明。同时这部法律还提出了很多更加有效的开发规定，比如用
于实施具有影响力的开发项目的"经济开发区"等，因此取代了之

---

① 参见戎生灵《借鉴美国西部开发经验　加快中国西部开发步伐——兼谈宁夏大开
发》，《世界经济研究》2001 年第 1 期，第 56—57 页。

前的《地区再开发法》的地位，成为新的开发落后地区的指导法案。① 新的法案在实施过程中操作性更强，逐步解决了贫困地区的落后状态和存在于这些地区的显在和隐性的社会问题。20 世纪 60 年代所出台的这些法律，为贫困地区的经济发展提供了必要的资助，极大地刺激了贫困地区的经济发展。可以说在这个十年，美国对区域经济的协调达到了一个高潮，以至于"20 世纪 60 年代是美国区域经济政策最活跃的时代，全美经济呈现出协调发展的势头"②。然而，美国的区域经济关系出现了不断摇摆反复的情况。在缺乏援助时代的 20 世纪 70 年代，区域发展又逐渐出现了非均衡化，以至于到了 80 年代中期以后，区域不公平逐渐扩大而再次影响了美国的社会稳定。因此，1993 年，美国再一次出台了一部促进欠发达地区发展进而实现全国公平发展的法案——《联邦受援区和受援社区法案》。③ 这一法案对受援区和受援社区的申请、命名、资助方式方法等都有明确的规定。与之前所不同的是，这一次援助方式除了直接的经济援助，更主要的是通过税收优惠的方式来实现欠发达地区的经济发展。美国联邦政府在 1994 年、1997 年、2000 年分别任命了一批受援区和受援社区，并且制定了战略规划。因此，通过该法案，联邦政府直接参与了区域经济公平发展的实践，而不仅仅是作为投资方的姿态出现。实践证明，该法案在降低失业率、创造就业机会、提高人均收入、加快欠发达地区的经济发展速度、保持区域公平发展等方面都体现出有效性。

　　第二种法律是专门针对某一落后地区所颁布的法律，最突出地表现在出台针对田纳西河流域和阿巴拉契亚山地两个地方的开发过程的相关法律。田纳西河流域位于美国东南部地区，是美国最贫穷落后的地区之一。但是这里资源丰富，发展潜力较好。为了摆脱经

---

① 马丽：《美国区域开发法律评述及其对我国的启示》，《中国软科学》2010 年第 6 期，第 118 页。

② 戎生灵：《借鉴美国西部开发经验　加快中国西部开发步伐——兼谈宁夏大开发》，《世界经济研究》2001 年第 1 期，第 54 页。

③ 也有学者提出"'联邦培力区和企业社区计划'，并将其纳入《1993 综合预算调整法案》"。马丽：《美国区域开发法律评述及其对我国的启示》，《中国软科学》2010 年第 6 期，第 119 页。

济危机，罗斯福采取了开展公共设施建设的措施以扩大内需，其中一项工程就设在田纳西河流域。美国于 1933 年通过了《田纳西河流域开发法》，"到 1980 年，田纳西河流域的人均收入已经从不足全美平均水平的一半发展到接近全国平均水平，成为美国欠发达地区摆脱贫困的一个成功范例"[①]。田纳西河得以有效地开发，摆脱经济落后的历史命运。阿巴拉契亚山地是美国最贫瘠的地区，自然条件极其恶劣，经济发展严重滞后。经济危机的打击和频发的自然灾害，又一度加剧了该地区的贫困落后。同时，阿巴拉契亚高原是田纳西河的发源地，其生态环境直接影响着田纳西河流域的开发管理工作。因此，在田纳西河流域开发一阶段后，阿巴拉契亚山区也成为一个开发重点区域。1965 年，美国出台了《阿巴拉契亚区域发展法》。最终，经过多年的来自联邦、州以及其他来源的资助支持，阿巴拉契亚地区各种自然资源得到了有效开发，交通条件大大改善，地区闭塞的问题得到根本改变，规避了发展过程中的瓶颈问题，解决了持续发展中的潜在困难，同时还产生了一批能够带动整个区域发展的增长极。最终，阿巴拉契亚地区经济得到较大发展，人均收入得以增长。随着经济增长，人口外流现象逐渐减少，人口也实现了正增长。[②]

（三）加强政府干预

经济学家阿尔伯特·赫希曼关于市场和政府对于经济调节有这样的论述："市场机制作用下，一些地区的繁荣是以另一些地区的贫困为代价得来的"，也就是说，在市场机制的作用下，"经济增长在区际间的不均衡现象是不可避免的"，尽管"核心部分的发展会通过'涓滴'效应在某种程度上带动外围地区的发展，但与此同时，劳动力与资本从外围地区迅速流入核心区，加强核心区的发展，又起着扩大地区差异的作用。虽然'涓滴'效应与'极化'效应同时起作

---

① 马丽：《美国区域开发法律评述及其对我国的启示》，《中国软科学》2010 年第 6 期，第 117 页。

② 魏后凯：《美国联邦区域政策及其效果评价》，《开发研究》1997 年第 1 期，第 34—35 页。

用，但在市场机制作用下，'极化'效应起支配作用。要改变这种情况，缩小区际差异，唯一可行的方法是加强国家对经济运行的干预和对经济行为的约束，采取各种有效的经济政策扶持落后地区的发展。"① 这一理论表明，仅凭市场利益趋向及力量，只可能导致区域之间的差距越来越大。要实现地区之间的公平发展，必须通过政府这只"看得见的手"。该理论实际上产生在美国政府调节经济的实践之后。早在1933年美国开发田纳西河流域，或者更早美国通过土地等各种优惠政策鼓励移民开发大西部的时候，就已经有意识地加强了政府对经济的干预作用。美国区域发展的历史表明，美国联邦政府重视区域公平的问题并采取一定的措施，区域发展就趋向公平；而当美国联邦政府由于经济危机、战争等原因无暇顾及区域公平发展的问题时，美国区域之间很快就会呈现出非均衡发展的势头。加强政府的干预是美国区域公平倾向公平发展的必要条件。美国为保障区域公平发展的政策可归纳为以下三个方面。

第一，财政与税收政策促进贫困地区的经济发展。美国为了开发落后地区，无所不用其极，通过各种倾斜的政策包括直接的财政补贴支持和税收减免等形式，以帮助其得到快速发展的空间和机会。两次世界大战期间，美国利用军事拨款的方式直接对西部进行财政支持。尤其是第二次世界大战时期，美国几乎将所有的战时防务物资都投向了西部地区。巨额的军事拨款直接解决了西部经济发展的资金缺乏问题，同时创造了大量的就业机会，加快了该地区的人口迁入，有效地促进了西部地区工业发展。除了战争期间的巨额军事拨款以外，美国联邦政府和州政府为了促进西部地区经济发展，尤其是企业的创建，直接支付了大量创业基金，最高时可超过1/2。除了直接的资金支持，美国还采取了倾斜税制、税收补助或返还等的措施。倾斜税制是对落后和发达地区之间进行不同税率的制度，在比较发达地区征收高于落后地区的税收；同时通过转移支付、直接拨款等方式将差额部分的税收用于援助落后地区。② 美国联邦政府

① 万元坤：《他山之石：美国西部开发史研究》，宁夏人民出版社2003年版，第202页。

② 连振隆：《简述美国区域经济的均衡政策及启示》，《甘肃理论学刊》2000年第1期，第61页。

也实行收税补助和返还的方式支持落后地区的发展，比如为了鼓励各个企业在落后地区投资建厂和创造更多的就业机会，美国政府规定："如果在贫困地区的'企业区'、'工业区'的企业创造就业机会，雇佣失业工人和无技术专长的工人达到一定数量，可部分或全部退还企业销售税。"①

第二，设立专门开发机构对落后地区进行开发管理。美国在开发西部的过程中制定了一系列的法律政策，同时为了切实有效地落实法律政策，又在法律的基础上成立了相应的落实地区开发和管理的机构部门。美国政府采取的这一措施主要体现在以下四个法律制度上：1933 年通过《田纳西河流域开发法》后，依法成立了"田纳西河流域管理局"（TVA）；1961 年颁布了《地区再开发法》，在法令的基础上依法成立了"地区再开发管理局"（ARA）；1965 年的《公共工程和经济开发法》颁布后依法成立了"经济开发署"（EDA）；1965 年，美国出台《阿巴拉契亚区域发展法》法令后，又依法建立了"阿巴拉契亚区域委员会"（ARC）。总的来说，法律为相应的管理机构提供了法律保障，管理机构为法律的落实提供了组织保障。两者相互促进，实现了区域管理和开发目的。

第三，实施社会福利政策以帮助失业者和低收入者。美国在不同时期通过直接拨款、创造就业机会等方式给失业者和低收入人群提供了帮助。直接拨款主要体现在资金补助、住房开发补助和医疗补助等方面。资金补助一般采取联邦政府与州政府按照各州经济实力确定的出资比例配套拨款的方式，住房开发补助就是通过提供住宅补助金、低价出售土地、提供利息贷款等方式给低收入者提供相对低廉的住宅；此外，美国医疗制度中也有可观的专门针对低收入人群的社会福利政策。② 在提供创造机会方面，美国一方面成立了相关的救助机构，包括"联邦紧急救济署"、"工程进展署"、"民间资源保护队"等机构。这些机构以政府的名义发挥政府干预经济、投

① 徐志：《美国政府开发后进地区的主要做法及税收政策》，《涉外税务》2000 年第 6 期，第 35 页。

② 李晓西：《借鉴美国区域经济政策　缩小我国地区经济差别》，《经济界》1996 年第 6 期，第 67 页。

入资金支持、开展公共工程等多种方式为贫困者提供帮助，为失业者和待就业者提供就业机会。同时美国还实施一些比较大型的公共工程，这些公共工程基本上都依靠政府出资建构。这种通过政府提供资金支持建造公共工程得以提供就业岗位的方式，一方面解决了就业问题，稳定了社会局面，而其建造的公共工程也为该地区的经济持续发展奠定了基础。因此，就这一措施的运行和结果而言，都是一种社会福利政策。

三　美国处理区域公平的实践对我国的启示

我国目前是一个区域发展不公平的国家，区域之间的公平问题主要表现为东西部之间的差距过大。因此，促进我国区域公平发展最主要的就是促进东、西的公平发展。比较美国东西部和我国的东西部之间差距，其中又有很多相似点和参考点。可以说，正是基于这些相似点，才使得研究美国处理区域公平的实践对于我国促进区域公平发展具有深刻的启示价值，具体包括：（1）美国与我国同是东西部之间存在较大的差距。美国一开始发展起来的东北部，其次是中北部，而后才慢慢促使了西部和南部的发展。我国根据经济发展情况，同样被分为三个部分：东部、中部和西部（包括西南和西北）。（2）美国西部和我国西部在形态上是相似的，都可以用"地广人稀"来形容，都蕴含了丰富的矿产资源和土地资源，具有可开发的价值和发展可能性。（3）美国与我国的东西差距的形成原因存在一定的相似性，同样都是由于历史、资源禀赋、市场机制等原因造成的。从历史上看，两个国家东西区域之间存在的差距有其历史原因，发展起点本身就不同；从资源看，西部地区虽然具有较多资源储藏，但同时也存在诸多缺陷，比如交通、人力、科技等，从市场发展的角度讲，市场天生的、唯一的趋向利益的机制只会不断拉大各地区之间的差距，越来越形成两极分化的极端结果。因此，本身不在市场调节中占据优势的美国西部和中国西部自然会在市场竞争中越来越走向失败一方。（4）美国东西部与我国东西部发展历程上具有相似性，美国最先得到的已经有一定基础的东北部地区，因此优先发展了东部地区；而广大的西部地区本身就是一片原始的待开垦的"处女地"，其发展的历程很大程度上依赖于联邦政府的优惠政策和资金支持。同样，我国西部之所以发展缓慢也是因为西部地区本身发展比较滞后，而同时国家集中力量优先发展东部地区又使得西部在那一段发展历程中逐渐处于劣势。当东部发展起来以后，国家逐渐具备缩小东西差距的经济实力，因此迅速落实了由东部反哺西部的政策。（5）西部的欠发达状况都对整个国家的发展壮大产生了制约作用，同时，也都具有一些影响社会稳定的因素并引发了一些社会问题和政治问题。特别是在促进西部经济发展的过程中，两个国家都面临了相似的问题：消除种族隔阂和正确处理民族关系。

不同的是，在美国开始开发西部之时，西部还是一片蛮荒之地或者最多只有零星的印第安人的身影。我国在开始西部大开发之时，西部已经取得了一定的发展基础，同时基于我国的社会主义优越性，我国更能集中力量和资源用于促进西部地区的发展。因此说，我国的西部开发应该更有条件、信心和决心。

（一）把握西部大开发和区域公平发展的战略性意义

美国的区域发展历程显示了这样一条真理：单一通过市场的调节，不可能实现区域公平；要促进和保障区域公平，就必须依靠政府的全局规划和政策导向。

十一届三中全会之前，邓小平在中共中央工作会议上发表了《解放思想，实事求是，团结一致向前看》的讲话，他讲道："在经济政策上，我认为要允许一部分地区、一部分企业、一部分工人农民，由于辛勤努力成绩大而收入先多一些，生活先好起来。"① 作为先富论的先导，后来又在多个场合再次重申和丰富了这一观点。"先富论"有以下三个缺一不可的关键点：一是有条件的地区依靠诚实劳动先富起来；二是，先富起来的地区要对后富的地区进行反哺，帮助这些相对比较落后的地区也发展起来；第三，实现共同富裕。在第二个环节中，

---

① 《邓小平文选》第2卷，人民出版社1994年版，第152页。

反对贫富差距过大，在先富具备一定反哺后富的条件时即要开始落实帮助后富的责任。也就是说，我国优先发展有条件的地区是在以发展起来的地区反哺欠发达地区为前提的。拿到先富门票的地区得到了优先发展的机遇，国家集全国之力促使他们在较短时间内实现了经济发展。这使得先富起来的东部沿海地区与发展滞后的广大西部地区的差距越来越大，已经造成了一些社会和政治问题，对于国家的整体发展也产生了影响。在差距拉大的同时，先富的地区却不会自主地对欠发达地区进行资助以减少差距。只有依靠中央政府的调控协调能力，进行一个全局的规划和整体的认识，才能实现区域经济公平发展。邓小平又适时提出了"两个大局"的思想，他要求内地要顾全沿海地区优先发展起来的大局，同时，"发展到一定的时候，又要求沿海拿出更多力量来帮助内地发展，这也是个大局。那时沿海也要服从这个大局"①。目前，在国家统一调控下，坚持区域公平发展，促进后富地区发展起来的政策已经实行多年。尤其是 2000 年开始的西部大开发和近年来内地省市援疆计划实施以来，西部欠发达地区尤其是新疆已经取得了突出的成绩。但是，以对新疆的援助为例，各省援疆过程中对为何援疆等问题认识不清，对加快西部地区发展壮大和促进区域经济公平发展的认识还需进一步提高。

美国的经验证明，联邦政府对西部的援助中直接的经济支持作用是短期的，美国联邦政府对于援助落后地区的耐心和额度都是有限度的，它们援助的目标是培育自主创新能力和可持续发展的能力。比如在 1993 年颁布的《联邦受援区和受援社区法》中就有明确规定，称"援助的目标在于创造经济机会，并使地方的参与者选择一种可持续发展的成功方式，而不是依赖联邦和州政府援助"②。"授人以渔"的方式将在更长时间内发挥着作用。因此，在我国促进区域公平发展的历程中，不是简单的资金支持，或者基础设施建设，更多应注意的是深刻认识到这一政策性任务是利国利民的，并在这一基础上反思支持的对策。同时，要明确西部经济的发展并不是短

---

① 《邓小平文选》第 3 卷，人民出版社 1993 年版，第 277—278 页。
② 郑长德：《世界不发达地区开发史鉴》，民族出版社 2001 年版，第 158 页。

时期就能立即实现的，东部地区的经济援助不可能在短时期内对西部产生立竿见影的作用。相反，这种援助应该是一次或多次投入，长时间产出的模式；应该是更深刻的援助，而不是表面上的资金投入。先富在后富的发展历程中不应该简单地扮演"扶贫者"或者"投资者"的角色。

（二）援助欠发达地区的工作实现法制化

美国在西部开发的进程中，将法治和政策引导有机结合起来，但总是以法律为先导和基础，并辅之以政策和行政机构支持。法律和政策两种手段在解决区域经济非均衡发展的问题上各有优势，缺一不可。政策相对更灵活而快捷，但是法律手段却具有政策所无法替代的稳定性、强制性和规范性的优势，政策手段更有主观性、随意性、变动性等劣势。

我国是一个社会主义国家，与资本主义国家相比，具有可以在短时间内实现集中力量办大事的能力和优势。因此，我国对欠发达地区的开发、援助工作主要采取的是中央政府制定方针政策的手段。政策手段符合我国国情，但是我们必须看到它存在诸多缺陷：尽管政策对于各参与方有相关规定，但该规定不具有法律强制性，"优先安排项目"、"实行投资倾斜"、"加大支持力度"等表述容易产生主观随意性，这可能会降低对实施者的束缚和制约。[①] 因此，实施者参与某项政策也仅仅是行政上的任务而已，其考核标准、奖惩原则等都缺少法律依据；中央政府的政策与地方政府的对策存在一定程度的不对等性，也就是我们常常会遇到的"上有政策，下有对策"；中央与地方在发展经济进程中会由于缺乏法律的规定而产生利益和责任的冲突，由于利益驱使，地方往往会忽略或者逃避责任。因此，"集中力量办大事"绝不能成为我们援助欠发达地区的依据，它只能作为援助欠发达地区经济发展中的一个加速器。政策支持绝不能是唯一手段，而应该在方针政策之上形成相应的开发法律。法律对整

---

① 颉雅君、龚勤林：《中外区域经济政策的比较及其对西部大开发的启示》，《软科学》2002 年第 4 期，第 67 页。

个开发援助工作中将要涉及的中央与地方的关系、利益调节、权责等问题做好明确规定，这对于中央政府对地方的干预具有法律依据，对于援助过程中的成果有明确的参考评价依据，对于其中出现的纰漏和问题也可依法进行改正和惩罚；对于各先富地区在具体援助工作中的权利和义务的规定也使得地方的援助工作更具目标性和可操作性，不至于推诿或扯皮；同时对于受援地区而言，法律也是它们真正实现发展的有效保障。

美国在对地方发展制定法律后，总是依法成立专门的开发机构，一般直接隶属于联邦政府。由于法律具有明确的规定，这些开发机构也在目标、权责上十分明确，工作内容也有法可依，其在美国西部开发的过程中起到了重要作用。我国在开展对后富地区进行援助的进程中，除了应出台一系列法律，同时也应成立相关机构以更有效地落实法律政策。这一专门进行"先富带动后富"计划的机构应与受援地区密切联系，可以是中央政府或各援助地区派出人员，但必须与当地的实际和了解当地情况的人员密切合作，在实事求是的基础上具体操作相关开发法律。这一机构的主要职责是根据受援地的实际情况和援助目标，帮助筹措资金，帮助制定和实施援助的具体计划和方案，定期会晤、互通有无以对援助的实际效果做出评估，同时对援助过程中存在的问题进行整改等。

（三）促进欠发达地区实现可持续发展

美国处理区域公平的历史经验和教训说明："要促进国家区域间的协调发展，必须把经济发展、社会进步、环境保护作为一个整体考虑，应当综合治理欠发达地区存在的诸多问题，努力实现经济、社会和生态效应共同提高，最终目标是推动整个社会的可持续发展。"[1] 促进一个地区发展是一个综合的工程，不是单纯的资金支持和修建几条铁路、公路或者一个飞机场的简单工程，而是一个包罗万象，需要做好统筹规划，兼顾各方，综合发展的工作。以党的十八大报告为标准，开发、援助欠发达地区应该是一个融政治、经济、

---

① 陈元生：《对美国区域发展政策的考察与思考》，《文明与宣传》1997 年第 4 期，第 6 页。

文化、社会、生态为一体的工程。在政治层面上，要做好统筹规划，突出发挥中央政府在整个援助欠发达地区工程中的作用。在经济层面上，要按照因时因地制宜的原则，合理开发。文化层面上，主要是要做好教育发展和素质培训工作。社会层面上，主要是讲要正确、谨慎处理好民族关系。尤其是针对少数民族聚居的欠发达地区进行援助计划时特别强调这一问题，需要尊重其民族信仰，保持社会团结和谐稳定，维护国家利益。生态层面上，美国曾在西部开发进程中犯了一个错误，他们对西部的开发在一定程度上采取的是浪费严重、过度开发、竭泽而渔的方式，遭到了自然的惩罚。这为我国敲响了警钟，告诫我国在发展经济的同时必须注意好对资源、环境和生态的保护，走绿色、生态、可持续发展的道路。

四 美国加快后进地区发展的实践对于新疆发展的借鉴意义

与美国的十八九世纪相似，我国的欠发达地区也是相对于东部而言的广大西部地区。在我国大西部（包括中部），与美国西部相比较最具相似性的就是新疆地区。新疆地处我国西北边陲，与美国西部同样是一个地广人稀、人口因素复杂（美国西部由于移民，新疆则由于民族和宗教）、物产丰富而亟待开发的地区。因此，在促进新疆实现跨越式发展的进程中，美国加快后进地区发展的实践经验具有借鉴意义。

第一，根据新疆的实际情况，按照城镇化模式开发新疆。基于西部面积大、人烟稀少、系统而全面地开发难度较大的现实，美国开发西部采取了城镇化的发展模式。首先，通过小城市逐渐发展，形成了城市网络；同时个别大城市作为西部经济体系的中心，带动了周边小城市的发展。两个方向互相促进，形成了城镇化网络。到19世纪末期，美国西部地区城镇化率就已经达到了56%。[①] 在增长

---

① 梁德阔：《国外开发欠发达地区的经验教训对中国西部城镇化的启示》，《云南地理环境研究》2003 年第 3 期，第 58 页。

极理论指导下的城镇化建设带动了整个西部的大规模开发，有以点带面的模式效应，是美国加快西部开发的成功经验。新疆全疆面积166.49万平方公里，是全国陆地总面积的1/6，巨大的土地面积上生活着2264.3万人，[①] 人均面积0.07353平方公里。相比较而言，北京的人均占地面积为0.00076平方公里，[②] 新疆是北京的96.75倍。在这片地广人稀的土地上发展经济，不可能一蹴而就、立竿见影；相反，新疆可以参考美国经验，优先发展某些有基础、有潜力，相对发达并具有优先发展可能性的地区带动其他地区的发展。比如首府乌鲁木齐、石油城克拉玛依、南北疆交通运输枢纽吐鲁番、戈壁明珠石河子、在"丝绸之路经济带"下地位凸显的沿边城市霍尔果斯口岸、"不到喀什就等于未到新疆"的新疆特色凸显地喀什地区等地，最大限度地扩大和强化这些地区的辐射力，是目前在援疆工作和落实"丝绸之路经济带"战略中可采取的有效手段。

在美国西进运动过程中，最先发展起来的地方都是资源开发和交通运输条件较好的地方。甚至可以说，美国西部最先诞生的城市实际上是资源开发和铁路建设催生的，不是美国联邦政府的特意行为，足见交通在美国西部开发中的重要性。在新疆这个同样先天就拥有自然资源优势，却对资源开发利用不足、交通条件又严重滞后的地区，为了更好地促进城镇化建设，交通条件的改善势在必行。当然，在这个过程中，各城镇的公共设施也有待进一步完善。

第二，坚持法律与政策共同引导的手段促进新疆发展。在推进新疆实现跨越式发展的进程中，制定一部或多部相关法律非常重要。对新疆跨越式发展的目标，中央、各援助地方和新疆之间的利益关系和权责等内容做好法律规定，能够保障新疆跨越式发展实践具有权威性和稳定性。同时，开发新疆的法律应该赋予新疆在开发进程中享有更大的自主权。美国开发西部过程中，州、县等地方政府具有相当大而灵活的自主权，很大程度上吸引了企业的进入，巩固了

---

① 新疆维吾尔自治区统计局：《新疆统计年鉴2014》，中国统计出版社2014年版，第79页。

② 根据以下数据得出，北京面积：16410.54平方公里，常住人口：2114.8万人。北京市统计局，国家统计局北京调查总队：《北京统计年鉴2014》，中国统计出版社2014年版，第59页。

美国西部开发的经济基础。新疆在财政收入、国内生产总值、进出口等方面占全国的比重较低，必然需要内地的援建和支持。但同时新疆逐步培养其自力更生的能力，逐步拓展新疆在开发进程中，在税收制定、项目审批、引进外资、土地开发利用等方面享有更大自主权。

第三，重视发挥高新科技产业对新疆产业结构调整的拉动作用。美国西部后期经济插上了科技的翅膀，西部产业结构得以升级换代，并最终成为一个引领美国经济发展的区域。新疆由于先天和后天发展存在的劣势，用科技拉动经济发展是一条可规避发展缺陷的路径。新疆需要做的就是引进和开发新技术，并将这些企业不断发展壮大成为带动新疆发展的优势企业。在新疆生产建设兵团，位于兵团第八师石河子市的新疆天业（集团）有限公司大力开展科学研究和实地考察，其在节水灌溉系统和石油化工等领域取得的成绩受到全国瞩目。

推进高新技术产业的发展，更重要的是人力资源。如果说，美国西部在西进运动初期的发展主要靠广大移民敢于冒险、艰苦奋斗和开拓进取的精神，那么在 20 世纪时期，尤其是第二次世界大战以后，西部的发展则更多得益于科学技术的发展和拥有科学技术的高素质人才。对于新疆的长期发展来说，所有的基础设施建设都只是基础，更重要的是人力资源的开发管理、合理优化。在这个过程中，需要重点培养和引进拥有创新精神和能力的技术、理论人才。就现阶段来说，新疆的教育环境相对落后，自主的培养高素质人才难度较大，因此，在第一阶段引进人才、留住人才是首选方案。然而，在其后的发展过程中，则应该在改善新疆教育环境的基础上，实现本地区人口的文化素质有序提高。新疆未来的发展，将更多地依赖本地区劳动人民的智慧和能力。

第四，新疆的发展需要注重人与人关系的培养。在美国西部开发进程中，美国不存在处理民族关系的问题，但是白人殖民者对印第安人、黑人的生存威胁以及后者的反抗很鲜明地展示了社会关系的矛盾激化状态。社会关系可能衍生社会矛盾，并进而对社会稳定和经济发展产生阻碍作用。在新疆，处理人与人之间的关系问题是一个多层次的概念，首先包括处理民族关系的问题。2014 年 5 月，习近平在第二次中央新疆工作座谈会上指出："新疆的问题最长远的还是民族团结问题。……民族团结是各族人民的生命线。"① 这是一项必须长期坚持的任务，进一步突出了新疆民族工作的重要性，这关系到新疆政治、经济、文化、社会等各个方面。在开发新疆进程中，民族关系问题比较复杂。这不仅因为新疆地区聚居着 55 个民族，更因为新疆地区包含多种不同文化，尤其是宗教信仰的问题。宗教信仰的威胁主要来源于宗教极端分子。这些人拉拢蛊惑人心，制造了数起极端暴力恐怖案件。近年来，暴恐案件更突破新疆范围，这说明新疆关于宗教信仰的引导和民族团结教育的责任越来越重。民族团结、社会稳定而和谐对于新疆来说弥足珍贵，这对于新疆的未来发展和当地人民日常生活来说都是基础，只有基于社会稳定才可能有跨越式发展。因此，时隔四年之后，第二次中央新疆工作座谈会修改第一次的战略目标"推进新疆跨越式发展和长治久安"为"社会稳定和长治久安"，凸显了社会稳定的极端重要性，这不仅直接关系新疆，也关系到国家统一和安全以及中华民族伟大复兴。

其次，关于内地人与新疆人的关系培养问题。美国之所以能够发展西部地区，最根本的原因就是大批移民的力量。我国新疆与美国西部都是地广人稀、资源丰富的地区，开发新疆地区除了需要新疆当地人民的智慧和劳动，还需要更多内地其他地方的人的智慧和劳动。需要注意的是，不是理论上的需要，而是应该有如同美国开发西部时的魄力，通过各种优惠政策和福利吸引内地人移民新疆，成为促进新疆跨越式发展的外来动力，而这就必然涉及内地人与新疆人关系培养的问题。关于这一问题，至少涉及以下四点关系：（1）内地移居新疆人员与新疆当地群众的关系；（2）内地援建单位和人员与新疆各被援建地方和人之间的关系；（3）内地经济发展与新疆资源的关系；（4）新疆的发展和内地的发展之间的关系。事实

---

① 《习近平在第二次中央新疆工作座谈会上强调：坚持依法治疆团结稳疆长期建疆团结各族人民建设社会主义新疆》，《人民日报》2014 年 5 月 30 日第 1 版。

上，这四个关系问题最根本的就是利益问题。如何发展新疆，解决新疆问题，就是一个给新疆更多实际和潜在利益的问题。同时，在给予利益之前，还要注意教育先行的原则，否则再多的实际和潜在利益也无济于事。

第八章

日本区域公平的实践及启示

一 日本促进区域公平的实践历程

日本是当今世界的第二号经济强国，但就在第二次世界大战结束之初，日本还处在百废待兴、经济萎靡不振的状况。然而，整个世界都未曾料到，仅仅经过短时间调整，日本便迅速实现了经济复苏并进而逐渐强大。但是，发达的日本却也逃不开地区之间不公平的问题。一般来说，学者们将日本这种按发达程度划分的区域称为"过疏地区"和"过密地区"。所谓的"过密地区"也就是指以东京、大阪、名古屋为中心的三大城市经济圈及其周围地带。基本上包括了日本本州岛中部太平洋沿岸地带，尽管这一地带面积狭小，尚不到日本国土面积的 1/4，但是"拥有全国 60% 的人口，90% 的特大城市，60% 的工厂企业，67% 的工人数，75% 的工业产值"①。当然，这样的地区往往会因为过度开发造成一系列城市问题。与城市快速发展相伴而生的交通拥堵、环境污染、人口爆炸等一系列问题，也无一例外地阻碍了这些地区的持续快速发展。所谓的"过疏地区"就是距离"过密地区"较远，在日本国土上表现为"飞地"存在的几个地区，比如说北海道、九州、冲绳等地。日本的"过疏地区"由于先天不足，后天节奏缓慢，与以三大城市经济圈为主的本州岛中部的太平洋沿岸地区的差距越来越大。学界调查显示："与三大城市圈的高附加值产业相比，过疏地区产业不仅规模小，而且

---

① 周玉翠：《90 年代中日区域经济差异比较研究》，《人文地理》2001 年第 2 期。

缺少有竞争力的产业支撑。过疏地区与其他地区相比人均收入水平也有很大差距，直到 1994 年，岛根、高知、宫崎、鹿儿岛等地的人均收入水平也只有东京的 52% 左右，最低的冲绳只相当于东京的 48%。"① 区域之间的非均衡发展曾一度达到两极分化的趋势，成为日本持续发展的桎梏。因此，日本新一轮促进经济发展的方案就转向了促进区域协调发展的方向。

日本为了促进区域之间的公平发展，基于自身国土和自然资源匮乏的现实基础，以促进国家经济恢复和发展、合理有效利用国土资源、区域经济公平发展为发展方向和目标，通过法律制定、政策扶持、财政支持等多个方面采取措施，同时充分发挥自身审时度势、善于抓住机遇和善于学习的优势，基本实现了既定目标：既有效地利用了有限的国土和自然资源，实现了落后地区的经济可持续发展从而促进了区域经济的公平发展；又带来了整个国家经济的腾飞，一跃成为继美国之后的经济强国。在促进区域经济合理开发和公平发展的过程中，对北海道地区的开发是最重要的体现和最成功的案例。

北海道地区虽然在自然、气候、交通等方面条件较差，发展潜力较小，但是地广人稀，有利于日本的统一规划和消化从战场返回的有待就业之人，因此就成为日本缓解战后经济困难最主要的地区。这在《北海道开发法》中有涉及，法条的第二条规定："国家为了复兴国民经济以及解决人口问题，制订了北海道综合开发计划。"在《北海道综合开发计划》中有关于计划目的一项中则有更直白的表述："战后，被局限在 4 个岛屿中的我国，对具有广袤地域和丰富未开发资源的北海道进行开发，无论从解决经济独立、人口问题的角度来看，还是从提高国民士气的角度来看，都是绝对应予推进的事情。这就是北海道开发的目的。"②

事实上，早在明治维新时期，日本就已经开始了对北海道的初

---

① 石风光、李宗植：《美国、日本区域协调发展政策实践及启示》，《国际问题研究》2008 年第 5 期，第 29 页。

② 清华大学经济管理学院：《日本北海道综合开发计划和政策法规》，中国计划出版社2002 年版，第 361、362 页。

步开发。第二次世界大战前，日本也在此地有零星开发工作，只是第二次世界大战后的开发规模明显更大。从 1947 年开始，北海道地区就逐渐成为转移日本战后困难所在地。通过日本政府的政策导向，北海道大力发展农业和渔业，解决了日本的粮食危机，消化了大量新增人口的就业和吃饭问题。对北海道的大规模开发始于 1950 年，日本颁布了《北海道开发法》，作为北海道开发的专门法。同年，日本还颁布了《日本国土综合开发法》，作为全国国土开发基本法。这里有几个需要注意的问题：① 第一，《北海道开发法》规定了北海道开发原则、开发方略、开发机构设置等内容，同时，根据本法又多次设定了具体的开发规划。第二，北海道的开发由中央政府直接统辖，并设有专门机构负责落实《北海道开发法》，推进北海道地区的综合开发利用。第三，尽管专门法先于基本法颁布，但是北海道具体的开发规划基本上都以基于《国土综合开发法》设定的"全国综合开发规划"而制定。除了第一期较先公布以外，后面五期"北海道综合开发计划"都以"全国综合开发规划"为指导。后者作为全国开发的最高指导性政策方案，因此也成为在各个阶段北海道地区经济开发的风向标和依据；而前者需要在基本法、专门法、各个时期的"全国综合开发规划"和北海道的具体情况的基础上和指导下制定，提出的每一个阶段的预期目标和建设重点，作为开发进程的具体指导。第四，2005 年在日本国土开发面积不断扩大的基础上，日本提出将国土综合开发转向国土形成规划，并出台了《国土形成计划法》，作为新的国土开发基本法。三年后根据本法又形成了"国土形成规划"，新的法律和规划形成了新的北海道综合开发计划（以下简称"北海道综合开发计划"）的依据。

根据"北海道综合开发计划"，对北海道地区的开发进程可以分成七个阶段：②

第一阶段（1952—1962）：1951 年 10 月，日本根据《北海道开

---

① 清华大学经济管理学院：《日本北海道综合开发计划和政策法规》，中国计划出版社2002 年版。

② 清华大学经济管理学院：《日本北海道综合开发计划和政策法规》，中国计划出版社2002 年版；张季风：《日本国土综合开发论》，中国社会科学出版社 2013 年版。

发法》制订了《第一期北海道综合开发计划》，作为战后首次出台的具体落实北海道开发的政策性规划。第一期开发规划对北海道的开发重点在于农业、渔业、林业等第一产业，有效结合了日本的需求和北海道的优势。第一期的开发规划将目标定位为资源开发和产业振兴，同时加强了电力、铁路、公路等基础设施的建设和完善工作。

第二阶段（1963—1970）：本期规划建设目标是实现产业结构调整和升级。前一个十年来，"北海道经济的增长主要是依靠发展农林水产业、矿业以及其他附加价值较低的资源型产业取得的，产业结构十分落后。为此，第二次综合开发规划将促进产业结构的升级，作为主要规划目标。"[①] 此外，规划还特别强调了要在第一期的基础上继续完善交通运输建设。值得注意两点内容：第一，这个阶段正值日本经济得到高速增长，并出现了"过疏地区"、"过密地区"问题的时期。在1962年公布的《第一期全国综合开发规划》中首次从正面就区域不公平的问题进行了分析和解答，并将目标定位为"在防止城市过大和缩小地区差距的同时，通过有效地利用日本的自然资源和实行资本、劳动、技术等资源的适当的区域分配，谋求地区间的均衡发展"[②]。也就是说，在全国综合开发规划的第一期中就已经开始重视区域公平问题了。第二，《第二期北海道综合开发计划》比《第一期全国综合开发规划》更早公布，但是前者显然结合了后者并响应了"据点式"开发的区域发展战略和原则，提出要在北海道地区积极进行工业区和产业城市的开发。计划完成了这一任务：中南部的道央地区成为全国新产业城市建设区，苫小牧港也被大规模开发朝着临海工业区发展。[③]

第三阶段（1971—1977，受石油危机影响提前结束）："据点式"开发模式实施以后，区域发展公平问题得到了更多重视，但是

---

① 张季风：《日本国土综合开发论》，中国社会科学出版社2013年版，第282页。

② 孟凡柳：《论战后日本的国土综合开发》，硕士学位论文，东北师范大学，2006年，第18页。

③ 王文英：《日本北海道综合开发的历史进程和成功经验》，《苏州大学学报》（哲学社会科学版）2006第5期，第101—102页。

在市场经济的调节下，区域差距大和人口过疏过密的问题并没有得到根本扭转。1969 年 5 月，日本制定了《第二期全国综合开发规划》，该规划对国家区域开发战略做了新的调整，从分散布局开发转向大规模项目开发。第二年 10 月出台了《第三期北海道综合开发计划》，有学者指出这一次的"北海道综合开发计划"本质上就是"全国综合开发规划"的地方版，二者目标一致。①《第二期全国综合开发规划》将本期北海道的开发目标修改为提高北海道地区的潜在能力，但是这一期的目标完成效果远不如上一期。受到石油危机的影响，原本要投资的金额、原本要实现的目标、原本要持续的时间都大打折扣，当然，这也不能就此否认其取得的成绩。

第四阶段（1978—1987）：此时日本的经济已走出了高速增长的神话，逐渐走入低速增长的时期。日本无法改变同时也不可忽视的国土面积狭小、资源和能源不足等问题逐渐暴露出来，所幸的是前一阶段存在的产业和人口集中问题得到了初步解决。基于此，新一期综合开发规划要求本阶段"在缓解产业和人口集中于大都市圈问题的同时，通过发展地方经济实现国土均衡利用，构建适于国民居住的综合环境"②。日本国土开发目标已经从前两次的促进产业发展实现了第一次转向，基于此，《第四期北海道综合开发计划》将预定目标设定为"根据土地面积广阔和农业产业相对集中、城市分散等北海道地区的特殊性，推进区域综合环境圈的形成"③。为了达到这一目标，规划提出要从以下几个任务着手：始终如一的基础设施建设和完善（包括交通、通信、港口、机场等）；人居环境改善（包括农村和城市）；扩大和深化发展特色产业（包括农、林、渔和旅游业等）。

第五阶段（1988—1997）：为了解决三大城市圈过度集中的问题，日本颁布了《第四期全国综合开发规划》；同时还制定了《多极分散型国土形成促进法》，提出要实施多层次交流网络区域开发战略，要求基于基础设施的完善不断拓展区域之间、城乡之间甚至国

---

① 张季风：《日本国土综合开发论》，中国社会科学出版社 2013 年版，第 238 页。
② 刘昌黎：《现代日本经济概论》，东北财经大学出版社 2008 年版，第 287—288 页。
③ 张季风：《日本国土综合开发论》，中国社会科学出版社 2013 年版，第 283 页。

内外的广泛交流，扩大区域开发进而缩小区域差距，从而达到"多极分散型"的国土结构模式。① 北海道新一期的开发规划也做了相应调整，将目标设定为"形成在国内外具有强大竞争力的北海道"，提出要推进现代教育和医疗、高速交通和信息通信网络系统的形成。可见，在国际国内科学技术日新月异并越来越成为生产力的时期，日本毫不含糊地立刻做出了正确反应和选择。此外，还提出要改善居民生活环境，建设成为一个安全而富裕的区域社会，因而提高北海道在全国范围内的竞争力并为日本的长期发展做出应有贡献。

第六阶段（1998—2007）：经过前后四轮的国土综合开发，日本面临的国际国内环境都发生了巨大改变。此时，从国际环境讲，已经进入了地球环境问题大争论和高度信息化时代，而国内国民价值观念和生活方式也都发生了深刻的变化，生态、可持续发展的意识和区域公平发展的意识都有所提高，更加关注国家一直难以解决的区域差距愈演愈烈的问题。以东京为首的过密地区形成了"一极一轴"，与日本其他地区的不平衡越来越突出。为了缓解这一问题并响应人民的需要，《第五期国土综合开发规划》（又叫《21世纪国土的宏伟目标》）提出通过继续开展多极分散型建设，形成与原有"一极一轴"相提并论的其他"三极三轴"，也就是形成"西日本国土轴、东北国土轴、日本海国土轴和太平洋新国土轴"的"四极四轴"的模式，② 以最终达到国土均衡发展目标。国土规划目标理念再次转型，从宜居生活环境转移到可持续发展来。在本期的开发规划中，"东北国土轴"与"日本海国土轴"均延伸到了北海道地区。其中，"东北国土轴"更是提出要"以北海道为中心的'北方圈国际交流据点'"，③ 奠定了北海道在新的开发阶段的重要地位。在这一背景下，《第六期北海道综合开发计划》将发展目标定位为：通过食品基地的全球化、培育新的增长型和支持森林发展的产业等途径

---

① 张季风：《日本国土综合开发论》，中国社会科学出版社2013年版，第283—284页。

② 蔡玉梅、顾林生、李景玉、潘书坤：《日本六次国土综合开发规划的演变及启示》，《中国土地科学》2008年第6期，第78页。

③ 孟凡柳：《论战后日本的国土综合开发》，硕士学位论文，东北师范大学，2006年，第30页。

提高北海道地区的产业活力，通过北海道地区国际交流基础的巩固、产业国际化发展等措施建成北方国际交流圈，通过维护和提高森林、农田、海域等的环境保全功能等途径实现对北海道地区的环境保护和旅游业发展，形成安全、富裕而便捷的生活环境。① 2001 年，北海道的开发机构进行了重组，开发主体实现了根本性转变，从中央转移到地方，重组后的开发机构排除了以往纵向政务的弊端，实现了政务功能的一元化。②

　　第七阶段（2008—约 2017）：2005 年，日本将《全国国土综合开发法》修订升级为《国土形成计划法》，并于 2008 年又通过了《国土形成规划》。③ 这项规划形成了以下几个转变："首先强调应从以开发为主线的国土规划中脱离出来，针对日本目前成熟社会的特点与问题，把规划重点由突出国土量的扩张转型为国土质的提升，从而形成安全、安心、安定的国土和国民生活发展质量。其次，由注重经济发展向人居环境全面改善转变。……最后，由自上而下变为自上而下与自下而上相结合转变。"④ 这一时期，世界越来越重视环境问题和注重生态保护，北海道凭借其拥有的自然环境和广阔空间显得越来越重要。基于新的《国土形成规划法》和时代背景，新的北海道开发规划的方针导向也发生了较大的变化。2008 年，新的北海道开发计划——《引领地球环境时代的北海道综合开发新计划》将北海道未来发展目标定位为开放而有竞争力的"光耀亚洲的北方明珠"、美好而又可持续发展的"山清水秀的北国大地"、"有地方特色的北方广域分散型社会"。⑤

　　经过半个多世纪的开发，最早追溯到明治维新时期就已开发的北海道发生了巨大变化。尽管还存在一些问题，比如由于产业结构

---

　　① 清华大学经济管理学院：《日本北海道综合开发计划和政策法规》，中国计划出版社 2002 年版，第 269—295 页。

　　② 《北海道开发的历史》（http://www.hkd.mlit.go.jp/chi/02.html）。

　　③ 张季风：《日本国土综合开发论》，中国社会科学出版社 2013 年版。

　　④ 丰志勇：《国家发展战略视角下的区域政策与经济增长研究》，东南大学出版社 2012 年版，第 51 页。

　　⑤ 《引领地球环境时代的北海道综合开发新计划的概要》（http://www.hkd.mlit.go.jp/chi/06.html）。

调整缓慢而使得某些产业出现低迷，致使北海道与全国本身就存在的经济差距再一次出现逐渐扩大的趋势；北海道的经济总产值从1997年出现了负增长，而在国家的支持下仍然落后于全国平均水平；同时，北海道就业形势、人口状况都出现了严峻的形势。① 但日本对北海道的开发是成功的，比如据《引领地球环境时代的北海道综合开发新计划基本方针》第一章中有关此方针制定意义的说明中讲道："经过1个多世纪的开发，北海道的人口已从1869年的约5万8千人增长到五百几十万人，道内生产总值达到20万亿日元，经济规模与芬兰、爱尔兰等欧洲国家相当。此外，北海道也是主要的粮食供给和旅游疗养基地，为我国的安定和发展做出了很大贡献。"②

从以上关于日本国土综合开发和北海道的开发建设措施可见，从区域经济不公平发展第一次进入日本政府和人民的意识中开始，日本就对区域均衡发展问题给予了高度重视，甚至将促进后进地区的发展目标表达为：促进某地区的发展是为了解决整个国家的问题。

二　日本保障区域公平的政策总结

日本开发后进地区与美国存在诸多相似之处，如强调政府的干预、开发立法并设定专门开发机构、注重人口输入与基础设施建设、发挥当地的优势条件和优势产业等。现将日本开发欠发达地区、保持区域公平的政策总结如下。

（一）开发立法并根据变化的实际制订开发计划

"日本是个法制完备的国家，先立法，计划与立法相结合是日本开发落后地区的成功经验之一。在日本经济发展的各个阶段，对落

---

① 张季风：《日本国土综合开发论》，中国社会科学出版社2013年版，第284页。

② 《引领地球环境时代　北海道综合开发新计划》（http：//www.hkd.mlit.go.jp/chi/DevelopmentPlan_ c.pdf）。

后地区的开发都首先始于立法。"① 日本在国家和地区层面②都制定了专门法，并根据发展的实际情况对开发法进行修订进而形成具有针对性强、操作性强、有效性高的阶段性开发计划。

　　1950 年，日本针对全国国土综合开发制定了《国土综合开发法》，对国土开发、保护和利用的问题进行了法律规定，是日本开展国土开发的宗旨性法律。基于本法，日本成立了国土厅等国土资源开发的专门机构，主要负责对国家的法律政策做出权威解释，根据法律制定具有可操作性的措施，同时根据有关措施分配经济和社会资源。同时，基于本法，日本又分别于 1962 年、1969 年、1977 年、1987 年、1998 年制订了五期开发规划，每一个开发计划的制订都是根据国际及日本国内发展的变化而制订的。③ 1962 年，基于战后十年的恢复发展，日本对外大胆地提出了"太平洋地带构想"，对内将国家发展战略从战争恢复向高度发展经济转移，但此时已经初步显现出了"过疏地区"、"过密地区"的不公平问题；1969 年，日本经济已经取得超乎世界人民意料的发展，并最终成为世界第二号经济强国，伴随经济高速增长的是区域经济不公平问题的愈演愈烈；1977 年，日本国内经济发展保持稳定状态，同时经过对国土的综合开发，人口和产业开始出现向地方分散的趋势，但同时国土资源和能源的有限问题凸显成为日本亟待解决的发展问题；1987 年，科学技术持续发展、国际化趋势越来越凸显，日本国内也顺势出现了产业构造的变化，但同时，日本出现了严重的三大城市高度集中的问题；1998 年，伴随科技的发展和国际化趋势的加强，世界已经进入了一个地球时代和高度信息化的时代，而日本国内"一极一轴"规格对日本经济的持续发展产生了阻碍作用。针对各个时期的实际情况，五次全国综合开发计划分别将目标定位为："地区之间的平衡发

---

　　① 石凤光、李宗植：《美国、日本区域协调发展政策实践及启示》，《国际问题研究》2008 年第 5 期，第 30 页。

　　② 也有学者更细化地将日本的开发计划分为国土综合开发政策、一般落后地区的开发政策和特定落后地区的开发政策（杭海、张敏新、王超群：《美、日、德三国区域协调发展的经验分析》，《世界经济与政治论坛》2011 年第 1 期，第 150 页）。

　　③ 张季风：《日本国土综合开发论》，中国社会科学出版社 2013 年版，第 54—152 页。

展，向全国扩大和平衡开发的可能性，完善人类居住的综合性环境，多极分散型国土建设，形成多轴型国土构造的基础建设。"① 《国土综合开发法》及其五个全国综合开发规划由于不同的背景而有不同侧重点、目标和具体措施，但无疑都是从全国的角度制定开发战略。它规定了全国国土整治、开发和利用以及各地区发展的具体计划，使得日本的国土开发和区域经济发展具有明确的目标导向性和可操作性，同时也保持了解决区域间不公平问题、实现区域公平而综合发展的原则。

针对落后地区也有专门的"过疏地区振兴法"，1970 年最早制定相关法律时称为《过疏地区对策经济措施法》，而后以十年为单位不断更名，1980 年被称为《过疏地区振兴特别措施法》，1990 年为《搞活过疏地区特别措施法》，至 2000 年，该法律被更名为《过疏地区自立促进特别措施法》。尽管该法律经过了数次更名，但关于过疏地区进行开发建设的初衷和目标毋庸置疑其自始至终都保持了一致性。本法律的重点在于：（1）通过产业基础设施建设等措施增加就业和振兴产业；（2）通过改善公共交通和通信设施，加强过疏地区与其他地区的联通；（3）通过改善生活环境等途径，提高居民的生活质量；（4）通过村落的整备和扩大，调整地区的社会结构。②

此外，为了有效地开发国土，促进各地区之间的公平发展，日本还制定了多部相关法律。其中最为典型的是日本还出台了针对某些特定的欠发达地区的专门开发法，比如北海道地区的《北海道开发法》、冲绳地区《冲绳开发法》。日本还依法成立了相关开发部门。同时，在法律制定基础上，日本根据所开发地区的实际情况还制定了开发规划，保障了开发法能够更加顺利、有序、有效地开展。这些法律为日本国土开发和区域发展提供了法律保障，在日本解决区域不公平发展问题和促进区域经济协调发展的过程中发挥了重要的作用。

---

① 《开发计划的变迁》（http://www.hkd.mlit.go.jp/chi/04.html）。

② 胡霞：《日本过疏地区开发方式及政策的演变》，《日本学刊》2007 年第 5 期，第 85—86 页。

（二）加大政府调控力度协调解决经济布局问题

20世纪六七十年代，由于市场机制的作用，日本位于太平洋沿岸地带实现了高速发展，尤其是三大城市圈开始朝着产业高度集中和大都市膨胀方向发展；同样由于市场配置的作用，三大城市圈外的地区经济发展速度明显不能与之媲美，相反，差距越来越大。由此造成了日本国土空间布局方面的失衡，出现了所谓"过密"与"过疏"问题，致使日本经济一方面集中在以东京、大阪和名古屋三大城市圈为主的本州岛中部的太平洋沿岸，另一方面除此三地之外的其他地区经济与此地带存在巨大的差距。消除经济布局的"过密"与"过疏"问题，从而缩小地区差异，就是区域经济政策的主要目标。对此，日本决定加大政府的调控力度。日本的国土规划相当成功，"内容丰富，包括产业发展、国土结构、环境保护等诸多方面以及重大的投资与工程计划"①。通过在此主要探讨对产业结构和国土布局的调整政策。

首先，日本在不同的发展时期，根据实际情况毫不犹豫地对产业结构进行了调整，这使得在不同的发展时期主导产业也有所不同。而主导产业的变化直接带动了不同地区的经济发展，这最终实现了对国土有效开发的目标。在战后初期，日本获得了发展所需要的各种条件，使得经济进入到一段高速增长时期。作为美国的后方，日本在经济上向美国偷师学艺了不少科学理论，如罗斯托的主导产业理论。在战后初期，这一经济理论占据日本主流经济层面。主导产业理论认为经济的发展主要表现为不同主导产业之间的更替，因此，确立战略性主导产业部门成为日本初期经济发展的必然选择。战后，日本经济复苏期间，迫切地需要消化战争退伍官兵和解决整个国家的粮食危机，因此将主导产业放在农业上。北海道地广人稀，气候、土地等自然条件利于农业发展，因而成为日本缓解矛盾危机和发展农业的重要地区。进入20世纪60年代后，日本认为加快重化工业

---

① 蔡玉梅、顾林生、李景玉、潘书坤：《日本六次国土综合开发规划的演变及启示》，《中国土地科学》2008年第6期，第79页。

的发展是赶超欧美的最有效途径，因此将主导产业定位为以重工业和化学工业为主的工业领域，最终使得"三湾一海"得到迅速发展。但是，这一时期的产业结构调整对日本区域经济均衡发展产生了巨大的破坏作用，使得"三湾一海"地区与其他地区的经济差距越来越大。石油危机使重化工业遭受重创，日本不得已再次调整了产业结构。原材料加工组装产业成为主导，经济发展也逐步转向了劳动力资源充足地区。而后，随着科学技术在全世界范围内的迅速发展，知识密集型产业迅速崛起，日本也出现了一批高新技术产业群区，九州等地得以快速发展。[①] 临近新时期，日本制订了最新一期的全国综合开发计划，将 21 世纪的发展战略定位为"促进区域自立和创造美丽国土"。很明显，新时期的产业布局又将集中转向低碳、环保、生态的产业。可见，日本通过对主导产业理论的准确把握，根据国际国内实际情况而适时调整的产业结构，使得日本区域经济跟随发生了深刻的变化，从而实现了不同区域的经济发展。

其次，日本还比较合理地实现了区域经济布局，促成了不同级别城市的相互协调发展和互动，横向实现了空间的有效布局。由于市场机制的突出作用，难免会出现某些区域和城市优先发展，同时在此基础上形成的不同区域之间差距越来越大的问题，如本书前面一再讲到的"三湾一海"地带的城市群与边缘地带的差距问题。对此，日本按照美国城镇化发展模式进行了有效调控，充分发挥了大城市和城市群的辐射作用。日本十分强调城市向着城郊发展和与其他城市建立联系，通过改善交通运输条件、城市基础设施等措施，实现了城市、城镇之间的经济往来和社会联系，在这一过程中形成了更大规模的城市群，同时也带动了周边中小城市的发展，而这最终使得日本区域经济趋于公平。[②]

---

① 衣保中、任莉：《论日本的区域经济政策及其特色》，《现代日本经济》2003 年第 5 期，第 19—20 页。

② 杨靖、杨书臣：《近年日本转变经济发展方式新进展》，《日本问题研究》2013 年第 2 期，第 64 页。

（三）加大财政支持力度缩小地区差距

日本在加快区域经济公平发展进程中尤其重视对欠发达地区的经济援助，比如在北海道每一期的开发过程中，日本政府都直接拨付开发费。"对北海道的开发投资在前五次开发规划期间分别为0.29万亿日元、0.92万亿日元、2.32万亿日元、6.98万亿日元、9.53万亿日元，第六次规划期间的1998~2000年三年期间为3.46万亿日元。到目前为止（指到2000年，笔者注），国家对北海道开发累计投资已达23万亿日元。"① 对北海道的直接投资并没有石沉大海，相反取得了巨大成效，投资收益成正比。北海道越来越成为一颗"光耀亚洲的东方明珠"，因而也成为日本的一个骄傲，在区域经济发展史上也留下深刻的一笔。

日本的区域经济援助主要通过财政转移支付和财政融资等手段实现，其中，财政转移支付的手段是最常见的方式。日本将财政收入"大部分拨付给地方政府，并适时调整投入力度和方向。在鼓励重点地区发展时期，主要拨付给重点开发地区；在解决区域发展不平衡时，主要拨付给落后地区"②。通过灵活的财政转移支付手段，根据不同时期、不同区域经济发展政策，对一些地区采取了明显的倾斜支持。这对区域经济政策形成了无缝支持，并最终按照区域公平的原则较大限度地支持了欠发达地区的经济发展。此外，日本还通过发挥政府投资性贷款的作用使用了"财政投融资"计划。从地方的角度讲，可以更加主动地获取这一资金，地方政府可自主地向中央政府借用财政投资性贷款的资金，或者通过与公营金融公库的合作以间接融资而获取。③ 同时，这一资金来源在量上具有更大优势，也更有灵活性，对于开发过程同样意义重大。

---

① 张季风：《日本国土综合开发论》，中国社会科学出版社2013年版，第287页。
② 田庆立：《日本的区域经济政策及对我国的启示》，《环渤海经济瞭望》2010年第2期，第64页。
③ 衣保中、任莉：《论日本的区域经济政策及其特色》，《现代日本经济》2003年第5期，第20页。

三　日本处理区域公平的历程对我国的启示

日本经历二战的沉重打击后迅速崛起，这其中离不开美国的支持等外部条件，但日本为复苏经济所做的一系列努力更是直接使日本得以起死回生的主要原因。我国虽然是第二次世界大战的胜利国之一，但是作为交战的主要方和阵地所在国，我国遭受了比日本国内更加沉重的打击。战后，日本首相多次参拜靖国神社，而后又与我国发生领土争端。抗日战争的阴影、中华民族情结在我国人民心中立即发生了化学反应，一些人不能理性客观地对待日本。王海涛在《日本改变中国》一书中提出这样的假设——"假如不以仇恨的目光看日本"，或许我们就会看到完全不一样的日本。他在书中列举到日本的几大优点同时也就对日本之所以强大的原因做出了解释，包括："爱学习使日本进步"、"'忠'使日本有凝聚力"、"跟随强者使日本免于挨打"、"民主政体让日本受益"、"教育家'登上'钞票"、"日本特色的资本主义"、"传统与现代的完美结合"①。中国人民应该将愤怒转化为动力，努力学习日本的一切先进东西，提高我国综合国力，促使我国在世界民族之林占据更加重要的位置。当然，我国也应该客观地看待自身与日本之间的差距。首先，我国比日本恢复经济的启程时间更晚。第二次世界大战结束后，日本迅速调整战略并将恢复经济作为头等大事，而我国则进入了另外一场战争硝烟。内战结束后，我国沿着苏联社会主义道路长期坚持了以阶级斗争为纲的路线，在苏联切断援助、自然灾害以及错误的大跃进和"文化大革命"打击下，我国经济发展遭遇了巨大挫折。直到十一届三中全会后，我国才真正走上经济发展的道路。因此，可以说，我国和日本在战后的经济复苏时受到的外因援助是不对等的。其次，在内因上，日本极力发展经济，而我国则走了很多弯路，致使两个国家并不是在同一起跑线上。因此，经济差距是在所难免的。虽然不能改写历史，但只有审视现实，学习先进，不

① 王海涛：《日本改变中国》，中国友谊出版公司 2009 年版，第 243—269 页。

断超越，才能更好地书写以后的历史。

（一）加强法制建设并动态调整实施方略

日本在促进区域经济公平发展进程中，主要颁布了《国土综合开发法》、《过疏地区振兴法》和《北海道开发法》等法律，分别从全国（普遍地区）→过疏地区（普遍落后地区）→北海道（单一落后地区）的角度规定了国土整治开发与地区发展的方向方针，同时，根据法律还制订了密切联系实际发展情况的开发计划。总之，日本以法律的形式确保了开发政策的稳定和连续性，同时在不同阶段制订详细的开发计划以落实法律确保开发目标的实现，保证了开发法的与时俱进和持续可操作性，在国土资源有效开发和欠发达地区的持续发展中发挥了重要作用。

我国虽然是一个法治国家，但是在加快欠发达地区的开发进程中尚未出台一部专门法律，更多的是以政策性文件或者行政审批的形式出现。这些政策性文件在社会主义国家具有很高的行政效力，但与法律相比，其稳定性、效力和落实的可能性、参考和评价性能等方面略差。2014年10月，十八届四中全会审议通过了《中共中央关于全面推进依法治国若干重大问题的决定》，这是推进我国法治建设的关键步骤。在欠发达地区开发建设进程中，我国可参考日本的做法，将我国开展经济建设和促进区域经济公平发展的政策文件上升到以专门的区域开发法的形式确定下来。同时在具体建设过程中出台开发计划，并以大概十年为期进行不断更新。比如从国家的角度讲，首先需要形成一部针对全国范围内的国土资源开发的法律文件，规定区域经济发展的一些原则性条款，以使得各地区在具体开发过程中有法可依并目标明确地开展经济开发工作。在此基础上，还需要出台一系列地区开发法，比如在西部大开发中可出台《西部开发法》，以法律的形式将国家的西部大开发战略确定下来，界定好战略的目标、方式以及中央和地方政府在其中的责任义务等问题。同时根据西部大开发的实际情况制订相应的开发计划，开发计划以大致每十年为一周期。实际上，对欠发达地区的开发进行具体的设定形成相当于目前中央和地方编制的五年期的规划，只是这一开发计划有稳定、统一的法律指导。此外，对某一区域或某一省市的开发也可制定单一的专门法，如在新疆和西藏的开发进程中，形成如同《北海道开发法》的《新疆开发法》等。这些法律要在全国综合开发法的基础上，密切联系当地实际情况，规定出更具有可操作性的措施。专门的区域开发法律不仅可以使区域开发的行为得到法律保障，促使这一行为具有相对稳定性，同时也将为地区开发指引目标和方向，为地区编制中长期计划提供参考和依据，更为地方、企业和民间资本的投资指明方向，将最大限度地减少盲目建设，最终实现欠发达区域的可持续发展并进而促进区域经济的公平发展。

（二）产业结构调整与产业集群区构建

日本在区域发展进程中不断调整主导产业部门，并进而调整产业结构布局，使得各地区在不同时期针对不同的主导产业部门既实现了经济发展，又最大限度地发挥了本地区的优势。我国欠发达地区分布广泛，除了以北京、上海、广东为首的第一梯度地带经济发展处于全国领先水平以外，中西部和东北部地区的经济发展普遍滞后。我国沿海一带有自然和历史的优势，积累相对最为丰厚；中间地带受交通和政策等的影响，发展相对缓慢；西部地带则由于自然、交通、政策、历史等各种因素的影响，发展滞后。与日本相比，我国更加凸显国家"两个大局"发展战略，对于不同地区具有哪些优势条件、如何发挥这些优势条件的关照较少，以至于我国各地难以形成特色鲜明而合理的标签，也难以实现有效合理的开发。

日本国土综合开发进程中也特别注重形成产业集群。一般情况下，产业集群就标志着基础设施和信息完善，集群内企业一方面能够比较容易深入了解市场需求，因此产品和服务等方面能够实现最大效率。从长期发展角度说，同行之间的交流互动与竞争促进了产品和技术的创新，不同行业之间的互补交流与合作又使得企业更容易发展壮大，并进而建立新的企业。[1] 一个地区形成产业集群，这个

①　杨晓慧：《产业集群与日本区域经济发展及其对中国东北区的启示》，《地理科学》2003 年第 5 期，第 543 页。

地区的经济发展就会远远比单一产业地区的经济发展更加合理；多个地区形成产业集群，通过区域之间的有效合作、共同发展、优势互补，也就达到了通过产业促进不同区域共同发展的目标。我国区域经济发展过程中同样形成了一定数量的产业集群区，但是一般都属于传统产业区的类型，都是以纺织、服装、家具等消费品为主的特定产品的小公司聚集，这显然还不够。未来应更多地形成以一个或几个大型企业为核心，同时存在诸多生产上和其具有垂直关系的中小企业，彼此之间具有一种良好循环、互动、促进的关系，能够成为整个区域经济发展的主要动力的产业集群。

（三）审时度势和善于学习的能力

日本处理区域公平的历程中除了学习日本采取的具体、可供参考的措施以外，我国还应学习日本民族本身的一些精神。

其一，日本是一个足够审时度势的民族。早在明治维新期间，日本就十分重视学习先进，包括先进的政治体制、科学技术等。明治维新使日本建立了君主立宪制，同时开启了日本全面西化和现代化改革的历程，日本迅速发展起来，并最终跻身世界强国之列。然而，迅速发展的经济也使日本萌生了领土扩张的愿望，并最终对亚洲各国，包括日本自身都造成了深重的灾难。战争使日本国内资源短缺、失业问题严重，经济陷入瘫痪的状态。战后，日本之所以能够在短时期内迅速恢复经济，并得到高速发展，与其固有基础、发展理念和美国援助等内外因素是分不开的。冷战期间，日本却能在两大阵营对阵的夹缝中逐渐由被削弱转变为美国方的"远东工厂"。在朝鲜战争中，日本也扮演了两次世界大战中美国西部所扮演的角色，成为战争需要的提供者。美国与日本媾和，不过是争做世界霸主的一个步骤而已。然而，从日本的角度讲，受到美国扶植就等于找到了解救日本于水深火热状态的方法。日本不仅获得了大量援助金，也获得了稳定的国际环境。

其二，日本是一个爱学习、善于学习的民族。战后日本经济的迅速恢复不能完全归因于美国的支持等外因，相反，日本审时度势和善于学习的民族特性起到了更大的作用。早在汉朝时期，日本就开始学习中国文化，到唐代时期，学习热情达到了前所未有的高潮。日本与我国一样，长期坚持闭关锁国。而就在见识了资本主义的船坚炮利和中国清政府的失败后，日本便掀起了一场以富国强兵为目标的"倒幕运动"，迅速抛弃了其长期的老师——中国，开始打开国门学习西方先进制度、技术、文化，走上了资本主义发展道路。日本作为一个深谙审时度势和学习先进之道的民族，在战后亦很好地发挥了这一特长。战后的日本看准了世界政治经济发展的新趋势，同时根据本国的实际情况，制定了外向型经济发展战略，强化了政府对经济的干预，更加重视教育和人才的培养。

在区域经济发展进程中，日本同样发挥了其审时度势和善于学习的才能。尽管在1950年即制定了《国土综合开发法》和《北海道开发法》，但在不同历史时期根据实际发展情况又分别多次制订了相应的开发计划。从方法论的角度讲这是理论联系实际；从日本民族角度讲，则是其审时度势在国内发展战略问题上的具体体现。同时，制定法律和设立专门开发机构的行为，本身也是向美国学习的结果。同时，日本在制定主导产业部门的问题上，也吸收了国外先进理论，而各个主导产业的确立又是审时度势的结果。

我国原本以"天朝上国"自居，在长期闭关自守后，外国的船坚炮利也难以让当时的政府迅速觉醒，审时度势的能力被长期的优势地位和自给自足的经济模式而蒙蔽得不到发挥。同时，受到盲目乐观、天朝美梦和积极排外等因素作怪，我国人民的学习能力也一度受到限制。鸦片战争后，中国被迫打开国门，至此，我国便与世界一起，而不再是世外桃源，不管是自愿还是被动，都必须参与到世界村的事务中来。今天，在科学技术的力量越来越凸显的历史新时期，面对日新月异的科技发展，我国必须审时度势和学习先进。这种学习的能力不仅在区域经济发展过程中非常必要，更在国家的综合国力提升和实现中华民族伟大复兴的事业中都起着至关重要的作用。

四　日本对欠发达地区的开发实践
对于新疆发展的借鉴意义

新疆与日本北海道存在诸多相似点：新疆和北海道都是地广人稀，地处国家边缘地带，远离国家发达地带，交通、通信等基础设施条件滞后，自然条件较好，人文条件不足，经济发展倾向于农业方向。借鉴日本对北海道地区以及对其他欠发达地区的开发经验，新疆实现跨越式发展需要注重以下几个方面的调整：

第一，开发新疆应因地制宜。北海道开发所取得的巨大成就表明，因地制宜的开发模式与主导产业的适时调整和确立是至关重要的，经济发展的捷径是变资源优势为经济优势。在我国欠发达地区中，新疆无疑具有其独特性，这决定了其他区域的开发和发展手段在这一地区有可能不完全适用。但是，并不是说所有拿来主义的实践经验都不适用新疆，其中一些也可在新疆生根发芽。关键是要在新疆现有条件的基础上，在充分发挥新疆现有优势的前提下，建立在新疆客观因素基础上的开发策略才是最适合的、长久有效的。我国需要根据新疆的地理状况、人文环境、经济发展态势及其在国家战略中的地位等因素对新疆地区进行详细而综合的考察，并依此制订出详细的开发计划。首先，从新疆的地理位置角度讲，新疆地区位于古丝绸之路上，如今在"丝绸之路经济带"中仍处于核心地位。在稳定新疆社会和政治局势的基础上，新疆的发展前景事实上是无限的。突出新疆沿边，尤其是有八个邻国的优势，积极推进向西开放、发展对外经济是新疆未来发展的重要方向之一。其次，从新疆的特殊区情角度看，新疆多民族、多宗教、多文化使得新疆有更大发展文化事业的潜力，季羡林曾称"世界上四大古老文明同时汇集在一个地方的就只有新疆"①，在汇集和融合了古老文明的新疆地区大力发展文化事业应是一条重要途径。再次，从新疆地广人稀、资源丰富的角度讲，这一地区适合于发展农业和初级产品加工业，但

_____

① http://news.xinhuanet.com/2009-07/28/content_11793262.htm.

是为了实现跨越式发展，新疆还必须在此基础上不断提高科技含量，以积累产业结构调整的基础条件。

第二，对新疆发展的具体策略应适时调整。日本开发北海道形成了《北海道开发法》和七期北海道综合开发计划，每期开发计划目标、行动方案、评价指标都有明确规定，同时每两期开发计划衔接紧密得当，使得北海道地区的开发紧凑而有效。在促进新疆跨越式发展的过程中，我国不能一成不变地坚持某一个发展目标和发展模式，也不能朝令夕改或完全实验式地进行，同样需要对其制定一部专门法，并根据法律和发展的实际情况制订有效的发展计划。借鉴北海道的开发模式，新疆实现跨越式发展需要确立五年或十年的开发目标，并因地制宜和因时制宜地设定各阶段开发的重点任务和具体措施，并适时转换开发模式及调整主导产业。适合的发展模式和主导产业是加快经济发展的重要手段，但随着发展进程的逐步推进和疆内外环境的变化，发展手段也需要不断地更新、转换和调整。只有当这两者均根据实际情况不断改变，并处于互动状态时，才更加有利于促进经济发展和社会进步，并最终实现新疆跨越式发展的目标。

第三，新疆应坚持可持续发展的战略。对欠发达地区的开发建设本身就应该本着可持续发展的原则。这里的可持续发展具有两个含义：一个是生态环境得以保护，人与自然和谐相处，经济发展并不是以环境破坏为代价，相反是与环境保持和谐和相互促进的状态；二是这种发展模式不是时断时续，甚至终将停止的，而是一直持续的发展状态。第一，保护环境、维持生态平衡、发展农业和旅游业一直贯穿在北海道开发进程中，并伴随开发的不断深入而呈现越来越重要的趋势。从北海道开发的第四个阶段开始，就将改善道民居住的综合环境提到了开发目标的高度；第六阶段又提出了"都市田园复合社区"的概念，明确提出要保护北海道的自然环境并大力发展旅游业；到第七阶段将目标定位为"可持续发展的经济社会"，并围绕着"山清水秀的北国大地"等三个重要方向进行具体建设，开发、保护旅游资源及振兴旅游产业成为这一时期的重点工作之一。可以说，日本对北海道的开发过程强调了"可持续发展"的第一层含义，使得北海道地区经济、社会、生态关系呈协调状态。第二，迄今为止，北海道的开发都是以中央政府为主导。事实上，北海道目前取得的基础设施的完善、产业的发展、生活水平的提高、生活环境的改善等成绩都与政府的保障和支持密不可分，脱离了日本政府对北海道地区一如既往的扶持，北海道地区的经济无法实现起飞或者说起飞时间将无限期延后。但是同时，日本意识到北海道自身发展能力的培养和提高才是最重要的，十分重视"可持续发展"的第二层含义。

在开发新疆过程中必须同时重视这两层含义，将新疆的可持续发展定位为：一方面，在国家和其他地区的扶持和保障下奠定坚实的持续发展基础，在这些外部因素缺失时能够凭借前期培养起来的自我发展能力得到独立而持续的发展；另一方面，新疆的经济发展应该是与环境保护、生态公平、社会稳定、人文发展相和谐一致的，并且彼此之间是互相促进的关系。也就是说，新疆在进行大规模的经济开发过程中，一是必须加强自我发展能力的培育，二是必须注重对环境生态的保护。在此着重强调自我发展能力的培育问题。马克思在讲到内因与外因的关系时强调：内因是最关键的，外因要通过内因起作用。在欠发达地区的经济发展问题中，作为外因的国家扶持和作为内因的自我发展能力是两个不可或缺的因素，但外因并不是最主要的。一方面，外部支持可以缓解一时的困难，在一定程度上改善该地区的生存、生活环境，但是这并不能从根本上改变发展条件，因为它们没有将国家的投入经过一定的经济运作变成相应产出的能力；另一方面，在欠发达地区开发的初级阶段，国家的支持和保障是不可或缺的，但是过分的、长期的依赖外部支持只会导致自身发展能力的薄弱，并养成等、靠、要的发展模式，增加国家和社会的负担。事实上，国家也没有那么雄厚的财力足以支持全国所有的贫困地区。同时，外部支持和保障并不是永久的，当国家需求与区域发展达成一定的平衡状态时，外生助力就会逐渐减少直至消失。在缺失外部力量的同时，欠发达地区必将陷入困难境地甚至停滞状态，这显然不是欠发达地区发展的长久之计。一个地区的长久之计就是不断探索自我发展的道路，充分挖掘、培育和依靠自身发展的能力。新疆与北海道类似，国家和社会必须加以扶持，但是在外部支持和内部发展能力培育的关系问题上，我国显然相对轻视了新疆自我发展能力的培育问题。未来应该注重新疆自我发展能力的培育，只有这样，才能保证新疆的可持续发展。总的来说，就是要在外部资金充分利用的基础上，扎实稳固可持续发展的必要基础；在坚持学习和创新精神的基础上，提升自我造血和发展的功能，为可持续发展提供可能性条件；在充分利用能源、资源的基础上，为后代的持续发展留下必要的动力支持；在坚持环境保护的基础上，推进新疆的各个方面都实现跨越式发展和健康腾飞。如今，新疆的自我发展能力有所提升，但由于人力资源欠缺并伴有严重的流失问题，资金、资源利用率有限等问题依然存在，而使得新疆自我发展能力的培养依然是重点工作。

第九章

巴西区域公平的实践及启示

一 巴西促进区域公平的实践历程

区域不公平发展不仅在发达国家存在，在发展中国家同样存在，可以说，区域发展失衡问题是一个全球性的普遍问题。整个拉丁美洲共有 34 个国家，全部为发展中国家。其中巴西是拉美的第一大经济体，其经济结构甚至接近发达国家的水平。然而，巴西国内经济形态仍然比较复杂，区域经济的非均衡性表现明显。"1942 年，巴西地理统计局将巴西划分为 5 个经济区域：东北部、北部、中西部、东南部和南部。其中东北部、北部和中西部为经济落后地区，称为'第二巴西'，东南部和南部为经济发达地区，称为'第一巴西'。"[①]"两个巴西"之间的经济存在巨大差距，极不平衡。事实上，"两个巴西"被人为地设定称谓之前就已存在。

在巴西新兴资产阶级取得国家政权之前，巴西发展经济的重点基本集中在东北部、东南部、南部地带，而中西部和北部地区仅仅被作为防御工具存在。在过去的三个世纪里，巴西先后在东北部发展橡胶业、东南部发展采掘业、南部发展制造业。18 世纪时，东北部地区曾经由于橡胶业的开发在巴西的区域经济中占有重要地位，尤其是其东北部的沿海地带和圣弗朗西斯科河谷地带一度成为巴西经济发展的典型，但在橡胶业萧条后经济也应势萧条，东北部从此没落；19 世纪，东南部地区由于采掘业的崛起而迅速发展起来，采

---

① 张超：《巴西区域开发经验的借鉴》，《中国商界》2010 年第 3 期，第 213 页。

掘业发展速度减缓以后东南部地区由于累积的基础较为扎实，而并没有如同东北部因为橡胶业的萧条而一蹶不振，相反仍然保持了其相对较高的发展水平，目前仍是巴西最为发达的地区；20 世纪开始，巴西开始重点在南部地区发展制造业，南部地区由于本身基础较好，因此很快得到发展并与东南部地区一起，成为巴西最发达的两个区域。① 巴西相继对这三个地区进行开发，最终将东南部和南部地区发展起来，对东北部地区则选择了暂时抛弃的政策，对于中西部和北部地区则在 1930 年前未曾有过重点开发的政策和实践。1930年之前，巴西政府对中西部和北部等落后地区持"疆域占领"的政策，目的是通过对这些地区的占领而对国家发达地区形成天然的屏障，以更好地预防邻国的入侵。也就是说，1930 年前的巴西中西部和北部地带仅仅作为一个国家的守卫存在，而不具有经济价值。直到巴西新兴资产阶级政权取得国家领导权后，基于全国经济实力增强和不断扩大国内外市场的需要，才首次提出了开发中西部和北部地区的任务。② 因此，可以说，"两个巴西"的困境是巴西长时间的主导产业发展和历史重视程度不同等因素共同作用的结果，正是由于对中西部和北部地区的漠视和这两个地带本身的基础限制，和对东北部、东南部和南部三个世纪以来相继不同产业的开发带动，才越来越分明地形成了"两个巴西"。同时，区域经济发展失衡又导致地区经济布局和产业结构不合理，并反过来又加剧了贫富差距。"两个巴西"的困境长期存在，直到 20 世纪末期情况也并未实现根本好转。根据巴西 1999 年《四月年鉴》的数据统计分析，"第二巴西""面积占总面积的 82.4%，人口占全国的 42.4%，但 1995 年其产值仅占国内生产总值的 21.9%。发达的东南部地区人均产值为经济落后的东北部地区的 3.26 倍"③。同时，巴西尤其是落后地区的地方政府为了最大限度地加快落后地区的发展，在开发进程中还出现了

① ［美］罗博克：《巴西经济发展研究》，唐振彬等译，上海译文出版社 1980 年版，第111—125 页。

② 张宝宇：《巴西对落后地区的开发——兼谈中国西部地区的开发》，《拉丁美洲丛刊》1985 年第 5 期，第 31 页。

③ 吕银春：《巴西对落后地区经济的开发》，《拉丁美洲研究》2000 年第 5 期，第 16 页。

一些失误，比如为了吸引投资而采取的税收减免过度问题直接造成了地方税收的大量流失，而落后地区的亏损实际上又转嫁给了中央政府，引起了巨额财政赤字。因此说，巴西想要真正解决国内各区域之间的失衡状态，进一步缩小"两个巴西"之间的经济差距，还要做很多工作。

尽管如此，巴西为了促进全国区域经济公平而良性发展采取了一系列举措，并在事实上使得区域之间的差距逐渐缩小。关于这一问题，本书将从纵向的比较进行详细的分析。首先，从 GDP 年度发展情况的角度看，最为发达的东南部地区的 GDP 增速从 1980 年的数据开始就呈现低于全国平均水平的情况，这一情况一直延续到表上所呈现的 1999 年，后续发展情况由于缺乏数据支撑不得而知；经济发展次之的南部区域则在 1960 年至 1999 年间基本保持在与全国平均增速相当的水平，从 1960 年到 1999 年，东南部和南部 GDP 的增幅分别为 5.63 倍和 6.06 倍，增长速度均低于全国平均水平；东北部增长速度处于全国最慢的水平，但如果将东北部地区本身的发展水平加以考虑，其增速仅仅略低于发达的东南部仍可以说是奇迹；广大的中西部和北部地区则实现了较大的增幅，尤其是中西部地区增长最快，1999 年的 GDP 水平是 1960 年的 15.9 倍，北部地区次之，但也达到 12.1 倍，这两个地区的 GDP 增幅远高于全国平均水平。[①]

其次，从人均 GDP 的发展情况看，从 1950 年到 1999 年间，"第一巴西"与"第二巴西"之间的不公平差距逐渐减小，相差最大的东南部与东北部也由 150∶42 缩小为 137∶46；1950 年，"第一巴西"的人均 GDP 是全国平均水平的 1.29 倍，而"第二巴西"远低于全国平均水平，不到其一半的水平。到 1999 年，"第一巴西"与全国平均水平的比率为 1.28 倍，而"第二巴西"在全国人均 GDP 的占比明显提高，从 0.49 上升到了 0.67；中西部在欠发达地区中逐渐脱颖而出，其上升速度在"第二巴西"中最快，尤其是在

---

①　数据来源于朱欣民《巴西落后地区开发的经济与社会成效评价》，《拉丁美洲研究》2005 年第 1 期，第 21 页，"表 3：巴西各区域 GDP 增速比较"。

1980 年至 1985 年间发生了巨大的变化，由全国平均水平的 87% 迅速上升为 104%，这一变化在 1990 年再次实现了飞跃，达到 122%，这也是中西部的人均 GDP 首次超过了南部，同时仅仅略低于东南部，然而这一数据在其后的十年又出现了回落的现象。①

综合巴西五个地区的 GDP 和人均 GDP 增长情况，本书将主要考察变化最为明显的中西部和北部地区。

从 20 世纪 30 年代开始，中西部和北部地区不再仅仅作为东南部和南部地区的守护者存在，而作为国家持续发展的广大国内市场存在。而后，巴西提出了"向西部进军"的计划，并在欠发达地区先后成立了开发管理局（后被开发计划管理局取代）、开发和投资银行，也采取了优惠的金融和税收等政策吸引国内外资本。30 年后，巴西又提出了"一体化"发展战略，要求两个方面的一体化："社会一体化"和"领土的、物质的地理的一体化"。前者"指通过所谓更合理的分配收入等措施保证低收入阶层的收入，减少社会内部的对抗"；后者的"目的是使'孤立的地区成为国家整体的有机组成部分'"②。1968 年伴随巴西进入高速增长的时期，边远落后地区的开发进程也得以加速。为了加速全国一体化的进程，巴西先后实施了一系列综合性的发展计划，包括发展战略规划、政府行动基础和目标以及三个国家发展计划等。③ 通过几十年的不懈努力，巴西落后地区的面貌得到了极大的改观，区域经济不公平的状况逐渐好转。

具体而言，针对中西部地区，最大的影响事件当然就是迁都。1956 年，时任总统库比契克将历史以来就存在和讨论过的首都内迁方案付诸实践，并确定为位于中西部地区、在马拉尼翁河和维尔德河汇合而成的三角地带上的、地势平坦、开发条件较好的巴西利亚。

---

① 数据来源于朱欣民《巴西落后地区开发的经济与社会成效评价》，《拉丁美洲研究》2005 年第 1 期，第 19 页，"表 1：巴西各区域人均 GDP 指数变化表"。

② 张宝宇：《巴西对落后地区的开发——兼谈中国西部地区的开发》，《拉丁美洲丛刊》1985 年第 5 期，第 31 页。

③ 徐锦辉：《巴西对落后地区的开发及几点启示》，《拉丁美洲研究》1988 年第 3 期，第 40 页。

通过迁都，巴西利亚从一个人迹罕至的高原向着政治中心转移。它的功能迅速得到扩展，不仅成为联通整个国家之间沟通交流的桥梁、为各个区域之间的联系创造了条件，更成为推动整个中西部和北部经济发展的引擎，并逐渐帮助实现了巴西的历史使命——向西部挺进和开发西部地带，也为国家经济公平发展和全国经济一体化提供了可能。这是之前位于东南部的国土边缘地带的里约热内卢的政治辐射力所不能及的。通过迁都至此，中西部地区发展速度立即在全国脱颖而出。根据考察结果表明，尽管巴西 20 世纪后 50 年中经历了不同的发展高低潮，而在整个 50 年历程中，不论国家是否遭遇经济发展低潮，中西部地区的人均 GDP 和 GDP 水平都是增速最快的地区。交通、通信、电力等基础设施从缺乏到完善，城市从无到有并形成巨大规模，人口从少到多，巴西利亚也早已发展成为一个现代化都市。同时由于巴西利亚的合理布局、人文思想和环保理念等因素，巴西利亚被联合国教科文组织定为"人类历史遗产"。①

为了加快北部地区的发展，巴西重点采取的步骤是在亚马孙地区设立自由贸易区，经济增长极的设立带动了亚马孙地区乃至整个北部地区的发展。亚马孙所在的北部地区原本只是作为巴西的"保护膜"、"隔离带"存在，巴西未曾顾及其经济发展的问题，"向西部进军"的口号喊出后，"为了促进北部地区特别是亚马孙地区的经济发展，同时为了保障国家的领土完整，保护资源，巴西军人首先从地缘政治的角度提出了以经济发展来保障政治存在即保障主权的想法。"② 随即，巴西便将马瑙斯设立为自由港，十年后又升级为自由贸易区，通过经济的发展巩固其作为国防的功能。

有人这样评价马瑙斯，说："马瑙斯是典型的上帝偏爱的地方，拥有无尽的自然生态资源。"③ 但是马瑙斯所在地区——亚马孙地区，尽管土地辽阔，同时具有丰富的能源、自然资源，开发潜力大，

---

① 舒建：《巴西利亚：最年轻的世遗城市》，《中国文化报》2012 年 2 月 3 日第 3 版。

② 中华人民共和国商务部：《玛瑙斯自由区》（http://www.mofcom.gov.cn/article/ae/ai/200212/20021200060459.html）。

③ 王运宝：《马瑙斯：一个后发地区城市发展的范本》，《安徽决策咨询》2004 年第 8 期，第 12 页。

但同时该地区覆盖着世界上最大的热带雨林、靠近安第斯山脉、深居内陆而远离城市，交通条件极为落后，基础设施极为缺乏，人烟极为稀少。除了零星发展起来的小城镇，几乎属于未开发地带，因此开发难度也较大。因此，巴西选择了设置增长极的曲线战略，以带动该地区的发展。巴西选择了亚马孙州首府，具有发展比较优势和一定发展基础的马瑙斯。1957 年，巴西将马瑙斯市设立为自由港，十年后，将自由港升级为"自由贸易区"并设立了"亚马孙投资基金"。通过自由贸易区的建立和完善，马瑙斯最终成为巴西最重要的经济贸易中心和亚马孙地区甚至整个巴西发展的增长极，为亚马孙和周边地区的发展创造了条件，极大地带动了周边地区的发展。从中央或者全国的角度讲，马瑙斯自由贸易区还增强了其周边地区对中央政府的向心力。

二　巴西保障区域公平的政策总结

（一）建立增长极

"增长极"的概念是由法国经济学家朗索瓦·佩鲁（Francois Perroux）首先提出的。该理论认为："增长并非同时出现在所有地方，它以不同的强度首先出现在一些增长点或增长极上，然后通过不同的渠道向外扩散，并对整个区域的经济产生不同的最终影响。"① 也就是说，不可能所有企业都能得到公平的发展速度，总有一些主导产业部门和具有创新能力的企业发展更快，它们在经济发展进程中逐渐突显出来成为一个"增长极"。而同时这一增长极并不是闭门造车地只进行内部发展，它也会对其他产业和企业产生源源不断的刺激和促进作用，并带动其发展。后来，这一理论被法国经济学家布德维尔（J. B. Boudeville）引入到了区域经济理论，进行了地理空间上的增长极考察。他认为在区域经济学中也可以运用这一理论。一般而言，增长极不可能同时公平地出现在所有地方，而是

---

① 安虎森：《增长极理论评述》，《南开经济研究》1997 年第 1 期，第 32 页。

出现在某些地方：具有一定范围引导性和推进性作用的城镇，并通过其强大的辐射功能不断促进周边地区的经济发展。因此说，经济的增长不可能在不同行业、不同部门以及不同地区之间以完全相同的速度进行完全公平的增长，相反，经济增长总是首先出现在一些行业、一些部门和一些地区，绝不能无谓地追求绝对公平。在区域经济发展过程中，由于先天条件的不同，不同区域之间发展进程必然有先有后，必然形成一些优先发展地区和一些后发展地区，因此也必然形成发达地区和落后地区之间的矛盾。在对落后地区的经济开发进程中，不能使整个落后地区都得到公平的开发，必然有一些条件相对较好或者发展潜力相对较好的地区得到优先开发。优先发展起来的已经发达的地区在一个国家中是其经济发展的增长极，落后地区优先开发的地区也将成为落后地区发展的增长极，以带动其他落后地区的经济发展。

巴西在开发落后地区进程中充分利用了增长极理论，先后实施了迁都、设立自由贸易区等措施，在中西部和北部地区建立了经济发展的增长极：巴西利亚和马瑙斯，对落后地区分别通过政治功能和经济功能形成了强大的辐射作用，以此刺激周边地区的经济发展。通过迁都到巴西利亚，为巴西中央政府更好地发挥区域经济发展的协调作用提供了便利；通过设立马瑙斯自由贸易区，为巴西开发落后地区培养出来一个经济发展带队者。至此，巴西逐渐建成了以巴西利亚和马瑙斯为中心的交通网络，尤其是巴西利亚作为国家政治中心，更是从政治、经济、文化、交通等多个角度发挥了国家政治中心的向心力和影响力，成为中西部经济乃至全国经济发展的增长极，极大地带动了落后地区的经济发展并走上了区域经济公平发展之路；同时，区域经济的公平发展也促进了全国综合实力的大大提升，尤其是在 20 世纪 60 年代到 70 年代，创造了举世瞩目的"巴西奇迹"。

（二）加大基础设施建设力度

基础设施不完善尤其是交通条件落后是落后地区之所以落后的一个重要原因，改变基础设施薄弱的现状就成为几乎每一个国家开发落后地区的一条必经之路。巴西在促进落后地区经济发展进程中十分重视对落后地区基础设施的建设工作，企图通过完善基础设施以加强各地之间的联系，改变落后地区的面貌。然而，巴西的道路建设却在很长时间内集中在东南部和南部发达地区，广大的北部、中西部和东北部地区交通条件极为落后。这些地区与发达地区的联系通常只能通过运河和航运的手段达成，但这两种手段的效用都极为局限。为了开发落后地区，巴西以新首都为中心，建成公路 1.7 万公里，形成了一个公路辐射网，将巴西利亚与全国各州甚至各大城市通过公路连接起来。公路辐射网的建立，一方面促进了巴西利亚自身的发展，另一方面将落后地区与发达地区连成一片，既有利于巴西开发落后地区，也加强了各州之间的交流，为形成全国统一市场创造了条件。[①]

除了以巴西利亚为中心的公路辐射网，还有贯通落后与发达地区的公路干线。20 世纪 60 年代至 70 年代，巴西在落后地区掀起了修筑公路的高潮，并最终形成了三条贯穿其中的公路干线：亚马孙公路、巴西利亚—贝伦公路、库亚巴—圣塔伦公路。[②] 通过对北部地区公路条件的改善，尤其是亚马孙公路的修建使得北部的公路里程、公路网密度得到大幅度提升，公路的建设和完善加强了北部尤其是亚马孙地区内外联系。而以亚马孙公路为首的公路系统的形成对于落后地区来说，首先是从公路的角度将中西部、北部和东部地区纳入了全国交通体系，使落后地区与发达地区之间的联系更加便捷。更重要的是，公路的开通为落后地区的经济发展创造了条件，不仅从公路更从经济等各方面纳入了全国一体化进程，事实上，巴西诸多区域开发的措施都是基于公路设施完善的，缺少了这一基本条件，巴西实现落后地区经济发展和实现整个国家高速发展的可能性将大大降低。也因此有学者认为，"巴西过去几十年的经济发展是与这个国家在边远地区的不断一体化过程相联系的，而后者主要是由于一

---

① 刘辉：《从国外落后地区开发看缩小我国区域差距》，《开发研究》2007 年第 2 期，第 119 页。

② 邹蓝：《西部大开发与国际经验借鉴》，《人大研究》2000 年第 5 期，第 29 页。

种相互联系的公路网建立的结果"①。

（三）引导和组织移民

人的因素在落后地区的开发进程中起着最重要的作用，任何一个地区不可能没有人的经济活动而实现经济发展。巴西各区域之间发展的不均衡，同时也表现为人力资源的不均衡：发达的南部和东南部地区人多地少，贫困的地区地广人稀，北部、中西部地区的部分地区几乎没有人烟。人口分布不均同时又表现为人均占有资源的不合理，发达地区人口多、人均资源量少，整个巴西有上千万人无地可耕；然而同时落后地区的土地、矿产等资源丰富却无人开发。基于此，开发落后地区成为巴西解决农民的土地问题、合理调配资源分布、拓展国内市场并进而实现全国区域经济公平发展的必然选择，因此巴西就采用了各种措施鼓励人民移民。"16 世纪下半叶到 18 世纪的东北甘蔗基地的建设，17 世纪末的中西部黄金、白银的开发及东北棉花基地的建设，19 世纪 20 年代到 20 年代初东南部咖啡园的开辟，19 世纪末 20 世纪初亚马孙橡胶园的开发，都是通过吸引外国移民或本国移民维持的。"② 这里列举的几个基地或者项目的开发所涉及地区都是巴西较落后的尚待开发的地区，而每一项的成功经验都归因于移民的大量涌入。因此，在 20 世纪 30 年代开始实施"向西部挺进"等战略后，巴西继续推进了鼓励移民开发落后地区的政策。通过迁都、设置移民点以及强有力的优惠政策（包括公路旁边大面积的土地、高额而偿还期较长的贷款等），巴西组织了官方的、政策导向性的移民活动。通过移民，大量在东南部和南部地区缺乏土地的农民在中西部和北部地区既获得了土地，又获得了大量的维持开荒所必需的资金和技术支持。经过这些移民的努力，大量的土地得以开发，荒无人烟的土地上逐渐有了袅袅炊烟，广大中西部、北部地区由人迹罕至变为拥有一定数量人员的农业小村庄。

---

①　马丁·T. 卡茨曼：《巴西的城市与边界：经济发展的模式》，哈佛出版社 1977 年版，第 105 页。转引自徐锦辉《巴西对落后地区的开发及几点启示》，《拉丁美洲研究》1988 年第 3 期，第 41 页。

②　郑长德：《世界不发达地区开发史鉴》，民族出版社 2001 年版，第 278 页。

经过巴西政府的管理、扶持和基础设施的建设，小村庄又逐渐转化成为小镇、城市等等。

三　巴西处理区域公平的历程对我国的启示

我国和巴西等国共同组成了金砖国家，而同为发展中国家的两国，在开发落后地区的进程中本来就存在着诸多互相学习的可能性。巴西开发落后地区进程中确实采取了一些可供参考的措施，同时也存在一些应该注意的问题。

（一）交通设施的完善是区域公平的重要保障

巴西在促进落后地区的经济发展计划中对于交通设施的完善是举世瞩目的，他们认为交通等基础设施建设是区域发展的前提条件。巴西在开发落后地区的进程中形成了以巴西利亚为中心的连接各州、各重点城市的交通网，同时形成了贯通五个地区的公路干线。落后地区以公路为主的基础设施的逐渐完善，意味着这些地区通过公路途径纳入了全国一体化的进程。公路的建设一方面将落后地区与发达地区之间的沟通变得更加便捷化，促进了各地区之间贸易往来，有利于全国统一市场的形成；另一方面为落后地区开发提供了可能和便利，沿公路逐渐发展起来了诸多的村落、城镇凸显了交通设施在落后地区的开发进程中的至关重要性，反过来，交通设施的逐渐完善也为当地的居民进行生产经营提供了便利。因此，通过公路的建设，为落后地区带来了源源不断的移民；移民的迁入又为这些地区的开发提供了人力资源。两种因素的合力，为落后地区的发展创造了前提、条件和保障。

我国落后地区多是边远、偏僻、环境复杂的地区，这些地区的开发同样必须依赖于交通的改善。我国发展相对较好的落后地区具备一定的交通条件，但是不足以成为促进经济发展的条件，相反，薄弱的交通条件却成为这些地区的开发进程的阻碍因素。为了开发广大的欠发达地区，交通设施改善先行是必然的选择。事实上，我国在促进欠发达地区的进程中已经注意到交通的瓶颈问题，也实施了一系列工程加以改善。目前，国家已建设成了联通青藏、新疆与内地的公路、高速公路、铁路。但与巴西开发落后地区进程中对交通的重视程度相比，我国还远远不及。从交通设施建设难度来讲，我国新疆、西藏等地要么处于极其边远地带，要么自然条件极为恶劣，开发难度极大，但巴西的亚马孙地区覆盖着大片的热带雨林，也是难以克服的自然困难；从人力支持来讲，我国是一个人口大国，开发任何一个地区都比较不容易遭遇人力资源缺乏的问题，但是巴西在开发亚马孙地区时，这里人口极少、荒无人烟；从经济基础来讲，尽管我国各个地区之间差距较大，但是我国国力相对强盛，而建设亚马孙公路时，巴西的经济状况必然不能与我国今日相比。而且其所要开发的地区经济极其落后，与我国目前要开发的一些落后地区也不可同日而语。然而，巴西正是在这样的条件下，建成了跨越北部和东北部长达 5000 多公里的亚马孙公路。因此说，我国在开发欠发达地区进程中还应加大对交通等基础设施的重视度和投入，进一步缩减欠发达地区与发达地区之间联系所需日程，提高联系的效率。

（二）设置增长极并大力发挥其辐射力

在落后地区设置增长极，与完善基础设施建设是巴西开发落后地区的两把利剑。正是这两个齐头并进、互相补充的措施，实现了巴西落后地区的经济起飞。巴西在落后地区建立了巴西利亚和马瑙斯两个增长极，同时，也深刻地认识到，建立增长极的目的不仅仅是通过对增长极的投入得到高产出，更重要的是培育和发挥增长极的辐射作用带动周边地区经济发展。

事实证明，由于各地区自然条件禀赋、历史起点和机遇、积累基础不同，有的地区已经达到发达水平，而另一些地区还在贫困线或者温饱线挣扎。因此，追求经济在各地区之间实现完全公平发展的目标是不可能实现的。同时，为了解决落后地区经济发展的问题，也不能追求落后地区经济实现同步起飞。相反，只能优先发展条件较好的地区，"突出重点，区别对待，分步推进，才能有效利用有限资源，然后再通过'辐射'和'扩散'作用，带动整个区域的发展"①。我国改革开放以来，随着长江三角洲、珠江三角洲和环渤海三大城市群的迅速发展，形成了经济发展的三大增长极，其辐射效应十分强大。尤其是随着近年来这些地区交通条件的进一步改善，各增长极之间的经济来往更加密集，经济辐射带动能力得到有效提升，辐射范围也进一步扩大，与周边地区在补充和促进作用下实现了双赢，进而在沿海地带逐渐形成了自南部的广西至北部的辽宁在内的经济发展的没有断点的 S 形区域。② 但是这三个增长极无一例外都设置在我国东部沿海地带，这一片地区仅占我国国土面积的 10% 左右。剩下 90% 的地区不可能仅仅通过这一 S 形增长极的辐射作用就实现经济增长，显然需要在我国欠发达地区当地设置增长极。目前，国内诸多学者已经对这一问题进行了深入的探索：究竟我国欠发达地区的增长极应该设在哪里？将增长极设置在什么地方？如何设置？通过什么功能将其辐射作用发挥和扩散出去？在我国欠发达地区的开发进程中，这些相关问题应该尽快得到解决。当然，我国欠发达地区确实也已经设立了一些具有经济辐射作用的城市，如直辖市、新区、经济开发区、经济技术开发区、可持续发展试验区等等，但其辐射能力还有待提升，基础设施建设也有待健全和发展。

（三）落后地区开发政策应与国力相适应

巴西在开发落后地区进程中采取了一系列向落后地区倾斜的政策，投入了大量的人力、物力和财力。据巴西当时的计划部部长称："我们用于全国一体化计划的资金到 1974 年总共将达 160 亿克鲁塞罗，等于每年投资 8 亿多美元。这大约相当于国际金融机构在 60 年代末每年向拉美地区提供的用于合作事业的投资数字。"③ 然而这明

---

① 邵琪伟：《国内外开发落后地区经验教训及启示》，《理论前沿》2008 年第 18 期，第 8 页。

② 《中国区域经济发展格局》（http://news.xinhuanet.com/ziliao/2009-07/02/content_11639779_9.htm）。

③ 徐锦辉：《巴西对落后地区的开发及几点启示》，《拉丁美洲研究》1988 年第 3 期，第 43 页。

显超出了巴西负荷，为了维持一些项目开发巴西还大量举借外债。随着建设项目的增多和其他一些开支，巴西背负的外债剧增。我国的研究者对巴西外债和通货膨胀的情况进行了深入阐述："1985—1989 年萨尔内政府时期实现了年均 4.5% 的增长率，但通货膨胀率却从 1985 年的 235% 增至 1783%。……巴西 2002 年的外债余额为 1919 亿美元，居 176 个发展中国家之首；……直到 2003 年 7 月份，巴西公共债务（联邦、州、市三级政府和国有企业的债务）8771.57 亿雷亚尔，占国内生产总值的 57%。"① 另外还有居高不下的财政赤字问题，优惠的税收政策不仅没有最终提升区域经济发展能力，相反造成大量税收流失，并最终造成政府财政困难，通货膨胀严重。也正因此，巴西一些开发落后地区的项目没有实施或者中途终止，这反过来极大地阻碍了开发落后地区和全国一体化的进程，降低了国民对区域经济公平发展的信心。因此开展与国力相适应的财政支持才是长久之计，否则就会陷入项目上马、项目终止，举借外债还旧债等的恶性循环。②

当然，落后地区的开发政策时断时续也并不完全是因为财政支撑不足的原因，巴西政府更迭频繁也是一个原因。因为巴西预开发的地区都是发展基础薄弱甚至还有基本维持自然状态的地方，这必然是一个浩瀚而持久的工程，因此相应也需要持续的支持，然而这正是巴西所缺乏的。这一问题在美国和日本等国家基本不存在，究其原因，美国和日本对开发落后地区遵循了法律先行的原则，对开发工程形成一个法律保障，而巴西开发进程主要是按照不同的总统和地方领导关注的不同点进行的。按照一个人的关注点办事就必然会产生这样那样的问题，最主要的问题就是不同的人有不同的关注点。因而，在不同的总统和地方领导执政期间就形成了不同的工程，而前一位总统和地方领导执政期间所开始而尚未完成的工程可能就会因为总统的替换而被搁置；要么就是总统或者地方领导仅仅热衷

---

① 孟元新：《卢拉政府时期巴西经济发展模式分析》，《背景与分析》第 249 期（http://www.world-china.org/newsdetail.asp? newsid=3245）。

② 《巴西开发北西部的战略构想与实践》，《人民政协报》2000 年 7 月 11 日第 5 版。

于形象工程建设，而对于真正影响长远但见效缓慢的工程则漠不关心。① 因此，在整个开发过程中不乏出现资源、资金和人力资源浪费严重的情况，更不乏出现开发计划和工程终止、成效大打折扣的情况。因此，吸取巴西的经验教训，将开发计划法律化，才是保证开发政策持续正常进行的关键。

（四）区域开发应以环境和生态的保护为前提

巴西在开发之初是有环境和生态保护意识的，从以下两个例子就可以看出。一是巴西政府在开发落后地区时提出将公路两旁的大片土地分给无地可耕的农民，但对土地的利用做了规定：其中一半用于生产经营，而另外一半则用于林业储备；二是早在 20 世纪 30 年代，巴西就创办了宣传森林保护的《森林报》。但是为了开发亚马孙地区，补助森林开发和林木加工、修建横跨公路等步骤使得无数林木被砍伐，毁林面积逐年增加，从而对热带雨林造成了巨大的破坏，对生态环境形成了恶劣的影响，这在一定程度上超出了环境和生态本身可承受和恢复的范围。2007 年，有巴西生态学家警告称"按照目前的毁林速度，巴西境内的亚马孙丛林可能会在 2080 年消失。……巴西有必要在国际抵制非法伐木运动中占据主导地位。"②亚马孙森林的破坏被认为是引起全球气候变暖的主要原因之一。国际舆论界和发达国家早在 20 世纪 80 年代末就开始声讨，强令巴西政府注意生态环境保护问题，他们强调"亚马孙森林的生态环境不仅关系到巴西等国家的生存问题，而且关系到全球的生存问题"③。巴西废除了补助森林开发和林木加工的法令，但并不能从根本上解决亚马孙森林破坏的问题。不补助并不等于明令禁止，因此在无补助而仍有收益的情况下，仍然有乱砍滥伐的私人行为发生。如何将生态保护与人性、利益等有机结合起来，可能才是解决问题一劳永

① 潘悦：《巴西的区域开发及其启示》，《中国党政干部论坛》2011 年第 5 期，第 56 页。

② 赵焱、陈威华：《再不保护，巴西亚马孙丛林 2080 年怕要消失》，《新华每日电讯》2007 年 8 月 31 日第 7 版。

③ 吕银春：《巴西的经济发展与生态环境保护》，《拉丁美洲研究》1992 年第 4 期，第 46 页。

逸的途径。

日本在开发北海道进程中对北海道的自然环境保护尤其重视并培养成为一个重要旅游胜地，带动了经济的发展；美国开发西部进程中则因为环境的破坏遭到了自然的惩罚。巴西开发亚马孙的教训再次说明：经济开发不能以环境破坏为代价。环境和经济本应该是互相促进的关系，在一些国家却变成一道二者只能存其一的选择题，而他们普遍选择了经济这一选项。我国也经历了一段经济重于生态的时期，在将生态文明纳入我国文明体系之前，我国环境保护的意识不强。许多地方政府和企业片面地追求经济效益，尤其是一些化工企业的大量污水排放对水资源造成了严重影响。而排放气体直接造成了空气污染，表现最为明显的就是近年来在我国各大省市飙升的 PM2.5 指数。因此，在开发落后地区进程中尤其需要重视对自然环境和生态的保护，尤其是我国一些落后地区，生态本就相当脆弱，一旦忽视或者不够重视就可能造成严重的环境破坏。

四　巴西对欠发达地区的开发实践对于新疆发展的借鉴意义

首先，新疆跨越式发展应实施增长极战略。巴西在开发落后地区进程中设置了两个增长极，大大地带动了巴西落后地区的经济发展乃至整个国家的全面进步。巴西的成功经验说明，对落后地区的开发不能搞平均主义，优先发展一些基础较好或者潜力较大的地区是发展整片地区的唯一可行途径。在新疆跨越式发展进程中，我国也需要坚持这一原则。新疆地域辽阔，占全国 1/6 的土地，对新疆的开发将是一个长期的工程，实现全疆同时进入加速发展状态是不现实的，我国也尚不存在这样的经济实力。选择增长极以带动新疆实现跨越式发展是必然的。目前，乌鲁木齐和昌吉已形成一体化模式，喀什地区建成了经济新区，基本南北疆都已形成具有发展潜力的增长极。但是它们的辐射功能作为软肋制约着增长极的功能发挥。按照巴西开发落后地区的模式，增长极一定是与以交通为主的基础设施完善、源源不断的移民潮融为一体的，也就是说增长极的建立不能仅仅局限在设定为增长极的地区的建设，加大对增长极辐射能力的培养才是增长极设置的终极意义。要发挥新疆已经形成和正在建设的增长极发挥辐射带动周边地区经济发展的功能，我国也需要不断完善基础设施，不断向新疆引入人才、增加劳动力。同时，我国还需要针对新疆的实际情况，强调促进社会安全稳定。移民新疆或者投资新疆的民间资本由于新疆存在的巨大社会安全隐患有些望而却步，因此提升新疆安全稳定度是首先必须实现的目标。

其次，新疆发展应保持政策的连续性。美国和日本在开发欠发达地区进程中通过颁布法律为开发活动提供了法律保障，尤其是日本在开发法的基础和指导下基本每十年再出开发计划，而巴西的开发进程和具体开发内容更依赖于政治力量。在巴西，政治主导的开发实践因为国家领导人、政策的变化不断地发生变化，开发计划改变甚至中断、开发项目半途而废，一方面造成大量的浪费，另一方面阻碍了开发进程。事实上，将巴西开展的开发落后地区的政策进行单独考察，无一不会促进和推动巴西落后地区的经济进步，但是其中一部分政策措施却被中断而未能发挥其应有的价值。政策多变和法律保障的缺失不利于落后地区经济开发，这也是我国在新疆跨越式发展进程中需要引起重视的问题。就目前来说，国家尚未出台一部开发新疆的相关法律，战略实施的连续性缺乏法律保障。

除此之外，制定政策应在最大限度地做好实地考察的基础上进行。巴西之所以政策断断续续，除了国家领导人更新换代的原因，还有一些原因："巴西联邦政府存在着集权的传统，在制定政策时很少考虑当地实情，造成决策不当。与此同时，联邦政府与地方政府在政策、利益等方面存在一些冲突。"① 也就是说，巴西有一部分政策的终止是因为政策本身就存在问题。综合巴西开发落后地区的经验教训，在加快新疆跨越式发展的进程中，每一项具体措施提出之前都应该进行全方位的考察和可行性评估，这是保证一个政策能够连续开展的重要环节。每一个开发环节都应该是基于实事求是基础

① 程晶：《巴西亚马孙地区环境保护与可持续发展的限制性因素》，《拉丁美洲研究》2005年第1期，第68页。

上的，脱离新疆实际的开发措施既不能真正带来新疆的发展，还存在被终止而大量浪费的可能性。

再次，新疆发展应注重对环境的保护。对人与自然的关系问题的认识，人类经历了这样三个阶段：被动接受自然的束缚—成为自然的主人并为所欲为—遭到自然报复并正确认识人与自然的关系。简单地说，就是肯定—否定—否定之否定的发展阶段。当人类还沉醉于"只要主体有需求，自然就必须让路"①的征服自然的胜利时，错位的人与自然关系造成了对自然环境的破坏。而自然也通过无情的手段不断提醒人类：人不能完全按照自己的需求和目的恣意改造自然，人也绝不是自然的主人。恩格斯曾告诫："我们不要过分陶醉于我们人类对自然界的胜利。对于每一次这样的胜利，自然界都对我们进行报复。每一次胜利，起初确实取得了我们预期的结果，但是往后和再往后却发生完全不同的、出乎预料的影响，常常把最初的结果又消除了。"②由于环保体系不健全、贫困人口激增和生态环境脆弱等原因，巴西的开发进程不自觉地演变为以乱砍滥伐的非持续发展模式，造成了环境破坏和生态失衡。事实证明，这种基于环境破坏的经济发展是不能长久的，而遭到破坏的生态环境是难以恢复的甚至是不可逆的。

亚马孙森林被誉为"世界之肺"，它面积庞大，覆盖在南美8个国家的领土上，占巴西国土森林的2/3，对巴西乃至世界的生态环境影响巨大，具有牵一发而动全身之势。亚马孙森林本身生态环境脆弱，有人指出："热带雨林是长着森林的绿色沙漠。"③从表面看，亚马孙森林是成片树木、气候潮湿、生态环境良好；同时它的土壤贫瘠、被破坏的可能性极大，一旦植被破坏，缺少植被保护的贫瘠多沙的土地就会在热带的气候环境下迅速演变成为沙漠。大片的热带雨林被大片的沙漠替代后，就会出现全球气温升高的问题，并衍

---

①　夏文斌：《生态文明与人的全面发展》，《中国特色社会主义研究》2013年第5期，第51页。

②　《马克思恩格斯选集》第4卷，人民出版社2012年第2版，第998页。

③　程晶：《巴西亚马孙地区环境保护与可持续发展的限制性因素》，《拉丁美洲研究》2005年第1期，第67—69页。

生其他生态问题，这将是可怕的自然惩罚。新疆的情况并不比巴西亚马孙地区情况简单。新疆是典型的大陆性气候，深居内陆、高山阻隔和远离海洋使得气候干燥。这里有中国第二大沙漠——古尔班通古特沙漠，也有号称"火洲"的吐鲁番地区，从甘肃进入新疆的大部分面积都被戈壁覆盖。可见，新疆的环境本身先天不良，如果在开发进程中忽视对环境的保护，其必将重走发达国家先污染后治理的道路。中央对于如何生态化地开发新疆提出了以下几点意见："要加大环保投入，加大高效节水灌溉工程建设力度，加强重点流域治理和水污染防治，提高可持续发展能力。"① 也就是说：第一，从国家和援疆各省市的角度对新疆可持续的生态发展给予一定的资金补助和技术支持；第二，从新疆自身的角度出发，大力发展新疆优势产业，大力推广以新疆天业（集团）有限公司为主所倡导的节水灌溉技术；第三，补救措施，对于已经被污染的流域进行治理。这三个方面有机结合，既为生态发展提供了资金和技术支持，又创造了可持续发展的环境。政府在新疆开发进程中需要在追求低碳、环保和绿色经济的前提下，坚持可持续发展的原则，绕道不必要经历的老路，处理好眼前经济利益和长远发展利益、局部利益和社会整体利益的关系问题，将人与自然、经济效益和环境保护协调起来，形成互相促进的良性循环。

---

① 《习近平在第二次中央新疆工作座谈会上强调：坚持依法治疆团结稳疆长期建疆　团结各族人民建设社会主义新疆》，《人民日报》2014 年 5 月 30 日第 1 版。

第十章

印度区域公平的实践及启示

一 印度促进区域公平的实践历程和政策总结

印度有史以来就是一个区域经济发展不平衡的国家，至今印度仍然没有摆脱区域经济发展不公平的问题。印度独立后实施了一系列的促进落后地区经济发展的措施，但是由于长期受到英国殖民统治的影响、印度各地区之间存在的自然禀赋天然的不同、近些年来资本主义市场经济的快速发展的必然趋势，以及政府政策调控的实效性和利益趋向性等多方面因素的影响，印度始终难以实现大多数贫困人口的脱贫夙愿。[①] 经济发展有这样一条规律：一般情况下，在经济发展普遍不够快速的时期，区域之间的差距以比较缓慢的速度提升；在经济加快发展时期，区域之间的差距就进一步拉大。在20世纪80年代之前，印度除了旁遮普邦、马哈拉施特拉邦等少数几个邦以外，印度各邦的增长率最高只有每年2%左右。但是80年代后，各邦增长率之间的差距迅速拉大，最低的哈尔邦等仅有2.2%，最高的卡纳塔克邦达到了7.2%。在这个过程中，原来发展较好的邦和原本就贫困的邦之间出现了无条件分化。[②] 可见，要解决贫困并实现区域经济公平发展，帮助落后地区和贫困人口脱贫，印度还要走很长的路。

[①] 文富德：《印度地区经济发展不平衡问题初探》，《南亚研究季刊》1998年第4期，第2页。

[②] Shubham Chaudhuri，Martin Ravallion：《中国和印度不平衡发展的比较研究》，《经济研究》2008年第1期，第6—7页。

　　根据学界目前的研究结果看，印度的区域不公平是不争的事实，但是具体的表现却众说纷纭。其中一种观点指出："根据 70 年代末的统计，印度贫困线以下人数和失业人数的 72% 集中在中心地区的 7 省。"[①] 也就是说，印度的区域经济应该是"中心—外围"的模式，沿海或者说外环地区经济较为发达，而内陆或者说印度中心地带经济较为落后。第二种观点认为："总的说来，印度西部和中南部地区的经济发展较快，而东部、北部则严重滞后，发展长期陷于停顿的东北部各邦更是在印度贫困排行榜上'名列前茅'。"[②] 也就是说印度的区域不公平问题是印度东部、北部和东北部地区经济与西部和中南部之间的不公平，这与前一观点明显存在出入。本书认为，上述两种简单的归纳明显都是不合理的。事实上，印度基尼系数居高不下，贫困人口广泛存在而且成片分布形成了印度区域不公平发展的现实。因此，印度的区域情况远比这两种归纳复杂，也比美国、日本、中国和巴西等国的区域经济不公平状况更加复杂。它的不公平不是指一整片地方和另一整片地方之间的不公平，在地理上并不是完全按照成片分布的原则进行区域经济划分。印度的区域不公平问题是由先天自然原因和后天经济生产方式的不同而体现出来小块区域之间的差距，它形象地体现为以下三种经济形式之间的差距："由信息技术推动的信息经济；砖瓦和泥浆为代表的旧经济；以老牛车为代表的更陈旧的经济。"[③] 这三种经济发展的动力可以描述为：高铁、快速列车和尚未驶出车站或者必须停让的绿皮车之间的差距。可想而知，建立在此三种不同经济发展动力基础上的各个地区之间的经济发展必然存在较大差距，因此，可以在一定程度上将印度的区域不公平问题归结为产业划分的地区性差异。这种按照不同经济发展动力导致的区域不公平实际上又可以按照各邦进行划分，然而即使在各个邦内部，也有否定这个邦在全国发达或者落后的因素存在。因此即使是在全国处于经济发达的邦也并不能说这个邦内部经

---

　　① 李运祥：《国外区县经济发展模式和经验对中国的启示》，《社会科学家》2010 年第 6 期，第 57 页。

　　② 杜平：《中外西部开发史鉴》，湖南人民出版社 2002 年版，第 440—441 页。

　　③ 同上书，第 408 页。

济就是公平的，而且大多数发达的邦正是因为某一些或几个发达的城市存在而使得整个邦的排名靠前，如我们所熟悉的孟买、德里、加尔各答、班加罗尔等所在的邦就是这样的情况。因此也可以反过来说，印度的发达地区就是拥有大城市的各个邦。印度发达地区都因为有发达的城市这一因素而发达，而落后的地区则有不同的原因：有自然禀赋造成的，如中央邦、拉贾斯坦邦等；有交通闭塞引起的，如东北山区的各邦、比哈尔邦等。

　　但是，不能因为上述问题而完全否定印度联邦政府为了促进区域公平所做的努力。印度独立之前是一个极其落后的农业国家，同时，这个国家的经济由于受制于英国经济发展的需求而发展极为片面，从而本身存在着的地区之间不平衡的状态进一步加剧。同时，发达与不发达地区之间的差距又引起了严重的社会问题，在阻碍了印度经济发展的同时还危及了国家的安定统一。在印度独立之初，区域不公平的问题尚未真正引起国家领导人的重视，所有的精力都"立即从事于恢复、安置难民、解决粮食和生活必需品的供应，以及建立治安秩序等工作"①。为了尽快将这个国家变成一个发达国家，时任总理尼赫鲁首先采取了混合式的经济发展道路（表面的社会主义，实际的资本主义），同时将眼光投向了工业发展。印度所谓的区域不公平就是以不同产业为主的不同地区之间的不公平，尼赫鲁的优先发展工业战略造成了以工业为主的地区得到快速发展，相反，以农业为主的地区则因为受制于"消极价格战略"，即"为了长期保持农产品的低价格，以便实现从农业部门到工业部门的'资源转移'，推动本国工业化的快速发展"②的国家发展战略，而与以工业为主的地区之间差距越来越大。当然，在印度实施的各个五年计划中都不同程度地涉及区域公平发展的问题。可以看出，印度不同时期的重视程度是不同的，而不同时期的不同重视程度对于区域是否朝着公平发展具有一定影响。总的来说，对于落后地区的开发建设，

---

① ［印］T. 斯温密那泰：《印度的新旧两个五年计划》，《世界经济文汇》1957 年第 1 期，第 51 页。

② 王立新：《印度绿色革命的政治经济学：发展、停滞和转变》，社会科学文献出版社 2011 年版，第 117 页。

印度也取得了一些成绩，尤其是在 20 世纪 60 年代至 80 年代期间，印度加大对农业的投入，开展了轰轰烈烈的"绿色革命"，这对于以旁遮普邦为主的原本只属于中等地区的发展起到了重要的推动作用。

旁遮普邦本身自然条件较好，是印度农业发展的重要区域。英国殖民期间这个邦得到较快发展，但是随后又停滞不前。独立后，印度和日本二战后一样遭遇到粮食危机，为了迅速解决国内粮食问题，选定了自然基础较好的旁遮普邦等地作为重要的粮食产区。印度首先在此大兴水利，拓展了旁遮普邦的灌溉面积；同时通过灌溉、增肥等途径不断改善该地区土壤条件。[①] 这种原始的农业增产方法为旁遮普地区得天独厚的农业发展条件又添一剂增效药，为旁遮普地区的农业发展在自然条件的基础上又创造了人为促进的因素。但是，传统增产的方式效果是有限的，到 20 世纪 60 年代中期，印度国内收购粮食量并未填补印度的粮食缺口，相反越来越依赖于粮食进口。进口的粮食数量基本呈直线上升的趋势，粮食危机越来越成为印度发展的主要障碍。尼赫鲁的女儿英迪拉·甘地上任后，一方面为了切实解决粮食危机，另一方面为了赢得最广大民众的支持、培养个人的政治支持，便开始了农业改革。她积极促使科学技术在农业中发挥应有作用，这就是首先在旁遮普等地区开展的"绿色革命"。

印度的"绿色革命"主要包括以下几个方面的要素：粮种的更新换代、农业机械化、农业灌溉技术的革新和灌溉面积的扩大、以化肥为主要方式的改善土壤肥力、以科学研究为辅的技术支持和推广、以以工促农为前提的工厂建设、标志农业发展战略发生根本性转变的农产品的积极价格政策、大量的信贷资金和保险支持等。[②] 很显然，粮种的更新换代使得优良和高产品种得以在印度生根发芽，这作为先决条件为粮食增长提供了可能性；而后面几项补助措施无非为粮食增长创造了良好的环境，提供了更多可能性和技术支持。尤其是灌溉和增肥两项补助措施背后建设的工厂又为农业机械化、化肥、灌溉工具等补助措施的实现创造了机会；积极的价格政策为

---

① 杜平：《中外西部开发史鉴》，湖南人民出版社 2003 年版，第 433 页。
② 董磊：《战后经济发展之路·印度篇》，社会科学出版社 2013 年版，第 107—110 页。

农业发展提供了可持续发展的可能性，尤其是有利于提高农民的积极性；信贷资金支持为农业的发展提供了必要的资金支持，保险又为农民规避了自然灾害风险并保证了他们的生产积极性和正常收入。在多方位的开发战略作用下，旁遮普邦得到了较快发展。尽管"绿色革命"以失败告终，但并不妨碍旁遮普邦的发展。目前该邦已成为印度最重要的商品粮基地，该地的农民收入得到大幅度的提高。不能否认印度对旁遮普邦的开发实践是对落后地区的开发，是为着区域公平发展目标的实践，因为，事实上旁遮普地区开发初期如果与当时的孟买等地相比较，同样算是落后地区。而且每个国家开发落后地区的进程，都是按照优先发展条件较好的地区的原则进行的。

如果说对旁遮普邦的开发实践并不是传统意义上的对落后地区的开发，不能完全算作促进区域经济公平发展的实践，那么印度后期对东北部地区的开发就毋庸置疑是对落后地区的开发了。印度东北部地区是印度最为落后的地区，其与印度领土主体地区之间的不公平可以说是印度存在的典型的区域不公平问题。印度东北部各邦在印度经济史上就一直处于劣势地位。由于该地区是典型的山地地形，交通闭塞，天然地与世隔绝，交通不便，网络不通，在客观上又加剧了这种与世隔绝的状态。除此之外，东北部的那加兰邦和曼尼普尔邦还长期受到"禁入令"的影响，进出需要烦琐的行政审批，这无疑对东北部的封闭状态创造了一个很好的主观保护伞。[1] 在封闭的状态下，该地区长期处于停滞状态。即使在印度整个国家都大力发展经济、极力实现脱贫目标的背景下，也未实现快速发展，相反其中一些地区的贫困问题却出现加剧的情况。但是，东北部各邦在印度的政治地位尤其重要，与我国处于西北地区的新疆类似，这一地区与尼泊尔、中国、不丹、孟加拉国、缅甸等多国接壤，而且少数民族众多，边境和民族双重敏感问题齐聚此地。与新疆时而出现打着民族独立和解放新疆旗号的极端事件一样，印度该地区的社会也极不稳定。印度逐渐认识到叛乱的根源在于经济的落后，为了彻底改变东北部地区不稳定的状态，提出了必须大力发展该地区经济

---

① 杜平：《中外西部开发史鉴》，湖南人民出版社 2003 年版，第 440—446 页。

的政策。这主要包括：一是加大对该地区的资金投入，为该地区经济发展提供必要的资金支持；二是加强基础设施建设，改善通信、网络和交通等条件，其中，交通条件改善是最重要的基础设施建设项目；三是根据东北部地区的实际情况，因地制宜地发展边境贸易、旅游业、园艺和小型工业。这些政策的实施，一方面为该地区人民提供了就业机会，另一方面又实现了地区的合理有效开发。基于印度东北部的战略地位和对整个国家发展的制约作用，这些政策也将为印度区域公平发展起到至关重要的作用。

二　印度保障区域公平的政策总结

（一）制订发展计划有步骤地推进区域公平发展

从 1951 年开始，印度实施的每个五年计划多少都提到了关于解决区域发展不平衡的问题，只是在不同的时期由于重点的不同而对此问题重视程度不同。

第一个五年计划（1951—1956）时期，尼赫鲁的治国方略倾向于工业发展，并提出以农促工的方针。作为工业的附属，农产品的市场价格超低，这大大降低了农民生产积极性，农业萎靡不振。但是需要指出的是，1956 年的工业政策做了以下说明："只有保证在每个地区工、农业经济的平衡和协调发展，全国才能达到较高的生活水平。"[①] 可见，印度已经认识到要处理好地区发展与国家发展之间的关系问题了。到第二个五年计划（1956—1961）期间，原本的以农促工的战略表现得越来越明显，但是提出了"减少在收入上和财富上分配不均的情况"、"大量扩大就业机会"[②] 和"在任何综合发展计划中，欠发达地区的特别需要必须受到应有的重视。在设计

---

① 杜平：《中外西部开发史鉴》，湖南人民出版社 2003 年版，第 422—423 页。
② ［印］T. 斯温密那泰：《印度的新旧两个五年计划》，《世界经济文汇》1957 年第 1 期，第 52 页。

投资结构时必须考虑有利于区域平衡发展"①。尽管如此，第二个五年计划并未真正解决贫富不均等问题，国家工业倾向性和尼赫鲁的大国梦只会让贫困的人民意识到他们是国家的累赘。总之，两个五年计划都未给印度带来理想的改观，因此印度国内对第三个五年计划（1961—1966）也不抱太大的期望。有学者指出："从分配的观点出发，减少经济悬殊以及从给予普通人民在国民收入方面能够分享到的观点出发，第三个五年计划也是跟第一个和第二个计划一样得不到好效果的。而且相反，第三个五年计划一方面为财富和经济实力积累的集中创造更多的机会，另一方面使贫困的人民陷于更凄苦的生活。"② 到第四个五年计划（1966—1971 年，但当时的计划委员会做出了推迟实行"四五计划"的决定，其真正时限是 1969—1974 年）期间，印度由于深陷印巴战争的泥潭，即使是用于工业发展的资金也被挪用为满足军备需要上，印度无法集中精力发展国内经济。同时，受到粮食减产、石油危机等事件的影响，印度这一阶段的计划完全被打乱，国家经济遭遇严重困难，因此根本无从顾及贫困人口了。到第五个五年计划（1974—1979）期间，解决就业和贫困的问题又一次被提及，但是这一计划并未完整实施，更于 1978 年编制了新的五年计划，提出把投资重点放到农业上。但由于本身设置的问题和领导人的更换，终止这次计划的实施。此后实施的"六五计划"是一个转折点，从这十年开始，印度将原本就隐约存在的对贫困人口的关照和人文关怀落实到一个个政策上来，落实为一笔笔的资金支持。

第六个五年计划（1980—1985）期间，"英迪拉·甘地开始认识到……如果没有经济实质的增长作为基础，让更多贫困人口提高生活水平的愿望是根本不可能实现的。……在这个时期，一种得益于'绿色革命'的'成功'而风行的理念开始在政府中占据上风：让国家集中搞好基础设施建设，为经济奠定基础，而经济发展的大

---

① 文富德：《印度地区经济发展不平衡问题初探》，《南亚研究季刊》1998 年第 4 期，第 3 页。

② ［印］兰纳迪夫（B. T. Ranadive）：《第三个五年计划》，《东南亚研究资料》（原载于印度的《新时代》1960 年 8 月号，译）1961 年第 1 期，第 18 页。

任则由私营部门来承担"①。也就是说，看不清、逃避或者逾越印度经济发展的基础还未稳固的现实，都是不利于经济发展的，新的五年计划应该首先为经济持续发展做好基础性工作。因此，与"五五计划"相比，"划拨给农业地区的社会经济发展、水利、能源和社会需要等的款项都显著增加了。新的五年计划拨出 580 亿卢比（上一个五年计划是 260 亿卢比）来改善列为'赤贫'阶层的居民生活状态"②。相比较而言，这一阶段开始慢慢有了对贫困人口的关照和实实在在的福利。1980 年，印度还专门成立了"全国落后地区发展委员会"专门负责审查、鉴别和资助落后地区。印度实施的第六个五年计划，是在印度已经意识到混合式经济模式不能将印度带上经济快速发展的道路的背景下实施的。在经济自由化、外向型经济模式和政府投资倾向于基本建设的状态下，对落后地区的补助得到提高，这说明落后地区并不会完全受制于当时的经济环境，而更多地受到政府主导作用的影响。1984 年英迪拉遇害后，其儿子拉吉夫·甘地成为新任总理。拉吉夫继承了英迪拉的执政理念，在接下来的第七个五年计划（1985—1990）几乎是"六五计划"的延续和翻倍，尤其是在电力能源、农业发展、运输通信等基础设施领域的投资更是如此。拉吉夫还提出了"新 20 点计划"，其内容几乎也是与英迪拉十年前提出的"20 点计划"类似。拉吉夫还合并了英迪拉旨在帮助农村贫民脱贫的两个计划为"贾瓦哈拉尔就业计划"。③ 同时，拉吉夫还倡导农业战略的转移，他提出要"更快更平衡地发展农业以减轻地区和作物发展的不平衡、减少贫困"，"把绿色革命扩展到东部水稻区和中部干旱区"。④ 这种对落后地区发展的多种扶持政策并行的措施对落后地区经济发展起到了重大推动作用。

　　然而，1989 年到 1991 年左右，印度又一次陷入危机，同时也开始了一次新的改革。这次改革的目标是"加速经济转化，从保护型、许可证性经济转向没有控制、没有许可证、没有管制的经济，

① 董磊：《战后经济发展之路·印度篇》，社会科学出版社 2013 年版，第 163 页。
② 丁健：《印度第六个五年计划草案》，《外国经济参考资料》1981 年第 4 期，第 30 页。
③ 董磊：《战后经济发展之路·印度篇》，社会科学出版社 2013 年版，第 182—188 页。
④ 张四齐、林承节：《试析拉吉夫的经济思想》，《南亚研究季刊》2000 年第 4 期，第 8 页。

从而降低特定需求的范围"①，印度逐步走向了自由的新经济政策道路。第八个五年计划（1992—1997）中也包括了减少贫穷、增加就业和因地制宜的加强基础设施建设的问题。到制订第九个五年计划（1997—2002）时，印度计划委员会自我剖析道："监管宏观经济在'八五'期间运行良好，但也表现出一些主要的弊端，尤其是增长方式并没有使穷人和社会下层的人民受益……'九五'计划的首要任务将是宣告一个面向民众计划的新纪元的来临，不仅是中央和各邦政府，而且大部分人民、特别是穷人，都能全部参与。一个共同参与的计划过程是确保公平和提高经济增长率的必要前提。"② 基于此，此阶段的多数发展目标都与实现社会公平密切相关，包括消除农村贫困、创造就业机会、健全基础设施等措施。调查显示，截至2000年，印度的贫困率得到明显的下降，农村贫困率从20世纪70年代初的高于50%的比率下降到90年代末期的不到30%，全国贫困率也基本呈这一发展趋势。不仅比率上得到大幅度下降，而且绝对人口也实现了大幅度下降，与印度人口快速增长的比率进行比较可知，印度的贫困问题在30年之间得到了有效缓解，实现了极大的突破。③ 2002年，印度通过了第十个五年计划，计划的重点包括全国性加快改革、加强基础设施建设、加快农业发展等内容。计划明确提出在这一五年计划实施期间要"每年创造1000万个工作岗位；贫困人口占总人口的比例从目前的26%减少到21%"④ 等任务。2007年，在颁布第十一个五年计划当天，印度总理辛格警告："城乡经济发展失衡可能危及政治与社会稳定。"⑤ 农业占印度国民经济的1/4，

---

① 中国社会科学院城市与竞争力研究中心课题组、倪鹏飞、袁匡济、康珂：《中国与印度的国家竞争力比较——〈2010国家竞争力蓝皮书〉成果系列》，《中国市场》2011年第3期，第25页。

② 王益谦：《印度的第九个五年计划（1997—2002）》，《南亚研究季刊》1999年第2期，第22页。

③ 宋志辉：《印度农村反贫困研究》，巴蜀书社2011年版，第207页。

④ 《印度通过第10个5年计划 使经济年增长率达到8%》，2002年10月6日（http://news.xinhuanet.com/newscenter/2002-10/06/content_586217.htm）。

⑤ 《印度十一五计划经济增速9% 警城乡失衡危及稳定》，2006年10月20日（http://www.p5w.net/news/gjcj/200610/t565350.htm）。

落后的农业状态已经直接影响了整个国家经济的发展，造成城乡经济的严重失衡，因此加大对农业领域的投资就是解决这一问题并缓解危机的必然途径。"十一五计划"的目标是实现印度经济增长率到2012 年时达到 10%，但是"印度经济增长速度不是规划的唯一目标，印度经济增长的真正目标是人人受益的包容性经济增长模式"①。

（二）农村改革解决农村贫困问题

印度是一个农业大国，农业人口占了总人口的 80%。印度独立后的第一任总理尼赫鲁曾强调说："历史证明，一个国家解决了土地问题，国家的困难就会减少，而其他问题就开始迎刃而解了。"② 因此，独立初期，印度确定了恢复农业发展、增加粮食产量的目标，以摆脱长期的殖民统治造成的恶果和为国家经济发展奠定坚实基础。印度政府首先改革英国统治遗留的土地制度，重点定位于更改土地的占有关系，并主要通过以下步骤进行：废除中间人制度，对土地持有量进行限额规定，同时政府以补偿金的形式接管中间人等大地主的超出最高限额的土地，并有条件地分配给实际耕作的农民。"土地改革使许多无地佃农有了基本的生活来源，改变了这些人对地主的人身依附关系，进而也改善了他们的贫困面貌和贫困性质。"③ 印度宪法将土地改革的职权落实到了各邦，各邦在取消中间人土地制度的同时，还通过各种途径增加耕种灌溉面积、提高土壤肥力，对农业生产的全过程采取优惠政策、提供必要的支持，同时还通过立法对佃农的权利提供了保障。然而这种传统的耕种方式和传统的提高农业产量的方法对于农业发展的贡献率有限，印度由此开启了一系列的农业革命。

最先开始的农业革命是"绿色革命"。通过"绿色革命"的实施，印度的粮食产量大幅度提高，既缓和了长期的粮食紧张状态，

---

① 杨文武、邹毅：《印度经济增长模式研究》，《南亚研究季刊》2011 年第 3 期，第90 页。

② 培伦：《印度通史》，黑龙江人民出版社 1990 年版，第 744 页。

③ 宋志辉：《印度农村反贫困研究》，巴蜀书社 2011 年版，第 140—141 页。

又在一定程度上缓解了农村贫困问题。而从长远的角度讲，这一场农业革命是传统农业与现代农业的一个分水岭。"绿色革命"也有着其存在的特殊性。一方面，印度的这一场农业革命首先参加的地区多是耕作和气候条件较好的地区，也就是说，"绿色革命"挑选的实验者在全国范围内尽管没有绝对优势，但都具有比较优势。而且由于这些地区本身条件较好、发展潜力较大，在大量投资、先进技术、优良品种等综合作用的促进下，原本存在的比较优势更加凸显出来，与那些自然条件较差、本身发展缺乏积累的地区相比较而言，差距更加扩大了。从这一角度来讲，印度的绿色革命并不是为了解决地区差距，而是完全基于解决粮食问题这一初衷之上的。

另一方面，从印度区域不公平的特殊性看，发展农业和解决农村贫困问题，实际上在一定程度上就是在解决区域不公平的问题。首先开始的旁遮普等地区，它确实先天条件较好并具有一定发展基础，然而旁遮普地区在开始"绿色革命"之前与印度其他发达地区相比，同样是处于弱势的现实。而且，印度的"绿色革命"并不是仅仅局限于旁遮普邦等地区，在条件相对成熟以后，它也逐渐扩展到其他地带，包括东部、南部及干旱山区，而且作物品种也由小麦等少数作物逐渐发展成为囊括水稻、豆类、油料作物等在内的多数作物。因此，在旁遮普等邦进行改革趋于区域经济的公平发展，主要基于以下两点理由：一是与任何国家对落后地区的开发实践都是一致的，都是从比较有条件的落后地区开始的，并进而逐步开展到条件相对较差的地带；二是一个项目一开始所选取的地区当然是更有利于达成项目目标的地区，所谓的试点一定都是选择可以优先尝试一种技术、理念或者方法的地方。因此，决不能如同一些学者的做法，简单地就说印度的"绿色革命"加大了地区之间的不公平，甚至它的实施本身就是基于不公平的理念。相反，它正是朝着国家经济公平的方向开展的。

除了"绿色革命"，印度还实施了多次农业革命，包括旨在提高奶产品质量的"白色革命"、旨在实现渔业大发展的"蓝色革命"以及旨在提高果蔬产量的"黄色革命"。这些农业上的革命均在一定程度上为印度的农业和农村发展带来了一线生机，为农民生活水平的提高产生了一定的促进作用，而且也在一定程度上对区域公平发展做出了贡献。

此外，印度还开展了一系列"缓解农村贫困计划"，包括"以工代赈"（之后发展为"全国农村就业计划"）、"小农发展计划和边际农及农业劳工发展计划"、"干旱地区发展计划"、"农村综合开发计划"、"青年自营职业培训计划"、"全国农村就业计划"、"农村妇女和儿童发展计划"、"农村无地者就业保证计划"（后与"全国农村就业计划"合并为"农村无地者就业保证计划"）等内容。①通过农村改革、农业革命和缓解农村贫困计划等的实施，印度农村人口低于贫困线下的比例有所降低，使得印度大农业获得了巨大的发展，而农业的发展又在一定程度上缓解了农村与城市之间的巨大差距。

三　印度处理区域公平的历程对我国的启示

我国与印度相邻而居，存在诸多相似之处：从历史角度讲，两国同属于文明古国，历史悠久；世界进入资本主义发展阶段后，两国又纷纷成为西方国家的殖民地，逐渐沦为殖民地和半殖民地国家；新中国成立后，两国虽然采用不同的经济发展模式，但都未能取得良好效果，而后两国均开始谋求新的发展道路，并不约而同地选择了外向型经济模式。从目前状况看，两国最显而易见的共同特征是都是人口大国，具有庞大而且廉价的劳动力市场，基于此，两国都大量发展了劳动密集型产业；两国都是第三世界国家，在经过一系列的经济改革后都实现了较高的经济增长率，近年来都逐渐发展成为世界不可小觑的经济体。

基于两国之间诸多的相似之处，尤其是近年来两国又都在世界经济发展史上添上了浓墨重彩的一笔，因此不管是学界还是政治家们都比较重视两国之间的对比，但是各执己见，已形成了以下几种

---

① 杜平：《中外西部开发史鉴》，湖南人民出版社 2003 年版，第 430—432 页。

不同的说法：我国有学者称，"从总体经济发展指标看，印度现在的经济发展水平与中国还不具有可比性，不能同日而语"①。也有学者对此嗤之以鼻，认为这是五十步笑百步，自我陶醉的表现，甚至有学者提出"十年内中国经济增长可能会落后于印度"。美国的态度则是支持印度发展更具潜力的观点，美国高盛投资公司 2003 年 10 月发表的一份题为"BRICs 之梦：通往 2050 年之路"的研究报告根据印度近年来经济增长率高于中国的现实大胆预测称：印度到 2015 年就可以超过意大利，5 年后超过法国，再 5 年后超过德国，有着成为世界最大经济国的前途。②

　　总的来说，尽管中国目前发展速度明显快于印度，印度的经济发展与我国相比确实还存在一定差距，但就两国在经济发展和促进区域经济公平发展进程的表现来说，实际上各有长短。由于两个国家之间存在的诸多相似性，为两国互相学习提供了可能。我国和印度在经济发展和促进区域公平发展进程中，都分别采取了一些具有借鉴意义的措施，同时也都存在着一些需要引以为戒的失败教训。吸收印度的成功经验和失败教训有利于完善我国区域公平政策。

（一）重视提高科技对经济发展的贡献率

　　印度是一个倾向于也善于运用科学技术推动经济发展，十分重视科技对经济发展的贡献率的国家，在农业改革、工业发展、服务业发展中，都有相应表现。首先，印度在开发农村地区进程中通过了一系列的农业革命，通过引进高产量的品种和实地科研后又通过培训进行推广，印度的农业革命有条不紊地开展，最大限度地发挥了科学技术在农业上的价值。由于农业经济发展驱动力朝着信息技术发展，其对自然条件的依赖将大大减小，受到自然灾害影响的可能性减小，而得到快速发展的概率大大提高，显然为农村地区脱贫创造了较好的条件。在开发其他不适应发展农业的落后地区时，印

---

　　① 陈佳贵、李扬、李碚、黄群慧：《印度经济发展比中国更有潜力吗?》，《中国社会科学院院报》2008 年 7 月 29 日第 3 版。

　　② 转引自陈佳贵、李扬、李碚、黄群慧《印度经济发展比中国更有潜力吗?》，《中国社会科学院院报》2008 年 7 月 29 日第 3 版。

度同样非常重视科技含量，比如在东北部开发中大力推广了园艺科技。其次，在发展工业进程中，印度同样借助于国外先进科学技术，使工业产量大幅提升，并建立起门类齐全的民族工业。再次，科技也推动了服务业的发展，在医疗、教育等方面都引进了现代技术。总之，印度十分重视人力资源尤其是高科技和信息产业的人力资源的培养。

为了提高整个国家各行各业的科技和信息含量，印度政府给予了高度重视，通过立法、投资、基础设施完善、教育支撑等多种途径共同促进了印度科学技术和信息产业的进步。科技和信息技术的发展也为印度的长远发展准备了良好的软件基础，同时技术的发展促进了印度传统产业的技术改造，也将极大地促进印度实现产业结构调整。尤其是拉吉夫担任印度总理以后，即便在执政理念上与其母亲英迪拉保持一致，但是在各项具体措施中无一不新增了科学技术的元素。比如在"新20点计划"中，拉吉夫就提出了至少6项技术方面的革命，提出要通过科学技术的引入而使得人民能够获得安全的饮用水、广泛的知识、高质量的牛奶、人与人之间更快捷地沟通等目标。此后以信息技术为主的科学技术更取得了长足发展。有学者这样评价印度信息技术的发展，"印度信息业的崛起不仅成为将世界拉平的动力，还扮演其拉动印度经济增长引擎和促进就业的重要角色"[1]。这还只是在21世纪初的发展情况。随着近年来印度信息技术产业的突飞猛进，又有学者认为："在微观企业竞争力、软件基础设施以及信息服务业等方面，印度远远超过了中国，而这些方面是决定一个国家经济发展实力的关键领域，这些关键领域的优势将保证印度很快超越中国。"[2]

印度为了增加科技和信息技术的使用率，不仅在政策方针和资金上大力支持，还专门采取一系列保障措施，包括法律保障和教育科技支持，这也是值得我国借鉴的。未来，科技和信息技术的作用即便不如前面的学者所持观点那么强大，但必将会发挥毋庸置疑的

---

[1]　董磊：《战后经济发展之路·印度篇》，社会科学出版社2013年版，第254页。

[2]　陈佳贵、李扬、李硌、黄群慧：《印度经济发展比中国更有潜力吗?》，《中国社会科学院院报》2008年7月29日第3版。

重要作用。我国在对落后地区的开发进程中也需要转变发展理念，不能始终采用传统的发展方法，应着力提高科技和信息在经济发展中的贡献率。事实上，我国曾经因为采用袁隆平的杂交水稻使得粮食大幅度增产，尝到了科技促进经济的甜头。"科学技术是第一生产力"还回响耳畔，我国需要在开发落后地区的过程中，因地制宜，根据当地的实际情况提出可行的开发方案；同时更注重科学技术的引入和运用，比如前文多次提到的在新疆这样的干旱缺水地带应扩大滴灌技术的运用等。

（二）基础设施薄弱将极大地阻碍地区开发

从与美国、日本、巴西等国的比较来看，这三个国家高度重视基础设施尤其是交通的建设，并在基础设施逐渐完善的基础上，落后地区的开发工作均取得了预期效果。相比较而言，印度对基础设施建设的态度相对表现为忽视或者轻视。至今，印度基础设施仍然极不完善，尤其是交通设施、供水、供电、通信等方面都表现出严重的不足，这直接阻碍了印度的持续发展，尤其是印度东北部的开发建设进程。如果说信息技术的发展已成为未来印度腾飞的一双翅膀，那么印度多年以来的基础设施落后的顽疾将作为阻碍其腾飞的脚镣。学界也认为，"几乎所有关于印度经济发展的研究都认为落后的基础设施建设是印度未来经济发展的巨大障碍"①。因为，在印度这样一个国家，一方面人口多，人口自然增长率高；另一方面基础设施落后。在未来发展进程中，庞大的人口数量和落后而有限的基础设施条件将成为印度社会的一对主要矛盾。在需求和供应的巨大差额对比下，不改变基础设施薄弱的问题将无法实现经济的持续发展。相反，解决这一问题，化解这一矛盾，印度经济发展就解开了脚镣，就会如雄鹰获得自由般翱翔。可以说，基础设施在对落后地区的开发工作中起了基础性的作用，政府加大相关投入，经济增长可能性就高；而相反，如果缺少或者基础设施不足以支撑开发计划，

---

① 《基础设施落后　印度发展的最大障碍》，《重庆日报》（原载于英国的《金融时报》）2008 年 7 月 14 日第 9 版。

那么就将产生反作用，成为开发计划的阻碍因素。[1] 正所谓"基础不牢，地动山摇"，说的就是这个道理。印度也意识到了基础设施建设与人民需求之间的矛盾扩大化的趋势越来越影响到整个国家的发展进步，因此在对各个地区进行开发建设过程中都将基础设施建设作为重点项目。然而由于初期重视程度不高、后期投资有限等问题交织，印度基础设施建设还将是一个巨大的工程。

事实上，在经济发展已经取得一定成绩的条件下，加强基础设施建设，就是加强民生建设，就是促进社会公平，当然最终也就能朝着经济发展的方向。但是如果不完善基础设施条件，忽略人民的基本需求，影响人民对于这个国家的认同感，那么整个国家的经济就有可能停滞，或者至少会有越来越多的地区和人民成为国家整体发展进步的阻碍。我国绝大多数落后地区也正是因为基础设施跟不上，其他条件也难以改善造成的。基于印度的发展教训，我国应该秉持"改变落后，基础建设领先"（安国章）的观念。

（三）农业大国宜加大对农业的重视和投入

与印度相同，我国也是一个农业大国，而且大多数地区之所以落后也正是因为这些地区以农业为主导。农业与其他产业的发展天然地存在着不足，这种不足表现为对自然资源和气候条件的依赖，更表现为投入产出比偏低。但是在一个农业大国，尤其是一个乡村人口比重极大的国家，发展农业、开发农村、提高农民收入是势在必行的。我国和印度的区域不公平问题一样，都可以在一定程度上表达为农业与工业和服务业之间的不公平，本书认为，印度加大对农业、农村和农民的重视和投入，就是在促进区域公平发展，在我国基本上也符合这一规律。

据统计，我国刚成立时，乡村人口在全国人口中的比例达89.36%，以后基本上呈现出逐年减少的趋势；到 2013 年，我国乡

---

[1]　Santos·Paulino、万广华：《中国和印度的崛起：冲击、前景和影响》，贾晓涛译（http：//www. chinareform. org. cn/open/governance/201010/t20101029_ 49049. htm）。（原文刊登在联合国大学世界经济研究所网站上，原文题目为 *The Rise of China and India：Impacts，Prospects and Implicatons*）。

村人口占总人口的比例下降到 46.27%。① 这说明，我国经济得到较大程度发展，乡村人口比例实现了大幅度下降，但这并不足以否定我国是一个农业大国的判断。在从事农业的人口或者居住在乡村的人口较多的国家，大力发展农业，改善农村基础设施，提高农民收入的问题是三个必须引起高度重视和加以解决的问题。如不然，伴随农业与工业、第三产业为主导的地区之间发展差距的增大，将带来诸多社会问题，也将直接影响国家经济的持续发展。这一隐患已经在印度变成现实，我国应引起高度重视。

四　印度对欠发达地区的开发实践对于新疆发展的借鉴意义

首先，因时、因地制宜地开发新疆，发挥新疆的比较优势。印度开发落后地区过程中很少存在一刀切的问题，他们的开发进程一般都是基于国家发展状况、发展重点和地区的优势的。在开发的初期，印度首先将开发的重点放在条件相对较好的地区，农业革命的实验也首先在适宜的地区优先开展。在开发后期，印度即加快了对经济最落后、开发难度最大的东北部各邦的开发工作。同时，开发东北部地区的计划也遵循了该地区的自然条件，发展了比较合理的产业。新疆实现跨越式发展也发挥新疆的比较优势，遵守因地制宜的原则。新疆在全国具有商品农业的比较优势，棉花、瓜果等经济作物享誉全国；新疆也拥有较大的石油、天然气储量，能源资源丰富；新疆与八国接壤而有利于发展边境贸易；新疆还具有大力发展旅游业和民俗产业的优势。这些特色并不是全部，而南北疆如何发展的问题也必然是不同的，天山以北地带居住着较多汉族群众，少数民族比重相对较小。在对北疆的开发过程中，自治区政府应尊重少数民族的传统习惯和宗教信仰，同时援引内地的一些可适用发展模式。但是，在对南疆的开发进程中，内地的一些理念和发展模式不一定适用，此次中央新疆工作会议上就对南疆如何发展的问题高

---

① 中华人民共和国国家统计局：《中国统计年鉴 2014》，中国统计出版社 2014 年版。

度重视。习近平强调，"对南疆发展，要从国家层面进行顶层设计，实行特殊政策，打破常规，特事特办"；李克强也突出强调南疆地区的特殊性，实现南疆发展的特殊化策略，他说要"采取特殊的财政、投资、金融、人才等政策，加大扶贫攻坚和民生改善力度，促进南疆加快发展"①。

同时，开发新疆也需要因时制宜。比如，在集全国之力开发和发展沿海城市时期，新疆的石油、天然气主要是作为这些地区原料供应而存在；而在发达地区反哺新疆时期，作为原料供应的能源资源应该作为新疆发展动力而存在。这也是李克强在此次中央新疆工作座谈会上所强调的一点。他说："在资源开发利用上，要让新疆更多受益，提高当地加工、深加工比例，把资源优势转化为经济优势，增强地方自我发展能力，更好地造福当地各族人民。"② 因此，本阶段新疆能源资源开发的新方向应该是开采提炼、就地加工。同时，农副产品开发也应该在科学技术不断进步的基础上，改变原有农副产品的天然状态，进行农副产品深加工，为开发广大的内地市场创造条件。

其次，加速新疆地区的基础设施建设。印度开发落后地区的经验教训表明，落后地区基础设施不完善是阻碍地区开发的主要原因之一。新疆是一个远离政治中心的存在，因此早在汉代时期为了实施统治就发明了屯田制度，目的就是解决因为路途遥远导致的粮草难以到达和满足需求的问题。至今，新疆与内地沟通的诸多限制性因素仍未得到根本解决，新疆及其产品与市场和消费人群之间的地理距离尚未缩短，信息不灵又使得新疆难以与外部市场建立良好联系，新疆丰富的农矿产品、能源资源、自然资源等得不到有效开发。因此新疆发展主动搭上内地发展顺风车的可能性降低，新疆必须要依赖于发达地区的援助。短期内，这种状况将难以根本改善，这是因为新疆地理位置和与内地天然存在的较长距离具有不可更改性，纯粹靠后期基础设施尤其是交通条件的改善又是一个大型工程。

---

① 《习近平在第二次中央新疆工作座谈会上强调：坚持依法治疆团结稳疆长期建疆　团结各族人民建设社会主义新疆》，《人民日报》2014 年 5 月 30 日第 1 版。

② 同上。

最后，适度地、有效地发挥国家调控和支持在新疆发展中的重要性。政策对于区域经济发展具有重大导向作用，它可能导向区域经济公平发展，但也可能加大区域之间的不公。比如印度在条件相对较好的地区开展"绿色革命"，就使得所开发地区与其他灌溉等条件较差的地区之间的差距被迅速拉大。也就是说，政策对于区域发展会产生直接的影响，而具有偏差的政策则会形成区域的不公平。

一般来说，政策的出台和取消会存在以下一些偏差："第一，政策妨碍了市场的功能，第二，政策倾向了特定地区或行业，第三，政策忽视了必需政府干预的某些领域。"① 在解决这些偏差之前，首先应理解国家调控和支持对于新疆经济发展是不可或缺的。其次，政府和市场应该是并行不悖、互相促进的，严重阻碍市场功能的政策在实施过程中必然会遭遇重重困难。要充分发挥政府职能而又与市场功能不冲突，就需要政府适度地发挥调控功能，并通过政策倾斜、资金支持等手段将市场的作用导向新疆地区，以新疆未来发展前景吸引民间资本的涌入，将内地市场与新疆市场结合起来，将调控与市场的功能有机结合起来。再次，对新疆的开发计划应该是与国家发展阶段相适应的，不能超前也不能推迟。因为实现新疆跨越式发展就必然意味着对新疆地区进行政策倾斜，不恰当和不合时宜的政策倾向将不能取得有效成果。最后，政策倾斜必然意味着某一些领域或地区得到支持，而另一些没有。对新疆的大规模开发同时也就意味着国家放在其他一些落后地区的人财物力受到限制，这可能造成这些落后地区与新疆的差距。因此，在新疆发展的基础上应立即开展对其他落后地区的开发工作。同样，在疆内，新疆的跨越式发展本身也是重点突出的，对一些行业和地区的投入大就意味着对其他一些行业和地区投入小。为了最大限度地促进公平发展，在一些行业和地区优先发展起来以后，也应立即开展对其他一些行业和地区的反哺工作。

---

① Shubham Chaudhuri、Martin Ravallion：《中国和印度不平衡发展的比较研究》，《经济研究》2008 年第 1 期，第 13 页。

第四编　对策建议篇

　　区域公平视角为从战略全局高度谋划新疆工作提供了新的切入点。以区域公平理念引领新疆跨越式发展，关键要落实在实现新疆更好更快发展实践中。新疆需要以邓小平"两个大局"的深刻内涵为指导，加强顶层设计，构建区域公平的新疆战略和规划，做到未雨绸缪，防患于未然；需要注重从区域公平的要求中来推进发展方式转变；需要深刻分析新疆经济结构存在的问题，传统发展方式所带来的巨大惯性阻力，通过区域公平发展而引出创新驱动引擎，力推新疆经济社会发展提升质量。需要构建公平开放的市场和社会体系。区域公平绝不是要地方保护，而是要建立健全一个竞争性、规范性的市场体制和体系。这一制度设计，可能会给边疆落后地区带来阵痛，但长此以往，会给边疆发展带来永久生命力。需要大力推进新疆主体功能区建设，进一步把握新疆不同区域的特点要求，实事求是，因地制宜，通过区域公平政策驱动，缩小南北疆差距。需要建立区域生态公平的发展方式。新疆的存在和价值绝不仅仅是一种资源能源的开发，如果带着直接经济效益的眼光来审视新疆问题，则必然会给新疆带来致命性损失。要特别敏锐地看到新疆生态脆弱性和不可再生性，从构建区域生态公平的大战略出发，真正还新疆一片青山绿水。需要注重提升区域民生公共服务水平，构建均等化区域公共物品体制。要切实使新疆人民在其发展过程中，能够得到真实惠，能够不断提升他们的幸福指数。

第十一章

构建区域公平的新疆战略和规划

实践证明，改革开放以来，我国的区域发展之所以能够取得辉煌成就，最关键的因素在于毫不动摇地坚持中国特色区域发展道路，这已成为改革开放大潮中一道具有特色、彰显活力、亮丽精彩的风景线。在新时期，我国必须以与时俱进、开拓创新的精神，在改革开放伟大事业不断走向深入的实践中；继续探索与时代发展相适应的区域发展道路，并以此为引领，在新时期的区域发展中更加注重公平理念，重视以新疆为代表的中西部地区的加快发展。

诚如习近平同志在 2014 年第二次中央新疆工作座谈会上指出，"做好新疆工作是全党全国的大事，必须从战略全局高度，谋长远之策，行固本之举，建久安之势，成长治之业"。这为新疆新时期的发展提供了首要遵循原则。唯有从国家顶层设计的高度出发，构建区域公平发展战略机制，并综合运用战略政策、法律法规与财政金融手段，走中国特色区域公平发展道路，才能真正实现新疆又好又快发展的目标。

一 充分把握"两个大局"的当代价值

邓小平同志提出的"两个大局"思想既是一种尊重地区实际的发展战略，也是一种体现整体性的发展思想；既服从服务于中国的现实情况，也深刻影响了中国后来的发展。特别是在改革开放和现代化建设已经进入到关键阶段的今天，它有着更加突出的现实意义。新疆应当恪守这一思想的重要内涵，并以此作为我国区域公平发展战略的核心思想。

如前文所述，早在 80 年代，邓小平同志就针对我国区域发展实际提出了"两个大局"的重要思想。[①] 这一思想既强调区域发展在不同时期有不同侧重点，也体现了我国区域发展的整体性。邓小平同志的这一区域公平发展思想，是当代中国在不同时期的区域发展中应当时刻遵循的基本准则。在当今我国发展的新时期，党和国家正举全国之力全面建成小康社会，全面深化改革开放。虽然我国面临的时代条件有了变化，面临的国际形势也有所不同，但是对于区域公平的追求在不同的时代和历史条件下都是一以贯之的。

无论是社会主义制度的本质要求，还是区域公平发展的内在规定，都需要我国政府将西部地区纳入中国现代化的总体进程中，加以特别考虑。改革开放以来，我党是高度重视西部地区经济社会发展的，西部地区的总体经济社会状况有了巨大的改变。但相较其他地区来看，西部地区总体上还是处于相对落后的状态，支援西部、发展西部，还任重道远。[②] 根据本书对于"两个大局"思想的梳理可以了解，邓小平同志清晰地认识到，随着东部沿海地区的迅速发展，必然会带来区域发展不公平的问题。而这一问题绝不能久拖不决，否则随着时间的推移，公平问题的处理难度就会加大。邓小平同志甚至还清晰地要求，从 20 世纪末开始就要着手解决这一问题。区域公平的指导思想要求国家更加重视东部地区对中西部地区的发展"反哺"作用，促使东部地区在"领跑"我国区域发展的同时，更加注重自身在全国发展大格局中的责任，创造条件让自身发展优势形成正向"外部效应"，更有效地惠及欠发达地区发展进步。

在社会主义市场经济条件下注重区域公平，需要充分发挥社会主义国家政府对区域发展的调控作用，需要充分发挥我国能够集中力量办大事的政治优势，同时更加重视市场对于资源配置的基础性作用，建立健全完善的区域发展调控体制。在我国区域经济发展过程中，绝不能偏离马克思主义的发展方向，绝不能偏离中国特色社

---

① 《邓小平文选》第 3 卷，人民出版社 1993 年版，第 277—278 页。

② 同上书，第 246 页。

会主义的基本道路。这就要求广泛采用多种方式、调动多种积极因素，多措并举，让区域公平成为政府关心、人民关注的重要问题。

二　制定以区域公平为导向的区域发展战略规划

市场经济条件下的区域发展既需要充分发挥、充分尊重市场这只"看不见的手"配置区域资源的基础性作用，但同时也要国家宏观调控这只"看得见的手"充分发挥自身作用，承担起对区域发展目标、发展状态、发展方式在一定价值定位的基础上的合理设置与调控，避免市场固有的缺陷。① 承担起这一调控作用的一个必不可少的政策手段就是政府通过制定区域发展战略规划，在充分尊重事实的基础上，预见性地对未来一段时期区域发展的整体目标和具体途径作出具有导向性的政策指引。

"凡事预则立，不预则废。"对于保障一国区域公平发展的重大问题，更应当有针对性的战略规划。从新时期我国区域发展呈现出的新特点和在区域发展实践中所遇到的新挑战来看，需要制定以区域公平发展为导向的区域发展战略与规划框架，以更好地贯彻"两个大局"对区域发展的指导作用。尤其是在"第二个大局"面临的现实条件和时间节点已经初步具备的前提下，注重公平的区域发展规划更加应当被提上议事日程。以区域公平为导向的区域发展战略规划其实质应当是国家决策机构根据对国家区域发展总体情况的掌握，基于公平的价值目标和全国区域整体又好又快发展的政策导向，对我国区域发展的总体布局和各区域发展的具体路径做出预见性的规定。它是各地区各部门调控和规范区域发展活动的重要依据。

在以区域公平发展为导向的规划中，要更加注重各地区的实际特点，注意区域发展战略的细化与区域发展政策的针对性。这需要政策制定者了解区域差异和区域优势，相关政策能够促进区域产业结构的转型升级，最大限度地提高社会经济效益。根据发展规划的

① ［美］艾伯特·赫希曼：《经济发展战略》，经济科学出版社1992年版。

内容，国家还需要制定出以公平为导向的较为完备的区域发展评价体系，作为地方政府考核的重要依据，进一步激发各地区生产创造、迎难而上的发展热情。

三　构建以公平为目标的区域发展协调机构

在市场经济条件下，由于市场调配资源的自发性和不可预测性，区域发展格局的演变具有一定的不确定性，可能在一定程度上偏离区域发展规划或区域发展战略的目标。但是，区域发展又有着事关社会不同群体利益的价值目标需要贯彻，因而这就需要政府能够履行自身责任，通过有关区域发展协调机构，按照一定的价值导向（其中区域公平的导向当然是不可或缺的）对区域发展进行调控。要保证区域调控的权威性和执行力度，独立的执行机构是不可缺少的。

区域发展协调机构是以国家对区域发展的价值判断、目标定位、规划战略为依据，以贯彻国家对区域发展的宏观调控措施为使命，综合运用经济手段和行政手段，在充分尊重区域规律的基础上充分保障区域公平，推动实现国家各区域又好又快发展的政府机关。区域发展协调机构实质上是国家区域发展管理机构，它既可以协助实施国家区域规划政策；也可以充分协调各区域地方政府之间的利益联系与冲突，引导社会资源按照区域公平和和谐发展的要求，打破区域界限实现合理有效的配置；还可以充分倾听了解不同地区人民群众利益诉求与切身问题，保障区域发展成果公平地惠及各区域人民群众。

首先，应当在中央层面建立专门的区域公平发展协调机构。目前中国尚未建立综合的区域政策研究和开发机构，中央对于区域发展的调控功能只能通过分散于国务院各部委（主要是由国家发改委牵头的）的相关部门来推进。然而，随着区域发展水平的提高，区域之间的利益关系协调与相关事务处理面临越来越复杂的局面，要实现广泛的区域公平发展，就要政府有相应的部门能够统筹全局，化解实际工作中客观存在的持续时间较长、协调相关利益难度较大的一些问题。因而若单单依靠各部门以九龙治水的方式推进区域公平发展，该方式恐具有一定的局限性。因此，应当在中央层面建立区域发展的统一议事机构，统筹协调区域发展中遇到的种种问题，使中央维护区域公平的调控意图可以在实践中被更好地贯彻。

在中央设立的专业区域发展协调机构应当得到中央的授权，具有一定的资源调配能力与一定的政治权威。它不应当是不同部门区域发展相关机构的简单放大，而是中央政府层面相关职能的有机整合与系统强化。有鉴于此，应当可以考虑设立直属于国务院的以区域公平为导向的区域发展管理部门，该部门的任务至少包括：第一，全面研究国家区域发展中的重大问题，全面了解掌握全国各区域的发展状况与区域自身特点，结合全国建立主体功能区的要求，以区域公平发展为导向制定相关区域规划和区域发展政策，明确各区域的功能定位与发展目标。第二，代表中央政府统筹分配国家区域发展的相关资源，全面落实区域规划和相关政策，协助与促进区域公平发展相关的财政金融政策的落实。第三，调处不同区域发展中的各种矛盾冲突，维护跨区域的市场秩序，保障和维护各区域公平的发展权益。[①]

其次，针对特定区域的发展，在地方省级层面依法设立专门的管理机构。在某一特定的历史时期，根据区域发展面临的主要矛盾，发达国家不仅在中央政府设立区域发展管理机构，而且针对推进某一重点区域开发，在不同的政府层级设立专门性区域发展管理机构。这种做法有利于集中各种有效资源，从政府层面帮助突破特定落后重点地区的发展瓶颈，从而使得某一阶段某一区域实现突破性发展。[②] 这样的思路值得我国政策制定者借鉴。

我国有不同类型不同基础的落后地区，需要开出不同的处方分类治理，因此可以考虑在重点发展和管理的地区设立省一级的地方

---

① 陶呈成：《我国区域协调发展基本法立法刍议》，《辽宁师范大学学报》（社会科学版）2009 年第 6 期。

② 杨秋宝：《区域经济与发展战略》，党建读物出版社 1999 年版，第 105—106 页。

区域发展管理机构。① 在我国以经济建设为中心的发展路径指导下，新疆当前始终牢牢把发展作为第一要务，大力从自身建设的实际情况出发，努力推进区域又好又快发展。然而，各地基于地区公平发展目标的区域发展政策载体建设仍然显得较为滞后，难以赶上地区发展形势的变化。例如，全国各地为了加快地区开发的进度，兴建了一大批各类"开发区"，并在资金投入与机构设置上予以重点倾斜，但是由于区域同质化发展倾向较为严重，区域发展的公平导向又得不到突出，致使一些开发区在一定程度上成为地区之间恶性竞争的推手。从实践层面看来，对于特定区域的开发，单单依靠各类开发区是远远不够的，这更需要各级地方政府，尤其是落后地区的省级政府能够统筹好本地资源，协调本省区不同区域的发展关系，同时争取有利于本地区发展的外部资源。

四　实现区域公平发展的法治化

在计划经济体制下，区域发展调控往往是依靠一系列行政指令实现的，这样的调控方式有利于及时贯彻政府的主要意图，有利于迅速整合社会资源。但是，随着我国社会主义市场经济的发展，单纯依靠这样的调控方式已经难以适应区域利益多元化、区域联系复杂化、区域市场扩大化的现代区域发展方式，因而也难以有效实现国家对区域发展的宏观调控目标。不得不承认，我国的区域发展调控措施在区域发展过程中发挥了重要作用，但是在某些方面还存在着贯彻不到位的情形。除历史因素、自然条件、市场机制等因素外，改革开放后国家在区域发展问题上中央和地方缺少一整套完善的、稳定的、长效的法律调控体系，也是一个重要原因。

应当说，行政命令更多体现了长官意志，带有随意性、可变性、经验性，执行的过程中也容易受到行政机构本身的体系限制而使其实际效果逊于预期。相比之下，法律体系代表了更广泛的社会意见，

① 华小全：《中国区域经济协调发展的政策研究》，博士学位论文，安徽大学，2011年。

照顾了不同区域、不同阶层利益，具有稳定性、长期性的特点，而且在执行中也更加具有刚性，可以克服行政化区域调控方式的弊端。①

正如赫克所言："法的每个命令都决定着一种利益的冲突。"②法律处于上层建筑的范畴，是在一定的社会生产条件下，社会经济关系的意志化表现。它的产生是不同社会利益相互协调的结果，也是全体人民必须普遍遵守的共同规范。在我国这样的社会主义国家，法律必然要体现无产阶级的利益。随着区域发展的不平衡性突出，不同区域的利益冲突与对立不可避免，这就迫切需要制定具备权威性、稳定性和强制性的保障区域公平发展的法律法规，有效协调各区域之间、各生产部门之间的利益关系，形成促进区域公平发展的长效保障机制。③

鉴于此，我国有必要通过以立法的形式保障区域发展的公平性。必须明确的是，我国作为人民当家作主的社会主义国家，针对区域公平发展的立法目的主要包括如下几个方面：首先，确保区域发展的公平导向。保障公平是法律的一项天职，也是区域公平发展法律的首要职责。保障区域公平的法律必须清晰界定区域公平发展的基本原则与基本指标，必须明确区域公平发展的可行路径，惩治破坏区域公平的行为，并且应当有效控制区域之间的发展差距。其次，确保区域之间资源优化配置得以实现。这就要求区域公平发展法律能够通过必要的措施，约束各地区之间破坏公平发展规则的不当行为，从机会公平的角度给予各地区大致相等的发展条件和相对稳定的发展预期。再次，明确市场与政府在保障区域公平中的角色功能定位。区域公平发展法律的一项重要内容应当是明确政府在承担保障区域公平这一重大任务中的责任，明确哪些是政府可为的，哪些是不可为的，使政府对于区域公平的调控措施都能够于法有据。最后，明确全社会对于落后地区的发展责任。落后地区的加快发展是

---

① 陈书笋：《论区域利益协调机制的法律建构》，《湖北社会科学》2011 年第 3 期。

② 夏文斌：《走向正义之路——社会公平研究》，黑龙江人民出版社 2000 年版。

③ 刘水林：《对促进区域协调发展的一些法律问题的探讨》，《经济法论坛》2005 年第 1 期。

保障区域公平的现实途径，据此区域公平发展法律必须明确政府、社会组织、公民对于落后地区的发展责任，明确发达地区对落后地区的帮扶和援助责任，并明确通过包括转移支付手段在内的财政金融手段和包括自然资源开发税费在内自然资源开发利用补偿机制等保障机制的构建，确保区域公平发展的各项措施落到实处。①

各国区域发展法律的形成，都经过了一个不断完善的探索性过程。从各国的实践看来，基本上，区域发展基本法和特定区域发展法构成了各国区域发展法律的基本体系，这值得我国区域公平立法实践加以借鉴。区域公平发展在我国的立法实践，首先需要制定区域公平发展的基本法，而基本法的基础法律框架是区域发展调控的根本法律依据。实际上，基本法应当解决区域发展的根本性宏观性问题，单个专门法律解决国家区域发展的调节和控制问题。我国区域发展的基本法应当明确区域公平的发展目标，拟定区域公平发展的关键条款和措施、规定区域经济权力和利益协调的管理机制和责任，以及规范区域发展法律责任等等。区域公平发展基本法使区域的公平发展有了根本保障，但是还需要专门性针对性的区域发展法律法规来落实基本法的理念。因此，构建一个以区域公平发展基本法为龙头，针对性区域开发法为支撑的一整套区域公平发展法律体系与法律框架，从而把区域发展纳入法制化的轨道，可以使区域公平发展有法可依、于法有据，在贯彻执行中也更加具有推行力度。比如，就我国目前的区域发展现实状况而言，可以考虑制定西部地区发展促进法、重点贫困地区发展促进法、边远民族地区发展促进法等。

总之，区域公平是一项事关我国改革、发展、稳定全局的重大问题，事关不同地区和不同群体的利益。只有通过法律的规范作用，把实现区域公平必须长期坚持的方针政策用法律的形式固定下来，把推进区域公平必须采用的方向性措施用法条的形式突出出来，才会在执行中更加具有约束力，才会便于打破区域利益固化的藩篱，实现区域公平发展的新突破。

---

① 张瑞萍：《区域协调发展促进法的立法基础与原则》，《经济体制改革》2010 年第 2 期。

第十二章

在推进发展方式转变中促进区域公平

"跨越式发展"是指落后国家或地区立足自身优势，通过对自身发展要素和发达国家或地区已有的先进科学技术成果和经验模式的充分利用，在生产力跨越发展的基础上，通过产业结构的优化和协调发展，实现发展水平的整体跃升。

党的十七届五中全会指出："加快转变经济发展方式是我国经济社会领域的一场深刻变革。"① 当前我国中西部落后地区的发展面临着和东部地区在起步发展阶段不一样的现实环境，随着综合国力的增强，国家整体已经难以长期依赖资源消耗型、劳动密集型的粗放型经济发展方式。在发展的实践中，我国已经认识到粗放型的发展方式可以带来一时的经济高速发展，但却是以同时带来一些长期性、潜在性的问题为代价的，也是不可持续的。中西部地区虽然在发展程度上不及东部，但是也同样应当意识到这一问题，从而避免走粗放式发展的老路。只有在加快发展的同时有效转变经济发展方式，走集约型、内涵型的发展道路，走新型工业化和新型城镇化的产业结构优化之路，相对落后地区才有可能充分利用有限的资源，实现区域发展中的"弯道超车"之路。

本书研究者在调研中发现，新疆地区社会分工不发达，产业结构单一，层次低，产品竞争力脆弱。历史上，落后地区农业生产结构单一，以解决自给性或半自给性需要为目的的自然经济盛行，新

① 《中国共产党第十七届中央委员会第五次全体会议公报》，2010 年 10 月 18 日（http://news.xinhuanet.com/politics/2010-10/18/c_12673082.htm）。

中国成立前基本上没有现代工业或仅有一点手工业。新中国成立后，虽然国家在西部和民族地区建立了一大批中央或地方的现代工业企业，交通运输设施也有了一定的改善；但在计划经济体制下，由于条块分割、自我服务和封闭运行，致使中央企业和地方企业、工业和农业间相互渗透、相互融合水平较差，二元经济结构的特征非常突出。这种产业状况在传播先进生产技术和生产方式、积累资金、吸收地方劳动力、带动农业和地方经济的发展方面，难以发挥应有的作用。在落后地区先进的国营大工业与分散落后的小型经济组织相分离，现代工业与原始农业并存，尚未形成能支持其经济发展的工业、交通运输业和通信服务业的强有力的产业体系。新疆地区的大多数企业属于采掘工业、原材料工业，其产业链条中的加工部分一般都集中在东部地区。由于产业链条短，加工层次低，产业结构单一，其转换应变能力和抗外部干扰能力都比较差，因而造成落后地区经济增长缓慢，特别是工业产值增长迟缓。

从新疆的实际看，改革开放30多年来，特别是西部大开发10多年来，新疆的经济社会发展取得了辉煌的成就。但是，同不少西部省份一样，自身的发展水平和发达地区横向比较起来，和全国平均水平比较起来，还存在着不小的差距。不可忽视的是，以新疆为代表的西部落后地区在发展方式和产业结构上也同样处于明显落后状态。目前新疆还处于工业化初期阶段，这种经济发展的阶段性特征，使得新疆在相当长的时期内还要紧紧依靠丰富的能源、矿产资源的开发促进经济增长，使得新疆在一定时期内仍处在重化工业发展阶段。这种以资源开发型产业为主导，较低产业层次的经济结构虽然在短时期内能够促进经济的增长。但是也应当清醒地看到，这样的高投入、低产出的发展模式不仅效率低下，而且长期也难以为继。

2013年末，新疆三次产业结构为17.4∶46.4∶36.2①，一产二产比重高于全国平均水平，三产低于全国平均水平。可见，新疆的第一产业比重过高，说明农业在新疆国民经济中的地位相对突出；而工业的产出比值虽比全国平均水平略高，但工业基础仍然薄弱，

---

① 王永飞：《结构调整激发经济内动力》，《新疆日报》2014年7月21日第A01版。

大而不强，工业化实际质量仍然不高；新疆第三产业比重远远落后于全国平均水平，说明服务业的发展严重滞后，也反映了新疆经济机构的层次不高。另外，新疆的第一产业就业比重也均大大高于其他产业的比重，说明大量的劳动力聚集在产业层次不高的农业生产当中，农业生产的现代化、机械化水平较为低下。① 总之，新疆产业结构的比例关系不够协调，严重影响了新疆经济的进一步发展。因此，大力推进落后地区经济结构调整、产业结构升级，转变经济发展方式，是区域公平重要的实现途径。

一　区域公平视角下新疆经济发展方式转变的基本方向

首先从我国区域发展的整体大势看，我国已经整体上进入工业化的关键阶段（有学者认为我国已经进入工业化中后期阶段），新疆地区不能再简单重复发达地区曾经走过的粗放式发展道路。这不仅是因为我国区域发展的整体需要，也是因为西部地区生态条件相对脆弱，自然条件相对恶劣，人力资源相对缺乏，不具备粗放型经济发展方式的支撑条件。所以新疆地区主动转变经济发展方式以适应发展形势的要求，是构建区域公平必不可少的环节。在区域公平的视域下，新疆地区转变经济发展的基本方向可以从以下几方面设定：

第一，发展目标应当从一元向多元转变。发展是硬道理，发展也是区域公平和新疆跨越式发展实现的根本途径。同时我们必须注意，对于新疆地区的发展目标绝不能唯 GDP 化，而是要在新时期继续贯彻马克思的社会有机体理论，在大力促进经济健康稳定发展的同时，考虑到经济发展对政治、社会、文化、生态等方面的促进作用。

第二，发展战略应当从单纯推动增长极向普惠化方向转变。在广袤的新疆地区，加快区域发展离不开以大都市为增长极的发展方

---

① 夏文斌、刘志尧：《区域公平视角下的新疆跨越式发展》，《石河子大学学报》（哲学社会科学版）2013 年第 1 期。

式，这是已经被发达地区实践证实的一条加快区域发展速度的捷径。但是，从新疆地区的具体实际来看，一方面，与东部地区人口稠密的现实不同，新疆地区地广人稀，不同城市之间距离相差较大，这制约了增长极对于周边地区增长辐射效应的发挥；另一方面，从新疆发展的现状看，新疆已经形成了乌鲁木齐、克拉玛依等区域性的发展中心，但是除去这些增长极以外的地区差距十分明显，而这些区域恰恰是区域公平和新疆跨越式发展所要重点关注的地区。

第三，发展导向应当从经济指标的提高向以人为本转变。经济指标是对经济发展成果的量化体现，在一定程度上确实较为准确地反映了一个地区经济发展的成果。但是，新疆跨越式发展的目的和落脚点在于人的生活水平和素质的提高，而这又不仅仅是经济数据可以完全反映的。如果单纯追求经济指标的高涨，可能会做出与群众利益相悖的决策，这样的发展一定不是健康的。

第四，发展内涵应当从经济总量的提高向经济结构的优化转变。随着我国经济总量的攀升，各区域的经济社会发展都取得了重大的成就，即使是落后地区的经济总量也在高速地增长。但是，我们必须看到，区域公平不仅要求经济总量差距的缩小，而且同样要求区域之间产业结构的协调。从一定意义上说，经济总量反映一个地区经济产出的数量，而产业结构反映着一个地区经济发展的质量，更体现着一个地区发展的可持续性，所以新疆区域经济发展方式转变必然要求区域产业结构优化。

第五，发展的驱动力应当从资源的巨大投入向知识创新转变。新疆地区不能再依靠资源巨大投入的经济发展方式实现跨越式前进，实现这样的要求一个重要的方面是把经济发展的动力转变到知识积累、技术创新、科学进步上来，这是转变经济发展方式的一条根本途径。

二　区域公平视角下新疆产业结构调整的基本原则

笔者认为，落后地区产业结构调整总体思路可以简要概括为：

以农业现代化为抓手，提升第一产业发展效益和发展质量；以推进新型工业化为基本思路，在改造提高传统资源型产业的基础上，大力发展现代加工制造业；以推动现代服务业发展为突破口，大力提升第三产业在产业结构整体布局中的地位，以此带动就业，提高经济发展质量。①

相对新疆地区面临调整产业结构的任务时，首先应当充分尊重社会主义市场经济的基本规律，在调整方式上坚持发挥社会主义市场的基础性、根本性配置资源的作用，充分发挥企业等生产部门的市场主体性作用，让不同主体在市场竞争中实现结构调整和产业升级。同时，政府看得见的手要通过经济手段、法律手段，辅之以行政手段发挥引导调控作用，确保市场主体在逐利性驱动下达到的资源配置结果不与新疆跨越式发展、新疆产业结构合理调整的政策目标相冲突。

从我国区域发展的整体进程看，东部地区的经济发展和产业结构已经达到或者接近发达国家的水平，一些中心城市的工业化进程已经接近完成。在这一发展阶段，根据产业发展规律，发达地区必然会有基于自身产业优化布局需要的产业转移的冲动。即一些原本分布于发达地区的产业生产过程不再适宜继续布局在发达地区，而是会在市场作用下向中东部相对落后地区迁移。这样的产业转移过程从区域公平的视角看来，对于包括新疆在内的落后地区的发展是极为有利的。从发达地区迁移来的产业在落后地区可能正是新疆区域经济发展急需的紧缺产业、先进产业，它们带来了新疆地区发展急缺的项目、资金、技术，还吸纳了大量的当地劳动力就业，对于新疆区域经济发展的提振作用和产业转型升级的推动作用是十分明显的。但是，与此同时必须注意的是，从发达地区转移来的相关产业也可能是仅仅适合资源粗放型的发展模式的，也可能会对区域产业布局造成重复建设的局面，所以，对于跨区域的产业结构转移，既要肯定其对于新疆地方区域发展的促进作用，也要对转移的具体

---

① 夏文斌、刘志尧：《区域公平视角下的新疆跨越式发展》，《石河子大学学报》（哲学社会科学版）2013年第1期。

项目严格审查，优中选优。

产业结构的升级是资源配置重塑的过程，在这个过程中，既要满足当前发展的需要，又要考虑未来发展的需要，不能以牺牲后代人的利益为代价来满足现代人的利益。坚持可持续发展原则就是要摒弃那种高消耗、高污染的粗放型增长方式，进行集约生产，绿色生产，将产业结构的升级、生态建设和保护结合起来。

三　区域公平视角下新疆产业结构调整的路径选择

农业是国民经济的基础产业，在产业结构中居重要地位。新疆地区农业结构调整和优化应当以建立高效、优质的现代农业产业体系为目标，发挥龙头产业的带动作用，既广泛吸纳劳动力，又广泛利用农业机械化成果，实现投入—产出结构的整体优化。以新疆为例，这就要求调整农业布局，优化农业区域结构和产品结构，提高农副产品质量，努力创造名牌产品，大力发展特色优势产业。同时注意以农业科技水平的提高带动第一产业的整体发展，实现品种结构与质量结构的调整和优化。政府部门需要充分认识到，无论经济社会发展水平如何进步，农业始终还是国民经济的基础产业，解决13亿人的吃饭问题始终是我国必须牢牢把握的发展底线，因而任何时候对于农业的政策支持只能加强，不能减弱。加之，当前随着新疆经济结构的不断优化转型升级，新疆总体上已经进入了工业反哺农业的新时期，此时的农业发展更需要政策和资金的大力支持。另外，农业产业化是农业结构调整的必然方向，应积极发展以农业优势资源为原料的精深加工业，加强同农民之间的合作，使产销关系稳定下来，增强市场竞争能力。

工业在产业结构中处于核心地位，在工业化进程中产业结构的升级，重点是工业（第二产业）结构的升级。针对新疆工业的现状，工业结构调整的重点应该是以发展高新技术产业为方向，积极利用高新技术对于传统产业的提升作用，积极改造传统工业的流程，增加其科技含量，从而提高产品竞争力。这需要加快推进优势资源转换战略，做大做强石油、石化等优势支柱产业，应采用先进技术装备提升传统工业水平，形成一批具有自主知识产权、产品市场竞争力强的企业集团，走适合新疆区情的新型工业化道路。[①] 同时，随着新型工业化进程的推进，大规模机械化生产装备的广泛使用，一方面使得落后地区工业生产力大大加强，并继而带动整体经济社会的发展进步；机械化的生产流程也将使得落后地区的资本有机构成逐步提高，在一定程度上将使得第二产业对劳动力的吸附能力有所下降，相同工业增加值所吸纳的劳动就业人口也将逐步下行。这就要求我国在大力推动以科技创新引领的新型工业化的同时，仍然要优化劳动密集型产业，使劳动力资源特别是剩余劳动力得到充分的利用，实现经济效益与社会效益的双丰收。

提高第三产业在产业结构中的比重，使第三产业与第一、第二产业相适应，是产业结构升级的重要内容。落后地区第三产业要以市场化、产业化、社会化为方向，积极拓宽发展。为此，新疆应当运用现代技术改造传统商贸流通业，推进流通业现代化进程；大力发展交通运输、邮电通信业，消除经济发展的瓶颈制约。要继续加大信息行业投入力度，优化行业内部结构，提高服务水平，在资金、技术、人才、价格、管理体制等方面采取有效措施，丰富社会服务业体系的内涵；要鼓励有实力的生产和流通企业及其他社会资本投资电子商务，形成网络与实体相结合的市场模式，力争把电子商务建成加快产品流通速度的新经济增长点。同时大力发展旅游业，充分利用新疆丰富的自然资源和人文景观，大力发展具有得天独厚的地缘优势和广阔发展前景的旅游资源，把旅游业这一既无污染又能有效提升国民生活水平、带动当地居民消费的绿色产业作为重要的经济增长点。[②]

---

① 姜帆：《新疆确立优势产业引领新型工业化》，《经济日报》2005 年 7 月 17 日。
② 沈会盼：《新疆特色经济发展战略研究》，博士学位论文，中央民族大学，2005 年。

四　调整优化大中小企业的比例和结构[①]

如前文所述，新疆中小企业在整个新疆地区经济中具有重要的战略地位，但当前新疆的中小企业发展滞后，比重过小。[②] 中小企业是自治区国民经济和社会发展的重要组成部分，是推进新疆新型工业化、农业现代化、新型城镇化的重要力量。促进中小企业发展，有利于繁荣经济、活跃市场、促进就业、防范风险，是推动新疆跨越式发展和长治久安的一项重大战略任务。

（一）转变政府职能，服务中小企业

在市场经济条件下，政府对中小企业的管理职能主要表现在执行法律和政策，协调政府部门和企业之间的关系，为中小企业提供各种政策指导和咨询服务，而不再直接干预企业的具体经营活动。

对于中小企业来说，政府的职能应该是起到引导作用，同时为中小企业提供服务。重点是政府应加强其服务观念和服务意识，从扶持大型企业转变到扶持中小企业的发展，积极引导中小企业发展。中小企业落后，各级政府领导更应该落实责任，分片管理，帮助一些困难的中小企业，这种帮助不是直接干预中小企业的生产经营，而是间接地干预，解决企业遇到的困难，同时，应根据实际情况大力支持地区性的集群发展，为其健康发展出台相应的地方性法律法规，坚决制止各个行政单位对中小企业乱收费、乱摊派的现象，积极鼓励中小企业的建立，简化各种手续，切实为中小企业服务。

（二）完善面向中小企业的社会化服务体系

早在党的十五届四中全会中就提出：培育中小企业服务体系，

---

① 本部分作为课题阶段性成果公开发表于刘志尧《区域公平视域下促进中小企业发展策略初探》，《中国商贸》2014 年第 6 期。

② 倪天麒、刘云同：《新疆产业竞争力与发展定位》，《干旱区资源与环境》2010 年第 2 期。

为中小企业提供信息咨询、市场开拓、筹资融资、贷款担保、技术支持、人才培训等服务，为此国家经贸委中小企业司也印发了《关于培育中小企业社会化服务体系若干问题的意见》通知。中小企业势单力薄，急需政府和社会为其提供服务。因此，完善新疆中小企业社会化服务体系，整合社会资源，充分调动一切力量，发挥新疆科研机构的作用，为中小企业构建服务平台，对于中小企业增强自主创新，提高竞争力等方面有重要的战略意义。所以新疆各级政府，应设立专门机构，积极为中小企业搭建平台；重点围绕融资担保信用、人才培训、信息网络、创业辅导、管理咨询、技术支持、法律政策服务等方面建立服务体系，创造良好的经营环境。中小企业尤其是小企业受环境影响很大，创办率高，失败率也同样很高，所以政府有必要为中小企业的发展营造一个良好的经营环境。例如，为中小企业提供良好的创业环境，简化各种手续，为其提供各种咨询，促进中小企业健康发展；政府应该引导中小企业的发展，对国家扶持的产业，自治区政府也应给予一定的优惠政策，以防中小企业的无序竞争；政府应完全抛弃地方保护主义风气，不对中小企业乱摊派，真正为中小企业服务。

新疆地方政府应大力推行和积极引导建立为中小企业服务的中介机构，从企业咨询、人才培训、企业诊断、经营指导上去帮助中小企业，同时为中小企业打造一个企业共享的信息平台，加强中小企业间的协作，促进区域经济的发展。政府部门应当为中小企业提供人才培训和信息服务。政府部门设立的中介机构可以定期地向中小企业的管理者提供一些管理知识、新的管理理念、财务知识、营销知识等，也可以到企业里为员工进行培训，为中小企业建立良好的信息平台，及时发布各种信息，为中小企业的决策提供有力的支持。政府还可以为中小企业提供创业指导。中小企业在初创期可能在企业管理、资本的运作方面存在问题，设立创业指导机构可以帮助中小企业解决其所遇到的困难并推动中小企业技术创新。

（三）中小企业应完善企业的治理结构

中小企业都有一个成长的过程，每个企业都是由小规模的十几个人逐步扩大到上百人或是上千人。在新疆中小企业发展初期，由于人员较少，一般是领导拍脑袋说了算，这样的决策也快，能及时抓住机会。但是随着人员的扩充，再采用这种模式与企业的发展不协调，这就需要中小企业完善公司的治理结构，实施现代的企业制度。所谓的现代企业制度，就是产权清晰、权责明确、政企分开、管理科学。实施现代企业制度，一方面可以为企业的发展打下一个坚实的基础，另一方面有效地保障了投资者的权益，还有就是规范的企业管理和运行可以源源不断地吸引投资，从而保障企业的正常运转，对成长中的中小企业来说，完善治理结构刻不容缓。中小企业应该依据现代企业制度，在企业内部建立由股东大会、董事会、监事会、经理层构成的相互依赖又相互制衡的治理结构；根据市场竞争的要求，形成适合企业自身的企业组织形式和科学的内部管理制度。改变企业经营管理上的旧观念，广泛采用现代管理技术和方法，包括用于决策与预测的、用于生产组织和计划的、用于技术和设计的现代管理方法，以及采取包括电子计算机在内的各种先进管理手段，只有这样的企业才能长久发展。

（四）中小企业实施战略管理

有很多中小企业认为，战略管理是大企业的事情，小企业没有必要做，这个观念是错误的，战略管理对每个企业来说都很重要。战略管理是从大方向上来考虑一个企业的发展，企业只有明确了经营管理总的战略，才能细化到日常的经营中，并且增强企业的竞争力。

每个企业都想发展壮大，实施发展战略必不可少，企业的发展战略是企业为适应内外部环境的变化，对企业总目标、资源配置政策等所做出的一系列重大决策的集合，它的实质是系统性与适应性，使企业获得系统的竞争力。相对于今天的竞争力，战略更加关注企业未来的竞争力。在如今竞争日益激烈的市场环境下，新疆中小企业要想得到发展，必须认真地制定其发展战略，选择合适的竞争手段。在制定战略时，关键是对企业外部环境的变化进行分析，对企业的内部条件和素质进行审核，并以此为前提制定企业的战略目标，也就是企业的总体任务是什么的问题。明确了企业任务的企业一般绩效都比较高，而且发展方向明确，所以对新疆中小企业来说，最重要的就是立足于本地市场，挖掘本地的资源优势，在分析了内部环境和外部环境以后，确定企业的战略目标。

（五）增强自主创新能力

自主创新能力对企业来说是至关重要的，新疆地区的很多企业都是大型企业的加工厂，没有核心技术，能赚取的利润自然很低。所以国家大力提倡企业增强自主创新的能力。目前我国的大型企业已经具备这样的条件，但是对于中小企业来说，自主创新还是有一定难度的。由于自主创新成本高，回收期长，而且还存在很大的不确定性，对技术投入的预期很难把握，所以中小企业一般不愿意把钱投在自主创新上。再者中小企业缺乏自主创新的人才等等，这些因素造成中小企业自主创新的难度。虽然面对各种各样的困难，新疆中小企业要想在市场竞争中立于不败之地，只能把收益的一部分拿来搞自主创新。如果企业有实力的话，可以自己组织研发队伍，另一个途径就是与别的企业联合搞创新，还有就是可以与区内的高校合作搞创新。虽然有很大的风险，但是只有这样中小企业才能冲破难关，求得发展。

第十三章

构建公平开放的市场和社会体系

随着我国社会主义市场经济体制的逐步建立并在实践中不断完善，党的十八届三中全会进一步要求市场应当在我国的资源配置中起到决定性作用。① 这个要求进一步充分肯定了市场这只"看不见的手"在我国区域经济社会发展中的重要地位，它也是实现区域公平的重要力量。市场经济有着与生俱来的开放要求，它打破了千百年来一切自然的和人为的封闭落后状态，超越血缘、地域、民族的界限，沟通部门之间、地区之间、民族之间的经济联系，使各个地区的经济发展都卷入全国市场中，并与国际市场接轨，相互促进。市场特有的优化配置资源的功能是落后地区实现跨越式发展和经济发展方式转变的基本动力。

但是在调研中本书课题组发现，由于市场体系不健全，对外开放程度也不够，新疆地区的发展面临严峻的挑战。从一定意义上说，市场经济也是强调市场主体优胜劣汰、适者生存的开放性经济体制，它以价格信号为手段，以主体之间的彼此竞争为运行机制。毋庸讳言，在市场竞争的大潮中，落后地区面临发达地区和其他落后地区争夺资源、抢占市场的竞争考验。由于受历史和现实、自然和社会诸多因素的影响，落后地区的市场体系建设程度、市场发育程度、市场运行规范化法制化程度和发达地区相比，都存在明显的差距，往往地方保护主义盛行。与此同时，西部落后地区对外开放的力度

---

① 《中共中央关于全面深化改革若干重大问题的决定》，2013 年 11 月（http：//news. xinhuanet. com/2013-11/15/c_ 118164235. htm）。

不够，也是与东部地区发展差距拉大的一个重要原因。

　　因此，新疆地区需要按照市场的要求，适应供求关系的变化，把丰富的自然资源配置到社会最需要的众多领域、部门、企业、产品和劳务上去，提高资源利用率，最大限度地满足社会需求，产生最佳效益。从而使得市场经济的巨大功能归根到底推动地区社会生产力的发展，提高落后地区各族人民的物质文化生活水平，逐步摆脱贫穷和落后，走上区域共同富裕的道路。

一　进一步完善新疆现代市场体系，发挥市场资源配置主体性作用

　　市场经济的健康发展离不开现代市场体系的有效运作，只有在各市场交易受主体意志支配的、各交易主体机会均等的、以价值规律作用下的有效价格信号为资源配置基础的较为完善的市场体系中，各区域的经济运行才能够更加流畅。从区域公平的角度看，区域之间市场的人为分割，不同区域由于贸易壁垒和地方保护主义的影响，使得各种商品和生产要素无法顺利跨区域流动，也是造成区域利益格局固化，区域公平难以有效实现，新疆跨越式发展受到影响的重要因素。这就要求从以下几方面入手。

　　一方面，加快建立健全全国统一的、无缝连接不同区域的市场体系，使得不同地区的生产要素资源可以自由流动。[①] 生产要素在价格信号的驱使下得以自由流动是市场机制可以正常发挥作用的前提条件，只有生产要素的跨区域流动便利化、常态化，区域公平才有实现的前提。因而，国家应当加强市场监管，坚决抵制市场上的地方保护主义行为，坚决抵制人为设置地方贸易壁垒的行为；同时应当在户籍管理等方面放宽对于劳动力跨区域流动的限制，争取做到人尽其才、各尽其用。另一方面，在现代市场体系中，资本市场是全社会市场体制的重要组成部分，也是落后地区获取不同区域的经济资源用于自身发展的有效途径，因此建立壮大全国性的资本市场

---

　　① 高建龙：《推进新疆市场体系建设的若干思考》，《实事求是》2004 年第 6 期。

和针对落后地区发展的区域性资本市场也是促进区域公平的当务之急。

新疆地区须积极支持和配合中央有关部门继续推进货币、资本、保险等金融市场改革开放和稳定发展，进一步拓展资本市场业务种类，提高直接融资比重，通过资本市场实施产业整合，逐步实现产业升级或转型。与此同时，作为资本市场的重要组成部分，落后地区也应该大力发展债券市场，增强发行主体的信用建设，稳步推进信贷资产证券化，建立产业投资基金、风险投资基金等。还要加快建立不同企业科技创新成果交易平台和不同类型的产权交易平台，逐步形成多层次、多方位全面支持落后地区实体经济发展的健全的资本市场体系。①

二　构建向西开放的战略体系②

我国的现代化建设之所以走出了不平凡的历程，很大程度上得益于我们在不断深化改革、攻坚克难的同时，把加快对外开放作为各项事业的动力之基、活力之源。按照我国的地理特质和经济规律，在党中央的统一部署下，我国的对外开放从东部沿海的经济特区开始，继而扩展到沿江开放和延边开放，并随着西部大开发的推进，逐步重视内陆地区的开放，开放的层次和范围不断扩大，格局不断完善，质量不断提高。2011 年我国西部地区进出口总额达到 1840 亿美元，实际利用外资 115.7 亿美元，分别比 1999 年提高了 10 倍左右。

然而与此同时，因为种种原因，我国西部地区的对外开放水平仍远落后于东部地区，向西开放水平仍然远落后于沿海开放水平。我国的对外开放总体上呈现"东强西弱、海强边弱"的状况。2011 年，西部地区实际利用外资和进出口总额分别只占全国约 10% 和

---

① 陈栋生：《西部大开发干部参考读本》，中央文献出版社 2000 年版。

② 本部分内容作为课题阶段性成果发表于夏文斌、刘志尧《中国现代化视角下的向西开放》，《北京大学学报》（哲学社会科学版）2013 年第 5 期。

5%；20 世纪 90 年代以来，西部边疆地区对外贸易额年均增速仅为沿海地区的 50% 左右。

在国际政治经济秩序深刻变动，国内发展方式面临重要转变的宏观背景下，向西开放成为我国进一步融入和参与国际经济合作和世界分工的必然选择。诚如李克强总理指出的，向西开放是中国全方位对外开放的重大举措。当前，我国迫切需要在进一步提升沿海地区向东开放的同时，把西部地区（内陆地区的向西开放）作为拓展我国对外开放事业的新抓手、新机遇。

（一）新疆跨越式发展面临向西开放的宝贵机遇

1. 中亚地区是影响中国和世界发展的重要枢纽，向西开放面临宝贵外部机遇

从地缘来看，西北地区乃至全国向西开放面对的首要对象和重要阵地是中亚地区。中亚是亚欧大陆的中心，自古中亚就被称为世界的十字路口。无论自古以来还是在当今世界，中亚国家都有着事关全局的重要战略地位。从地缘政治的重要性来看，中亚国家地处亚欧大陆的中心位置。早在 19 世纪，英国著名地缘政治学家麦金德曾经发出预言："谁统治了中亚，谁就控制大陆心脏；谁统治大陆心脏，谁就能控制世界岛；谁控制世界岛，谁就能控制全世界。"[①]

中亚国家在古代"丝绸之路"中承担着重要的桥梁作用。现在独立后的中亚各国已被重新定位于"欧亚桥梁"，这也是各国实现资源富国战略最理想的对外经贸通道，复兴这条古"丝绸之路"日渐为欧亚国家所重视。今天的中亚国家是充满商机、潜力巨大的市场，为我国的向西开放提供了丰富的互补合作和双赢题材。

首先，中亚国家资源丰富，经贸合作潜力大。中亚五国面积总和为 400 万平方公里，相当于中国面积的 41.7%，比中国西北五省区面积还要大，可是人口并不多，只有 5500 万人，相当于中国人口的 4.2%，约占中国西北五省区人口的 1/2。[②] 中亚国家不仅地大，

---

① 封永平、姚志鹏：《中亚地缘政治经济博弈与中国的战略选择》，《上海商学院学报》2009 年第 6 期。

② 赵常庆：《走向中亚的有利条件与不利因素》，《俄罗斯中亚东欧市场》2004 年第 12 期。

而且物博。广大的土地资源适于农牧业发展，是粮食、棉花、畜产品的重要产区。中亚五国还蕴藏丰富的能源和矿产资源，特别是石油、天然气、有色金属和黑色金属资源。现已探明可采石油储量约为30亿—40亿吨，地质储量百亿吨以上；探明天然气可采储量为10多万亿立方米，地质储量为25万亿—30万亿立方米。煤的储量也很大，其中，哈萨克斯坦石化能源贮量达269亿吨油当量；土库曼斯坦和乌兹别克斯坦石化能源贮量分别达3.3亿吨油当量和4.14亿吨油当量；吉尔吉斯斯坦和塔吉克斯坦石化能源贮量分别为5.9亿吨油当量和51亿吨油当量。该地区还蕴藏着丰富的铜、铅、钟、钨、铝、锑、汞、铀、金、银等有色金属、稀有金属和贵金属以及铁、铬、锰等黑色金属。许多矿种储量在世界名列前茅。例如，哈萨克斯坦的锰储量占世界第3位，铁矿石储量占第8位，钨的储量占第1位。乌兹别克斯坦的黄金储量占世界第4位。在非金属矿产资源中，该地区的钾盐和黄磷储量很大。①

随着改革开放步伐的加快，我国经济得到迅速发展，已成为世界第二大能源消费国，能源储量已无法满足能源需求。目前，中国石油消费主要依赖于中东供给，马六甲海峡是唯一的运输通道。而马六甲海峡不仅交通拥挤、过货速度慢，而且易受到外来力量的制约，不定因素难以掌控，加上我国海上运输主要依靠外资货轮，这些不利因素会对我国能源安全产生严重影响。中亚地区能源储量丰富，被誉为"第二个中东"，与中东、俄罗斯并称为世界三大产油基地。而且中亚能源还处于起初大规模开采阶段，能源发展潜力非常大。丰富的矿产资源，为中亚国家民族经济的振兴奠定了坚实的基础，提供了持久的动力，也为我国的现代化建设提供了宝贵的潜在可利用资源。

从上述中亚五国拥有的优势资源来看，中国所缺少或中长期不能满足需要的石油、天然气、铁、铜、金、银、铀、铬、铁、金刚石、天然碱等，在中亚五国绝大部分都存在，多种资源储量相当丰富。考虑到中亚五国离中国很近，亚欧第二大陆桥基本上解决了交

---

① 张霄：《中亚形势和上海合作组织发展态势》，《国际观察》2010年第5期。

通运输问题。因此，仅从补充中国资源不足的角度出发，中亚五国对中国实现发展目标具有极其重要的意义。

其次，中亚国家经济增长较快、市场潜力巨大，与我国互补优势明显。2012 年，哈萨克斯坦国内生产总值约为 2000 亿美元，同比增长 5%。土库曼斯坦国内生产总值约为 290 亿美元，同比增长 11%；乌兹别克斯坦国内生产总值为 483 亿美元，同比增长 8.2%；塔吉克斯坦国内生产总值为 20.72 亿美元，同比增长 10.6%；吉尔吉斯斯坦国内生产总值约为 23 亿美元，同比增长 7.1%。中亚国家经济增幅远高于世界同期 2.3% 的经济增长速度，充分显示了其经济发展的活力。[①] 当前，中亚国家经济发展水平已远超苏联时期，农业、轻重工业、铁路、公路、信息等领域也有较大的发展。

中亚国家经济的快速发展，人民生活水平的不断提高，使之作为巨大消费市场的潜力进一步显现。2012 年，中亚五国与中国的贸易额达到 459.4 亿美元，比中国与其建交之初的 1992 年增幅达百倍之多。[②] 尤其是，中亚国家纺织服装、鞋帽、建材机电、日用品、食品等工业相对落后，并对这些商品需求量大。

很显然，相对富足的中亚经济，对中国的西向开放必然会带来更大红利。中国西部地区需要通过实施"走出去"战略来发展经贸合作，在这方面，中亚国家是首选对象。中亚国家 5500 万人口本身是个大市场，更主要的是中亚国家是中国走向欧洲和西亚的必经之路，通过向西开放推动西部大开发，中亚国家能发挥重要作用。

再次，中亚国家基础设施水平不断提升，投资环境逐步改善。近年来中亚各国在深化改革，健全市场机制方面都迈出了重要步伐，同时进一步加大招商引资力度。当前，中亚国家的通信、公路、铁路等基础设施的建设都在有条不紊地进行，逐步为其融入世界经济奠定了基础。并且，美欧日俄等大国和世界银行等国际金融机构也在不断加大对中亚五国的投资力度，这必将进一步改善中亚的投资环境，并增加该地区对外资的吸纳能力，增强其国际竞争力。

---

① 王海运：《中国向西开放的战略价值》，《东方早报》2013 年 1 月 16 日。
② 周丽华：《中国（新疆）与土库曼斯坦资本流动研究》，《合作经济与科技》2013 年 5 月号下。

2. 向西开放有利于新疆和西北地区跨越式发展，是区域公平发展的根本要求

区域协调发展是实现全国各地区、各民族人民共同富裕、共同繁荣发展的前提条件和根本要求。中国改革开放之初，为了尽快改变中国贫穷落后的经济状况，采取了非均衡的发展战略，中国东部沿海地区实现了快速发展，加快了中国改革开放的进程和经济增长的速度，缩小了中国与发达国家的差距。但非均衡发展战略也极大地拉大了中国东部地区和其他地区，尤其是与中国西部地区发展水平的差距。

地区差距拉大的原因固然是多方面的，但从改革开放以来的加速态势来看，对外开放的规模及其程度是重要原因之一。改革开放以来，东部地区利用沿海开放的优势大力引进外资技术，极大地推进了地区发展，而西部地区远离海洋，远离东部开放的前沿地带，西部地区的向西开放一直处于落后和缓慢的状态。市场经济是开放的经济、竞争的经济。特别是在经济全球化的今天，开放迟缓、半掩关闭的西部国门可能会使西部失去前所未有的跨越式发展机遇。

党的十八大报告提出，要"促进沿海内陆沿边开放优势互补，形成引领国际经济合作和竞争的开放区域，培育带动区域发展的开放高地"①。向西开放是加快我国西部地区发展与战略西移的物质保证。西部地区与中亚、西亚、南亚和东南亚为邻，同时在国家安全中，西部既是中国的边疆也是战略的腹地。在新世纪，我国亟待加强同中亚等地区的政治经济合作，西部地区正是我国向西开放的前沿阵地。因此，通过向西开放战略的实施，将进一步发挥西部地区的区位优势，扬长避短，增强西部地区的社会经济实力。这对于巩固我国战略腹地，带动区域经济社会协调发展，大力推进现代化建设有着重要意义。

2000多年前的丝绸之路铺就了多元文明交相辉映的历史坦途。今日，我国的向西开放必将掀开深化国际交流与合作的新篇章。

---

① 《十八大报告辅导读本》，人民出版社2012年版，第24页。

3. 向西开放是我国对外开放体系的重要组成部分，将有力地完善开放格局，丰富开放内容，提升开放水平

改革开放是决定当代中国命运的关键抉择。在改革和开放这两大支点中，当前改革方面已进入攻坚阶段和深水区，必须以更大的决心和勇气推进重点领域和关键环节改革；而开放方面我们也需要进入到全方位开放的新阶段，这就要求在以前主要重视依靠海洋东向开放的基础上，大力推动面向陆地的向西开放。

实际上，向西开放是我国全方位开放战略的重要组成部分。改革开放 30 多年来，以兴办经济特区为突破口，由点到线，由线到面，我国的沿海、沿江对外开放取得举世瞩目的成就。我国是一个陆路大国，西部内陆地区面积广大，在新时期的新形势下，向西开放成为我国进一步扩大对外开放，更好地利用两个市场、两种资源的契机，是加速推进现代化建设的重要战略举措。尤其在大开放、大合作的"全球治理"中，代表新兴经济体的"金砖国家"的国际地位越发凸显，我国的经济地位日益提高，国际话语权越来越多，这为我国实施包括向西开放的全方位开放的战略提供了一个最佳的战略机遇期，也提出了最为迫切的战略要求。

我国对外开放战略需要全方位、多向度地实施，而向西开放和沿海开放正应当成为对外开放总战略的"两翼"并驾齐驱。

当前，我国所面临的国际局势和国内环境已经有了很大不同。世界多极化和经济全球化在曲折中前进，区域经济一体化程度不断提高，多边、双边经济贸易合作不断展开，各国对外开放度和依存度不断提高；与此同时，我国综合国力不断提高，改革开放事业不断推向前进，但向西开放程度远远滞后于沿海开放程度，推进向西开放的政策和体制也有待完善。

面对挑战和机遇，我国必须以勇于创新、开拓进取的思维，在新时期把向西开放推向新阶段。可以说，向西开放将会把我国的对外开放扩大到现代化建设的各个领域，继而逐步形成"海陆同开，东西互济，南北共兴"的开放格局。

（二）新疆实施向西开放战略的基本目标

1. 寻求新的活力和动力，促进中国现代化可持续健康发展

在世界多极化与经济全球化发展的状态下，各国的现代化发展正越来越多地依赖于扩大开放作为内生动力。在这样一个现代化发展态势下，我国实施向西开放战略，就是要加强与我国陆路接壤的中亚，乃至向西延伸到西亚、中东和欧洲的国家和地区的交流与合作，进行生产要素的合理配置与组合，改善中国的对外贸易环境，提高我国在国际分工中的地位，以便从外部获得更多的推动中国进一步实现现代化，进一步深化改革和发展的动力，从而多方向、多渠道、多形式、多层次地促进现代化进程的可持续健康发展。

首先，在向西开放中寻找新的经济发展动力。我国西部地区位于亚欧大陆桥的重要位置，周围面对的是经济蓬勃发展的中亚地区，这些国家有着强烈的与我国加强经济联系，享受互惠发展红利的愿望。大力实施"向西开放"战略，将显著深化这些国家与我国在经贸、科技等方面的合作，继而在我国西部周边地区建立起地域广袤、惠及多国的经济增长极。

其次，在向西开放中大力推进西部大开发。西部大开发，是我们党站在现代化和改革开放的高度而提出的一项战略。要与时俱进，不断推进西部大开发向纵深发展，向西开放当然是题中应有之义。近年来，国家相继批准设立了新疆喀什、霍尔果斯经济开发区，并鼓励这些地区发挥示范带动作用，引领风气之先，开拓向西开放的新局面。中国西部大开发的资金筹集，除依靠中央投入和东部支持外，引进外资也是一条出路。经济回升很快的哈萨克斯坦已经有向国外投资的能力和实践，并且已经表现出对中国西部大开发投资的兴趣。

再次，在向西开放中不断强化对外开放意识。社会存在决定社会意识。开放的观念不是在理论中抽象而来的，而是来自于开放实践。新的开放实践必然会带动新的开放精神和意识，必然会进一步促发人们思考开放的时代价值，思考开放对当代中国现代化建设的积极作用。

2. 以动态开放构筑国家安全之门，为现代化建设创造和谐环境

安定和谐的环境对于中国的现代化建设至关重要，向西开放的目标之一就是为我国的现代化建设创造良好环境。实施向西开放，在促进边疆经济发展的同时巩固我国社会和谐、团结稳定的大好局面是我国现代化建设的一项重要任务。

首先，向西开放会进一步巩固多年形成的睦邻友好地带。中国与中亚国家保持良好的关系，形成"睦邻友好带"，对中国西北部地区的稳定和开发具有重要作用，有利于实现我国边境地区的稳定与安全。这既是我国周边外交的重要任务，也是向西开放的重要目标。

其次，向西开放将打造我国西部安全屏障，有效抵御"三股势力"。我国西部周边地区面临着较为复杂的政治安全环境和潜在安全威胁。通过向西开放，我国需要在发挥自身大国影响力的同时，有效应对"三股势力"、恐怖主义的威胁，有效消弭霸权主义国家在亚欧大陆给中国带来的负面影响，从而为我国西部的发展提供安全屏障，确保周边地区战略稳定，发挥负责任大国的作用。

再次，向西开放要能够优化中国能源外交战略的布局，增加周边地区的油气资源供应。对于处于现代化进程关键时期的我国而言，能源安全至关重要。当前我国能源战略的重点主要在中东海湾地区，并依赖于海上运输，特别是过于依赖马六甲海峡这一"生命"通道。鉴于西亚、北非、中东地区频频动荡的政治安全环境，我国有必要适时适当调整能源战略的外交布局。譬如，环里海地区有着十分丰富的能源资源，我国应当充分利用这一地区的资源，以规避单一能源战略的潜在风险，而"向西开放"则有必要为这一战略性调整提供重要条件。

3. 对世界经济社会的发展做出一定贡献，促进中亚和平与世界稳定

在当今多变的世界经济格局中，特别是受全球经济发展速度放缓、气候变暖、自然灾害频繁等因素影响，人类迫切需要在全球范围扩大合作的努力。从这一视角出发，通过向西开放，我国与周边国家进一步加强合作，共同应对机遇与挑战，从而为世界经济社会的发展和稳定做出贡献也应当是我国向西开放的长远目标之一。

第一，向西开放应当促进中亚的稳定与发展。通过向西开放，中亚国家将在与我国互惠互利的基础上，经济得到发展，民生得以改善，国家安全进一步巩固，从而对世界的稳定与发展起到积极作用。

第二，向西开放应当为国际经济社会发展秩序的优化提供重要支撑。随着向西开放战略的推进，包括中国、俄罗斯等国在内的金砖国家，和包括中亚五国在内的具有重要战略地位的发展中国家将能够在国际组织制度层面形成新兴国家联合体和新兴国家战略合作平台，从而形成不同于西方主导的国际政治经济力量。这也将在一定程度上加速区域和次区域合作的发展进程，促进相关国家的发展与振兴，促进国家政治经济秩序的优化。

第三，向西开放应当使传统的"丝绸之路"再显活力，将中国丝绸之路所表达的和平发展愿景变成现实。实施"向西开放"，在一定意义上也是再造现代"丝绸之路"的过程，这不仅可以重新强化我国作为连接太平洋和大西洋的陆路板块的战略重要性，而且会在经济和文化层面把我国和亚欧大陆，甚至非洲大陆更加紧密地联系在一起。

（三）进一步推进新疆向西开放的策略与路径

要把向西开放放在世界经济社会变迁的大格局中，放在中国现代化历史进程的具体环境中，深入研究向西开放所面临的新情况新问题，促进政府、学界、企业和民间组织的智慧整合，形成促进向西开放的协同创新体。

1. 以增强经济交往便利化为目标，不断提升向西开放的经济效率

第一，创新政策与法规环境，完善市场开放体系。政策体系与法律法规的完善是推进向西开放的根本保障。东部地区多年来对外开放的经验表明，国家对沿海地区的政策倾斜对于开放事业的推进至关重要。因此，首先应当进一步放开我国西部地区的对外开放权限，要在总结我国沿海经济特区、沿海开放城市等开放区的设立与推广经验的基础上，在西部设立向西开放的重点区域并允许其先行先试，以改革创新的勇气进行制度创新。要鼓励新疆等有资源优势的地区建立向西开放的桥头堡，创造吸引产业集聚的政策环境，进一步增强其经济竞争力。要建立与向西开放相配套的法律法规，营造良好规范的市场氛围，引导市场要素合理高效流动，破除行政壁垒，提高企业活力。同时，在向西开放的前沿地区也要建立各方协商对话机制，促使各地区的经济联动与协调发展。

第二，加快基础设施建设，增强与中亚能源合作。对外开放要拓展，基础设施应先行。基础设施建设的完善是进一步推进向西开放的必要物质条件。当前国家应当着力支持新疆等向西开放前沿阵地的基础设施建设，加大相关规划与投入，尤其是在交通、通信、水电等方面建设一批重点项目，从而为向西开放提供硬件支撑。同时，向西开放本身也应当吸引相关的国际投资，这就需要中国与周边国家加大合作的力度，如加快中吉乌铁路和中巴铁路的建设进度，积极与有关国家规划中俄蒙哈阿尔泰山区域交通等，通过这一系列工程，将在一定程度上改变我国西部地区基础设施落后的面貌，也将为相关国家的发展助力，从而实现合作双赢的良好局面。[①]

第三，加强边贸口岸建设，建立自由贸易区，为向西开放提供便利与可持续发展的条件。边贸的发展和边境口岸的建设不但是我国经济发展的重要力量，也关系着我国边境地区的民族发展和扶贫兴边等重大问题。在我国经济不断发展、民生不断改善的当代，中央应当根据西部大开发和向西开放战略的实际需求，统一部署与规划，加大对西部边境地区边贸发展和口岸建设支持力度，采取有效措施促进边境口岸专项转移支付资金的长期增长。要加强外贸发展和口岸仓储物流建设。对重点项目、重点企业，要在资金、政策和信息服务等方面予以倾斜，提高重点口岸、重点仓储企业的通关储货能力。要建立自由贸易区，努力把新疆建成中国西部最大的桥头堡经济区。

---

① 曲阳、龚新蜀：《新疆与中亚五国边境贸易发展的绩效分析》，《农村经济与科技》2010 年第 21 卷第 2 期，第 18—20 页。

第四，大力实施"走出去"战略，加大对外投资。要善于利用国际国内两种资源、两个市场，加快实施"走出去"与"引进来"战略。一方面，必须放宽出入境人员的限制，简化出入境手续，为企业"走出去"到中亚国家发展来料加工、境外投资、境外开拓市场提供良好条件；另一方面也要放宽中国市场准入的限制，鼓励国内外投资者以独资、合资、合作、参股、控股等形式参与我国西部的开发建设，允许外商在中国西部投资兴办金融和商品零售等"三资"产业。只有将"走出去"和"引进来"紧密地结合起来，才能真正使中国经济与中亚国家经济建立起有机的联系。①

2. 以增强政治伦理互信为基础，打造中亚稳定安全地带

第一，巩固与发展同中亚国家的睦邻友好关系，增进政治互信。从地缘政治上看，中亚国家面临着较为复杂的政治安全形势，近年来也成为各大国纷纷关注的对象。在这种形势下，中国要在与周边国家政治交往中，进一步弘扬平等互信、包容互鉴、合作共赢的精神，尊重周边国家的主权，与中亚国家应加强和扩展高层互访，逐步建立和完善中国与中亚在各领域沟通与磋商的政治机制，在互信的基础上加强战略合作。

第二，在上海合作组织框架下加强与中亚地区的安全合作，合力打击恐怖主义，探索应对非传统安全协调机制，强力打击三股势力。要建立目标统一、相互协调的合作机制，反应迅速、整治有效的应急机制，全面完整、操作便利的信息共享机制，牢牢构筑中亚安全稳定带。

第三，广泛拓展公共外交，丰富周边和谐稳定的内容。我国西北地区与中亚国家有着天然的民族文化联系，这既有利于双方经贸上的沟通互动，也有利于在有效引导的基础上发展和谐的民族关系。要本着与邻为善、以邻为伴的原则，增强两国人民的政治包容、理解与互信。随着我国国际影响力的日益扩大，还可以考虑成立国际非政府组织，推动我国和谐世界理念在相关地区的影响力。

---

① 罗大胜：《中亚区域经济整合与新疆的向西开放》，《实事求是》2004 年第 3 期。

3. 再造丝绸之路的文化辉煌，提升中华文化的传播力

第一，以丝绸之路的文化属性为纽带，建立高层次的文化合作与交流机制。可以考虑在中国与中亚国家官方文化部门保持现有交流机制的基础上，建立定期会晤与磋商制度，适时举办中国与中亚国家的文化交流论坛，并以此为契机使双方更加了解彼此的文化特色与文化优势。在相互尊重、互惠互利的基础上，双方应当合理设置双边文化交流部门，从理论上对双方的文化合作给予帮助和指导。

第二，进一步建立健全双方文化交流政策。在向西开放中加大与中亚国家的文化交流力度离不开相关政策的支持与保障。一方面，在政策导向上，政府应支持和帮助我国与中亚国家开展各类有特色、见成效、实质性的文化合作项目，并鼓励一些民间文化交流团体的设立和正常活动；另一方面，政府应当促进双方的学者、官员、企业家等加强互访，开展合作研究项目，从而在合作的基础上加强双方的文化软实力。

第三，有效提升中国文化在中亚地区的影响力。华夏文明的精髓和底蕴不仅是我国社会健康发展的长久推动力，也是我国与其他国家进行文化交流的宝贵财富。唯有强化中华文化在中亚的影响力，双方的文化交流才有不竭动力。这需要我们多管齐下，充分挖掘与展示中华文化的博大精深与独特魅力。我们需要进一步发展面向中亚市场的文化产业，做大做强中国文化品牌；需要创造出一批体现中国文化感染力的文艺节目、图书音像、书画作品，让中亚地区百姓喜闻乐见；需要加强汉语言在中亚国家的传播力度，进一步加强中亚地区汉语广播电视节目的制作水平与推广力度；需要利用互联网等新媒体平台，进一步拓展中国文化的传播空间与受众范围。

第四，以中国梦为当代中国文化的核心导向，使周边更多了解当代中国人的人文价值观。要加大与周边国家的深层次学术文化交流，共同研究丝绸之路的当代人文价值，共同研究不同国家文化的互补作用，特别是要明确推出中国梦与中亚梦的共通性，发挥中亚地区孔子学院的文化传播功能，互设教育中心，注重对留学生进行跨文化的教育和引导。

总之，向西开放是我国实行全方位开放战略的重要组成部分，

也是现代化建设不断前进的重要动力。在我国进一步深化开放的关键时期，唯有充分抓住向西开放的机遇，积极应对向西开放的挑战，深入把握扩大开放的规律，越来越多地参与国际竞争，主动融入经济全球化进程，才能开创改革开放与现代化建设的新局面。

第十四章

建立区域生态公平的发展方式

2014 年，李克强同志在谈到以新疆为代表的落后地区跨越式发展问题时要求："更加重视保护环境，更加重视改革开放，更加重视经济社会全面发展，实现参与式、包容性、融合式发展。"① 落后地区虽然开发强度和建设程度都要落后于发达地区，但是这并不意味着生态资源和环境保护状况在这些地区更为优越。实际上，不少西部落后地区由于自然条件的限制，本身就面临着生态恢复和环境保护的压力，面临经济发展与环境保护的双约束。为此，区域公平要求落后地区在加快发展中更加注重环境的保护与可持续发展。

一 区域公平视角下推进落后地区发展过程中环境保护的对策

环境保护与生态资源的有效利用应当在落后地区的发展中占有重要的位置，以实现可持续的区域发展。结合新疆这一案例来看，落后地区应该积极转变能源消费方式，改变过于依赖传统能源的现状。新疆有着丰富的能源储备，可以利用自身优势大力发展新型能源，利用新技术消除造成的污染。②

需要注意的是新疆地区的区域建设，尤其是中小城市建设在其早期阶段，面临着基础设施不完备因而缺乏可进入的环境，废物处

---

① 冯文雅：《第二次中央新疆工作座谈会要点解读》，《新华时政》2014 年 5 月 30 日。
② 韩蓓蓓：《论在环境监测中加强质量控制的几种措施》，《城市建设理论研究》（电子版）2013 年第 12 期。

理率较低等现实困难。在这样的现实条件下，控制环境污染必须动员各方面力量，充分认识到环境保护措施对于地区可持续发展的深远意义，政府更应当实实在在地加大对于环保的投入，制定更为详细的环境保护奖惩措施并落实到位，还要有集中有重点地控制企业污染，共同创造美丽的环境。从根本上说，区域公平既要求落后地区群策群力实现跨越式发展，也需要各地区废弃野蛮的发展方式，尊重自然规律和环境保护的客观规律，唤起社会对区域可持续发展的关注。[①] 这就需要广泛利用广播、电视、互联网等现代媒体的传播作用，强化人民对于环境保护的责任感和紧迫感，最大限度地凝聚社会对于环境保护的共识；政府各部门也要实实在在地把环境保护作为衡量相关工作的重要标准之一，在工作的方方面面加以贯彻；企业应当着重优化生产流程，努力使生产建设活动与环境相适应，与生态相协调。

二　构建区域生态资源开发利用补偿机制

与我国的先发展区域相比，新疆地区的交通等基础设施状况、气候等自然环境条件、人力资源等生产要素水平往往都相对落后，但是落后地区（尤其是以新疆为代表的西部落后地区）往往有着资源优势，但是实际发展中却未能将资源优势转化为经济优势。根据调研发现，新疆目前工业体系中，重工业的比重稳定保持在一半以上，但是这其中又以矿产资源的简单开发利用为主。[②] 大量的本地自然资源被以较低的成本，较低的加工程度运输到区域以外以供生产利用，而本区域始终处于产业链的低端，无法享受作为不可再生的自然资源供给者应得的利益。

区域公平的实现，离不开资源开发补偿制度在我国的逐步建立与健全。在发达市场经济国家，资源开发补偿制度已经较为成熟，

---

① 叶玉香：《新疆跨越式发展中的环境保护》，《北方环境》2011 年第 9 期。

② 邢瑞军：《新疆煤炭工业现状与可持续发展的几点建议》，《甘肃农业》2006 年第 5 期。

我国该制度的探索起步较晚，还需要在实践中结合具体国情和不同区域的实际情况不断加深认识。应当说，对于资源开发补偿制度的改革，应当是在继续使市场在资源配置中起基础性作用的前提下，对资源利用者的资源开发成本予以精确的衡量和适当的体现，从而完善资源类生产要素的价格形成机制，同时使得资源供给区域可以合理地享受到自然资源输出的经济补偿，从而带动资源供给地区的发展。

第一，理清税费关系，明确自然资源开发补偿机制的调节目标。鉴于我国在资源领域长期存在的税费种类多样和征收目标不明确的现状，建议实行如下的改革：首先，取消名目繁多的资源性政府收费，把对自然资源开发补偿机制的建立转到依靠法定资源税收上来。这一方面可以把企业开采资源的外部成本内部化，把不透明、无法估算市场价值的资源利用规模透明化，使得补偿机制得到更多市场主体的认可；同时，这样的税收取之于民、用之于民，可以为落后地区的发展和生态恢复提供资金保障。其次，对于特定地区特定种类的矿产资源开发过程征收特别费用。这样的费用主要是针对某些独占性的不可再生矿产资源的开采过程，因为这类矿产资源的开发具有暴利的性质，其开发权也往往具有垄断性质，所以征收特别费是合理的。再次，对于一般性矿产开采的费用征收水平加以适当调整，并加速市场化定价的过程，把该由市场决定的权利交还给市场。

第二，根据实际情况动态调整资源开发利用相关税种的征税范围。征税范围是一个税种是否科学的关键因素之一。既然资源开发利用补偿机制主要应当利用资源税来实现，那么，对于何种资源征税和如何征税需要根据我国经济社会发展的实际情况和各地区资源分布、资源利用的实际情况在动态中加以调整。从我国资源税的现状看，由于我国的资源开发补偿制度还处于探索起步阶段，所以资源税的征税范围相较于发达国家要更加狭窄，这固然有利于减轻企业负担，但是一定程度上对于大部分还是落后地区的资源供给地区的发展来说是不完全公平的，因而还存在调整的空间。

第三，国家应当完善自然资源开发收益的分配制度。当然，对于资源开发利用的过程征缴一定的税收，这本身也是一种开发收入分配的过程。但是，这样的资源开发利用的补偿力度恐怕仍然有所欠缺，仍然难以达到区域公平的现实要求。鉴于我国开发利用自然资源的很大一部分主体是国有部门，如国有企业和有关地方政府，那么，对于开发的收益国家仍然具有支配权。对于自然资源的利用，国家应当站在区域公平的角度综合考虑资源开发企业、资源受益地区与资源供给地区应该获得的收益，可以考虑通过设立专项落后地区开发基金等方式，对资源开发利用带来的收益进行一定程度的再分配。

作为以资源开发为主，生态环境问题严峻的西部落后地区，新疆的情况具有一定的典型性和代表性。新疆关于自然资源补偿相关具体制度的改革探索，有望为全国资源税费制度改革和经济社会可持续发展积累经验。这些改革措施将有助于完善资源税制的结构，增强资源开发补偿机制的调节作用，促进落后区域的可持续发展和生态环境保护。

第十五章

提升区域民生公共服务水平

2014 年第二次中央新疆工作座谈会上，习近平同志对新疆民生工作提出了进一步要求。他指出，要坚定不移地推动新疆更好更快发展，同时发展要落实到改善民生上、落实到惠及当地上、落实到增进团结上，让各族群众切身感受到党的关怀和祖国大家庭的温暖。[①]

改善民生是一切工作的出发点、落脚点，也是推进新疆跨越式发展和长治久安的结合点、着力点。在"十二五"规划指导思想、工作重点和发展目标中，都突出强调了保障和改善民生的重要性。这再一次表明，保障和改善民生，坚持以人为本，不仅今天，而且在"十二五"期间乃至更长一段时间内，都是新疆实现跨越式发展各项工作的出发点和落脚点。

从工作实践来看，自治区党委的一系列战略决策和工作部署，紧紧围绕改善民生这一工作目标，在提高人民收入，改善人民群众生产生活条件上做了许多工作，例如，提高各族人民收入水平、实施富民兴牧和富民安居工程、解决零就业家庭归零问题等等，都取得了很好的效果，得到了广大人民群众的认可和拥护。

虽然改革开放 30 多年来，新疆各族群众生活水平有了很大提高，但与东部地区的差距不断拉大，甚至落后于西部地区平均水平。特别是南疆相当一部分少数民族群众仅有微薄的农业收入，致富无门，生活贫困。因此，中央与地方政府一定要充分认识加快改善新疆民生状况的重要性和紧迫性，抓紧办几件民生大事、实事，同时

[①] 冯文雅：《第二次中央新疆工作座谈会要点解读》，《新华时政》2014 年 5 月 30 日。

对那些事关长远的问题做出制度性安排。①

一　以新疆为重点构建区域教育公平②

习近平同志要求："要坚持教育优先，培养优秀人才……要吸引更多优秀人才投身教育。"③ 这也就是要求逐步缩小落后地区与发达地区教育水平的差距，实现教育公平。发展教育是落后地区培养科技人才、脱贫致富、实现后发赶超的基础途径。④ 因此，要将对欠发达地区教育的基本投入放在区域公平发展的高度来认识，不断优化教育环境和教育条件，建立合理的教育财政责任分担机制，保证教育经费的稳定供给，从而切实保障全国教育的区域均衡发展。⑤

作为推进区域公平发展的一部分，政府须完善优质教育资源区域调控措施，既要尊重教育资源在市场支配下的流动，更要发挥政府对各项教育资源，尤其是基础教育资源的调控作用，使优质教育资源在地区之间的分布更为公平合理，要加强教师资源的统筹管理和合理配置，从教育供给的角度确保区域教育公平；应当发挥社会力量办学的积极性，从体制机制上破除社会力量办学的障碍，发挥市场配置教育资源的积极作用；针对贫困地区的教育发展，应当建立贫困地区教育发展基金，将政府拨款和社会捐款用于知识援助项目。

习近平同志在 2014 年新疆工作会议上指出，"要在各族群众中

---

① 阿不都热扎克·铁木尔：《实现新疆跨越式发展的几点思考》，《新疆社会科学》2011 年第 3 期。

② 本部分关于新疆爱国主义教育的主要内容作为课题阶段性成果发表于刘志尧、夏文斌《区域特殊性视域下的爱国主义教育——以新疆中学为例》，《中学政治教学参考》2013 年第 27 期。

③ 阿不都热扎克·铁木尔：《实现新疆跨越式发展的几点思考》，《新疆社会科学》2011 年第 3 期。

④ 《国务院关于深化改革加快发展民族教育的决定》，2002 年 7 月 7 日（http：//news. xinhuanet. com/zhengfu/2002-08/19/content_ 529823. htm）。

⑤ 陈思维：《转型期我国教育不公的社会学分析》，硕士学位论文，华中师范大学，2006 年。

牢固树立正确的祖国观、民族观，弘扬社会主义核心价值体系和社会主义核心价值观，增强各族群众对伟大祖国的认同、对中华民族的认同、对中华文化的认同、对中国特色社会主义道路的认同"①。新疆作为我国的西域要塞和战略重地，它的长治久安关系着中华民族复兴大业的全局，它的发展和稳定更需要一批批拥有爱国热情的青年知识分子的引领。同时，由于新疆具有民族成分多元，民族关系复杂，境内外"三股势力"猖獗等区域特殊性，因而爱国主义教育对于新疆学生显得尤为迫切和重要，它不仅是提高新疆教育水平的重要抓手之一，也是增强国家认同感与社会凝聚力的重要途径。

第一，新疆的爱国主义教育应充分利用课堂这一阵地，在课堂理论教学中融入爱国主义的内容，提高其针对性和说服力。要在马克思主义理论指导下，通过深入浅出的教育，激发学生爱国之情。要教育学生认真学习马克思主义基本原理，毛泽东思想和中国特色社会主义理论，在此基础上，有针对性地进行党的基本路线和社会主义现代化建设成就的教育，社会主义民主与法制教育，国防教育与国家安全教育，民族团结和党的民族、宗教政策的教育，祖国统一、反对分裂教育。并结合学习中华民族的历史、中国共产党党史，帮助他们提高思想政治觉悟、树立马克思主义信念、特别是要学会用马克思主义立场、观点和方法分析历史与现实中的各种问题。

第二，帮助新疆学生了解祖国并认清分裂势力的真相的途径很多，在方式、方法上要切合实际，有步骤、分阶段进行。实践证明，开展校园文化活动往往容易受学生欢迎，有很强的吸引力。因此，要抓好校园文化及设施建设，使学生有更多的机会了解祖国的过去，认识祖国的现在，展望祖国的未来。利用好形势报告会、黑板报、宣传橱窗、国史展览、广播、电视等手段，吸引学生参与，寓教育于活动之中。

第三，积极开展实践教育，增强爱国主义教育的说服力。有计划、有目的地组织学生走出校门，走向社会大课堂，积极参加有关

---

① 陈思维：《转型期我国教育不公的社会学分析》，硕士学位论文，华中师范大学，2006年。

的社会实践是新疆爱国主义教育的重要手段。① 开展形式多样、生动活泼的爱国主义教育实践活动，不仅能使学生从理性上树立爱国主义思想，而且能从感性上加强对于国家的认识和体会。更重要的是学生在实践活动中，通过社会调查等手段，能够切实认清新疆的复杂形势和破坏势力的罪恶行径，更切实、更深刻地体会爱国主义的意义。

第四，强化人文精神教育，增强爱国主义教育的文化底蕴。由于新疆部分学生存在人文基础薄弱的问题，可见加强人文精神的教育是促进新疆爱国主义教育的重要手段。人文科学的教育是培养学生内在精神的教育，包括人的社会心理、价值体系、思维方式、人伦价值、审美情趣等，是培养爱国主义价值观的精神底蕴。一个人只有拥有良好的认知素养，才能成功地适应生活中的各种状况，从根本上认清"三股势力"的本质，并和种种狭隘的观念做斗争，保持精神的健康向上。

二　推进基本公共服务供给体制改革，完善新疆社会保障体系

建立健全与经济发展水平相适应的社会保障体系，是维护社会公正、协调社会利益、构建和谐社会的重要方面。有专家认为，和谐社会是一个过程，因为"和谐"是没有上限的。但是和谐社会却有底线，如果社会的不和谐突破了这个底线，社会稳定将发生动摇。因此，理解和谐社会首先必须找到和谐社会的底线在什么地方，通过构建社会安全网等措施保证社会和谐的底线不被突破。

基本公共服务均等化是保障各地区居民公平地享有社会资源，维持生活基本水平的重要手段。② 落后地区试点加快基本公共服务供给制度的改革，逐步实现区域基本公共服务供给均等化，从而缩小

---

① 刘春明：《在思想政治教育中践行科学发展观》，《中学政治教学参考》2013 年第 3 期。

② 中国（海南）改革发展研究院：《百姓·民生——共享基本公共服务 100 题》，中国经济出版社 2008 年版。

区域民生水平的差距是区域公平建设一个值得探索的方向。

　　基本公共服务区域布局均衡化是基本公共服务均等化的基本要求，是区域公平的题中应有之义，也是新疆跨越式发展的基本保障。社会主义国家具有能够集中力量办大事的政治优势，因而具备实现基本公共服务均等化的基本条件。可以通过社会民生资源在全国范围内的合理调配，使得基本公共服务的供给质量与广大人民群众的愿望和要求相匹配，基本实现地区间劳动就业、卫生医疗、养老服务等各种公共资源配置的均衡，使全体社会成员都有均等地享有使用社会基本公共产品的机会。这就需要全面深化区域社会领域的体制改革，而这样的改革牵涉的利益重新分配规模将是巨大的。我国必须指出的是，就业、医疗、教育等社会民生问题能否在不同区域得以妥善解决，关系着各区域居民最基本的利益，是区域发展是否公平在群众层面最直接、最现实、最直观的感受来源，也是我国推进区域公平的落脚点。正如党的十八届三中全会《中共中央关于全面深化改革若干重大问题的决定》再次强调指出的，要推进基本公共服务均等化、要建立更加公平可持续的社会保障制度，全面深化社会领域的体制改革正是实现这一目标的现实途径。[①] 改革开放以来，我国的基本公共服务供给体系建设取得了巨大成就，但是另一方面，基本公共服务供给的地域性差别也如同经济发展的区域差别一样客观存在着，甚至在一定程度上这种差别还在不断扩大。这无疑影响了我国公共服务供给体制的区域公平性，影响了民生社会发展的区域公平性。

　　新时期深化新疆区域公共服务供给体制改革，需要调整日趋失衡的区域利益关系、破除利益固化的藩篱，推进各地区在社会民生领域的协作与援助，加大国家和自治区对于基本公共服务供给的扶持与调控力度，逐渐实现新疆各地区各阶层居民可以享受与全国其他省市居民大体相同的最基本生活水平的保障，可以保证最基本的生活质量与生存尊严，这是现阶段需妥善应对的重大挑战。因此，

---

　　① 《中共中央关于全面深化改革若干重大问题的决定》，2013 年 11 月（http：//news. xinhua. com/2013-11/15/c_ 118164235. htm）。

新时期新疆社会民生领域的体制改革要在巩固区域普惠的同时，解决该领域物质分配的区域公平性与可持续性问题，充分赢得不同地区、不同阶层、不同民族对基本公共服务均等化的支持与尊重，赢得新疆全体人民对于社会民生资源跨区域优化重组的信任与支持，这正是该项改革取得成功的关键所在。①

总之，在改革开放不断走向深入的新时期，要完成新疆跨越式发展的任务，离不开我国区域发展大局总体设计，离不开区域公平发展这一理念在我国区域宏观调控过程中的贯彻，离不开决策者对于区域政策的前瞻性、法制化、市场化的精准把控，离不开学术界各位同人的大力探索，也离不开全体人民在全面建成小康社会目标下齐心协力的共同奋斗和对于新时期全面深化改革的全心支持。

区域公平视角下的新疆跨越式发展是一个集历史性、系统性、前瞻性于一身的命题。在全球化时代，需要我国政府等学界研究者在历史传承和创新的对接中，在不同文化的交流中，在跨学科的探讨中，在不同视域的关切中，不断丰富和发展这一命题的理论内涵与目标，以更开阔的视野去推进区域公平的构建，并针对新疆的发展实际，进一步提出新疆跨越式发展的基本理论和对策。

---

① 周子勋：《社保改革核心：破除利益固化藩篱》，《中国经济时报》2014 年 9 月 15 日第 A01 版。

附录

　　作者已在《北京大学学报》、《石河子大学学报》等发表的相关论文。

区域公平的理论基础探源

——基于马克思主义视角的分析

摘要： 目前学界对区域公平问题的探讨多局限在西方流行区域理论视角下，尚缺乏对其马克思主义理论基础的研究。马克思和恩格斯虽然没有系统提出区域公平理论，但他们的区域公平思想是宝贵和丰富的。他们提出了区域生产力平衡分布论，做出了按计划分布生产力的设想；阐明了实现生产力区域公平布局应遵循的三原则，即接近原料产地，有利于促进工农、城乡结合，有利于促进环境保护与生态平衡；强调了区域之间协调发展的标准：区域合理分工、相互协作。

关键词： 区域公平；理论基础；马克思主义

改革开放以来，在取得巨大成就的同时，我国区域之间的差距逐渐拉大，区域发展的不平衡特征越发明显，已经引起社会各界的广泛关注。党中央及时关注区域公平问题，并逐步建立起与我国国情相适应的区域发展理念、政策和措施。早在改革开放之初，邓小平关于区域发展的"两个大局"思想就要求：发展到一定时候，沿海应当拿出更多力量帮助内地发展。国家从"九五"开始，要求更加重视支持中西部地区经济的发展，逐步加大解决地区差距继续扩大趋势的力度。"十五"计划明确提出了"实施西部大开发战略，促进地区经济协调发展"。进入21世纪以来，党中央审时度势，及时提出了科学发展观，要求做到"五个统筹"，其中就包括"统筹区域发展"，这把区域公平问题放在了突出位置。党的十八大也针对进一步实现区域协调发展问题，做出了国家层面的清晰布置，表明了我们党对区域公平问题的关注提到了新的战略层次。

区域公平也是学界聚焦的重大问题之一，学界在区域差距分析和区域协调发展策略等研究领域产生了有意义的研究成果。然而，学界当前对于区域公平的理论探讨大多局限在西方流行区域发展理论的视角之下，尚缺乏从马克思主义视域出发，剖析其理论基础的研究。这一缺失既是学术研究的不足，也是造成人们认识分歧的重要因素。只有对区域公平有一个马克思主义的认识，相关问题才能在规范话语中进行，关于区域公平的各种对话和冲突才能得以解决，从实践层面对区域公平的探索才会有理论依归与明确方向。因此，本文拟在对马克思、恩格斯相关文本进行研究的基础上，客观、扼要地概括出马克思和恩格斯的区域公平思想，为我国全面建设小康社会进程中区域公平的构建，提供马克思主义的理论基础和理论指导。

对于区域公平问题，马克思和恩格斯虽然未作过专门、系统的阐发，但他们以资本主义生产方式的研究为毕生的事业，专注于对社会形态演进和世界经济发展的探索，由此形成了许多极具价值的区域公平思想，针对这一问题的论述散见于他们的著作、书信及其手稿中，如《德意志意识形态》、《哲学的贫困》、《共产党宣言》、《反杜林论》、《论住宅问题》、《资本论》、《剩余价值理论》、《大不列颠对印度通知》、《关于自由贸易的演讲》、《保护关税制度和自由贸易》等。在他们的论著中，涉及区域公平的论述是丰富而经典的，这些论述不容忽视，是进行区域公平理论界定的重要指导。

一　马克思、恩格斯提出了区域公平的经典理论：生产力平衡分布论

马克思和恩格斯在设想社会主义区域发展模式时，把生产力在区域间的平衡分布作为未来社会区域发展的理想形式。他们认为，资本主义特有的经济社会发展不平衡规律在空间上的表现形式即为区域发展的不平衡；而社会主义制度下国家应当并且能够均衡分布

生产力，逐步消除地区差距。恩格斯在《反杜林论》中提出了未来社会主义社会的生产力在区域空间上应当平衡分布的思想。他指出，"大工业在全国的尽可能均衡的分布是消灭城市和乡村的分离的条件"①。恩格斯已经看到，只有在全国范围内建立起公平的区域发展格局，使地区间的发展水平趋于一致，才能为最终消灭城乡之间的差别创造必要条件。

　　这里需要强调的是，恩格斯提出的"大工业在全国的尽可能平衡的分布"，并不是在区域生产力分布问题上主张简单平均主义。这一点可以从他在 1875 年写给马克思的信中得到证明："在国和国、省和省、甚至地方和地方之间总会有生活条件方面的某种不平等存在，这种不平等可以减少到最低限度，但是永远不可能完全消除。"② 从恩格斯的观点看，区域公平的内涵一方面是要达到生产力在区域间的平衡分布，另一方面也要承认地区间各种客观条件存在着差异，区域公平的现实目标应当是在促进区域共同发展的基础上，逐步将地区发展差距"减少到最低限度"。因此，马克思和恩格斯所主张的区域公平目标与简单平均主义是根本对立的，是尊重区域发展的客观规律的。

　　为了实现生产力的区域平衡分布，马克思和恩格斯认为应按照统一计划公平地在区域间分配生产力。他们指出，资本主义社会的生产处于无政府状态，而社会主义社会以生产资料公有制为主体，全社会的生产具有整体性有序性，这使得生产力区域布局的平衡具有了可能性。《共产党宣言》指出，无产阶级取得政权之后，需要"按照总的计划"改造既有社会经济关系，也包括生产力在区域空间的分布状况。《反杜林论》中也阐明："只有按照一个统一的大的计划协调地配置自己的生产力的社会，才能使工业在全国分布最适合于它自身的发展和其他生产要素的保持或发展。"③ 恩格斯的这一论断强调了"未来社会（社会主义社会）"的生产力布局乃至国民经济发展须有"一个统一的大的计划"进行调控指导，根据"国民经

---

① 《马克思恩格斯选集》第 3 卷，人民出版社 1995 年版，第 647 页。
② 同上书，第 325 页。
③ 同上书，第 646 页。

济的整体利益"协调公正地配置区域间生产力分布。生产力（大工业）在区域间的分布不仅要有利于各个区域（或部门）自身的发展壮大，而且还要有利于国民经济其他部门和其他区域的发展，最终目标是各地区（及各部门）全面、共同发展。也就是说，只有社会主义社会国民经济总体上的有计划代替了资本主义生产的无政府状态，才能实现公平协调在区域间配置生产力的目标。

二　马克思、恩格斯阐明了生产力区域公平布局应遵循的基本原则

马克思和恩格斯深入考察了资本主义生产关系，并在此基础上对社会主义社会如何实现生产力在区域间的公平布局，提出了应该遵循的有关基本原则。

（一）工业生产在区域分布上应尽可能接近原料产地。马克思和恩格斯认为，生产力的空间布局应当有利于节约生产成本和增加产出，而这就要求工业尽可能接近原料产地，以提高劳动生产率。《资本论》中蕴含了较为丰富的区域公平思想，特别是如下这段论述："如果由于原料价格的提高一方面引起了原料需求的减少，另一方面既引起了当地原料生产的扩大，又使人民从遥远的一向很少利用或者根本不利用的生产地区去取得原料供给，而这两方面加在一起又使原料的供给超过需求（而且是在原来的高价下超过需求），以致这种高价现在突然跌落下来。"① 马克思的这段论述精辟地分析了生产部门在不同区域的不平衡发展，必然会引起各个区域对各种产品的不等量需求；而供求变化又会引起产品和原料价格的波动，继而影响各个区域各种产品的生产状况。因而，使工业生产尽可能接近原料产地，尤其是能源产地和交通枢纽，可以降低生产成本，从而加速资金周转，强化扩大再生产的能力。② 马克思的这些观点蕴含了要求区域资源合理公平布局的深刻思想。

---

① 马克思：《资本论》第3卷，人民出版社1995年版，第135页。
② 王振宇：《马克思恩格斯区域经济协调发展思想研究》，《实事求是》2011年第6期，第47—49页。

　　（二）生产力的区域布局应有利于促进工农结合和城乡结合。马克思指出："城市本身表明了人口、生产工具、资本、享乐和需求的集中；而在乡村里所看到的却是完全相反的情况：孤立和分散。"①恩格斯指出："文明时代巩固并加强了所有这些已经发生的各次分工，特别是通过加剧城市和乡村的对立……而使之巩固和加强。"②马克思和恩格斯认为社会生产力发展是城市经济集中的客观必然结果。这种集中的积极作用是带来了规模效应，提高了社会生产率，但是城市规模越大问题也越多。③ 而城市和乡村的差别一方面是由于社会分工带来的结果，同时也加强和巩固了社会分工。

　　马克思和恩格斯在《共产党宣言》中阐述了资本主义机器大工业一方面促进了城乡之间、区域之间的生产联系，另一方面使得城乡对立的矛盾在资本主义生产力空间布局下凸显出来。他们指出，无产阶级取得政权之后，要"把农业和工业结合起来，促使城乡对立逐步消灭"④。恩格斯在《论住宅问题》中进一步论述了合理的生产力空间布局应有助于消灭城乡对立、密切工农业内部联系的原则。他指出："只有使人口尽可能地平均分布于全国，只有使工业生产和农业生产发生紧密的联系，并适应这一要求使交通工具也扩充起来"⑤，才可以真正实现城乡结合。

　　（三）区域的生产力布局应有利于促进环境保护与生态平衡。在《反杜林论》中，恩格斯精辟地描述道："蒸汽机的第一需要和大工业中差不多一切生产部门的主要需要，就是比较纯洁的水。但是工厂城市把一切水都变成臭气冲天的污水。"⑥ 伴随着资本主义大工业的繁荣发展，新的大城市不断产生。在工业化、城市化迅速推进的同时，生态和环境污染的问题也随之产生。这里，恩格斯看到了"工厂城市"作为工业化的代表，享用了"洁净的水"这样的生态

---

　　① 《马克思恩格斯全集》第 3 卷，人民出版社 1960 年版，第 57 页。

　　② 《马克思恩格斯选集》第 4 卷，人民出版社 1995 年版，第 165—166、580 页。

　　③ 曾长秋、赵剑芳：《马克思主义城乡关系理论及其在我国的应用》，《大连干部学刊》2007 年第 9 期，第 10—12 页。

　　④ 《马克思恩格斯选集》第 1 卷，人民出版社 1995 年版，第 294、68 页。

　　⑤ 《马克思恩格斯选集》第 3 卷，人民出版社 1995 年版，第 647、325、646、215、646 页。

　　⑥ 同上。

资源，却制造了乡村地区原本没有的生态污染问题，这就是一种区域生态的不公平，而只有在生态的建设者和受益者之间构建产品交换的平台，建立起公平的区域生态分配机制，才有利于解决生态建设、环境保护等问题，才能消除现代化过程中的区域生态矛盾，才能实现均衡发展和人地关系协调的双重目标。这一切的实现，只有消灭现代工业的资本主义性质才有可能。

三　马克思、恩格斯强调了区域之间协调发展的标准

除了关注区域生产力的布局原则，马克思和恩格斯还着重强调了区域之间的协调发展，并提出了两条极具现实意义的标准。

（一）区域间应公平合理分工。马克思和恩格斯十分重视分工的重要性，他们曾十分明确地指出："一个民族的生产力发展的水平，最明显地表现于该民族分工的发展程度。任何新的生产力，只要它不是迄今已知的生产力单纯的量的扩大（例如开垦土地），都会引起分工的进一步发展。"[①] 马克思和恩格斯在描绘了民族内部分工发展过程的同时认为，"分工的相互关系取决于农业劳动、工业劳动和商业劳动的经营方式，并且在交往比较发达的条件下，这种情况也会在各民族间的相互关系中表现出来"[②]。马克思和恩格斯的分工思想同样适用于区域分工的情形，因为在现实中，各种生产要素总是在一定空间中分布，各种物质生产活动都必须存在于一定的空间之内，所以分工必然包括劳动的区域分工。

而区域的分工必须按一定的比例公平合理地进行。马克思指出，"这种按一定比例分配社会劳动的必要性，决不可能被社会生产的一定形式所消灭，而可能改变的只是它的表现形式"[③]。因此，社会劳动必须按比例分配，社会生产在各部类之间、各区域之间的平衡分

---

① 《马克思恩格斯选集》第 1 卷，人民出版社 1995 年版，第 294、68 页。
② 范锡文：《马克思主义发展理论与区域和谐发展》，《马克思主义研究》2008 年第 4 期，第 67—71 页。
③ 《马克思恩格斯选集》第 4 卷，人民出版社 1995 年版，第 165—166、580 页。

布是社会再生产过程得以实现的必然要求，也是社会经济持续运行的必要条件。

（二）区域间应当相互协作。马克思认为，在劳动的地域分工出现后，跨区域的劳动协作是实现区域公平的重要保证。"一方面，协作可以扩大劳动的空间范围，因此，某些劳动过程由于劳动对象空间上的联系就需要协作……另一方面，协作可以与生产规模相比相对地在空间上缩小生产领域。在劳动的作用范围扩大的同时劳动空间范围的这种缩小，会节约非生产费用"①。地域分工的出现和发展，使得不同区域的劳动产业相对集中，这又产生了区域之间加强经济联系、推进相互协作的必要性。马克思认为，区域协作作为一种有计划的协同劳动，它不仅能够提高个人生产效率，还能够创造出新的生产力，这种生产力来源于集体的力量，这是一种新的强大力量。此外，马克思还认为，区域协作使得各种生产劳动紧密联系在一起，而这又会引起相互竞争，从而鼓励每个人提高个人生产力。因此，区域协作不仅在各个时期有力促进了社会生产力的发展，也是缩小区域差距的推动力和衡量区域发展程度的重要指标。马克思和恩格斯的这些论述，充分体现了区域协作在推进区域公平发展中的重要作用。

四　马克思、恩格斯区域公平思想的当代启示

如前所述，马克思和恩格斯虽然没有系统提出区域公平理论，但他们的生产力平衡分布论、生产力区域布局原则理论、产业部门和区域的分工协作思想、区域生产协调发展思想等，解释了生产力配置、产业分工、区域协调发展等与区域公平密切相关的问题，为以马克思主义为指导思想的国家实现区域公平提供了宝贵理论依据，也为我国处理区域公平发展问题提供了根本指导。

由生产力平衡分布论，我们认识到区域公平最直接最现实的内

---

① 马克思：《资本论》第1卷，人民出版社1995年版，第381页。

涵要求应当是区域间的发展差距保持在较小的合理范围内并逐步缩小。如果相对发达地区发展成果的取得是以长期、持续地牺牲相对落后地区发展水平为代价，那么，这样的区域发展模式就不能认为是公平的，也是与社会主义本质背道而驰的。而且，区域间发展水平的差距应当限定在一定的范围内，即不应当影响区域的持续发展和社会稳定，不应当形成两极分化之趋势。并且，从更长的历史跨度看，这种差距应当逐渐缩小，以实现区域的相对公平。亦即，从静态的视角看，区域的发展差距应控制在一定的"度"内；从动态的视角衡量，不同区域在经济、政治、社会、文化、生态等各方面的发展水平差距应逐步减小。并且，在生产力区域布局策略上，要从全国一盘棋的统一规划与地方现实自主调节之间找到最佳的平衡点。

生产力区域公平布局的三大原则表明，区域公平要求生产要素的区域配置应充分依据地区特征和市场需要。同时，生产力区域公平布局目标的实现也要求生产要素可以跨越城乡的分割，实现自由流动和合理配置，并且不平等竞争环境被逐步消除，全国统一市场逐步形成。区域公平还要求区域开发过程中必须建立严格的生态资源补偿机制，补偿资源提供地区资源与环境的消耗、修复与重建，保护资源供给地区的生存和发展不被损害。这些原则为实现区域公平的具体路径选择实现提供了宝贵思路。

区域之间协调发展的标准表明，社会主义区域产业结构和区域分工的科学化和合理化，也是保证区域公平的一个重要条件。区域公平要求不同区域间产业结构的形成和调整要按照合理组织地域分工、发挥地区优势的原则进行，各区域的产业发展和产业结构都应建立在自身经济优势和比较利益的基础上，而不是无视区域分工原则，各区域盲目追求各自眼前利益。更具体地说，区域公平要求各地区的比较优势能够得到充分有效的发挥，并形成合理分工、各具特色的国民经济结构，区域之间产业结构的趋同现象不断减少，合理的区际产业结构和分工体系逐步形成。同时，区域间的协作互助机制也应当逐步建立和成熟起来，并在此基础上，使区域之间经济社会交往的范围和深度得以不断扩大。

　　总之，在我国高速发展而区域之间又存在较大差距的背景下，我们需要重新审视区域公平问题，并建立与科学发展观相适应的区域公平理念和政策体系。马克思和恩格斯的区域公平思想为正确认识和处理社会主义初级阶段的区域公平问题提供了宝贵的理论基础和实践启示，其基本立场、方法、观点是值得研究者长期贯彻的宝贵思想资源。

区域公平视角下的新疆跨越式发展

摘要：新疆跨越式发展是深入贯彻落实科学发展观的重要前提，更是维护我国改革发展稳定大局的重要保证。该文根据国家和新疆发展的实际，提出区域公平的概念，并从区域公平这一新的视角和路径出发研究新疆的跨越式发展。在明确区域公平助推新疆跨越式的意义的基础上，从区域公平的视角深入分析新疆跨越式发展面临的障碍和挑战，并进而从国家战略的顶层设计、经济和产业结构的优化引导、市场与区域协作体系的构建等多层面提出促进新疆跨越式发展的对策建议。

关键词：新疆跨越式发展；区域公平

新疆跨越式发展是实现中国现代化的迫切需要，是深入贯彻科学和谐发展的重要前提，更是维护我国改革发展稳定大局的重要保证。如何大力推进新疆跨越式发展，需要我们从当代中国社会发展的大势出发，从整体和全局的高度，深入研究新疆跨越式发展的理论和制度体制等问题。从区域公平的视角来研究新疆跨越式发展，无疑是一个新的研究角度和路径。

一 区域公平助推新疆跨越发展进程的意义

第一，促进区域公平，实现新疆跨越式发展是全面落实科学发展观、推进中国特色社会主义建设的迫切要求。当前，中国已经进入到高举中国特色社会主义伟大旗帜、全面深入贯彻落实科学发展观的新时代。科学发展观要求"五个统筹"，其中就包括统筹区域发展。在以人为本的科学发展观的指导下，需要重新审视区域的公平发展问题，并建立与科学发展观相适应的区域发展的理念、政策和措施。因此，在我国当前经济高速增长而区域经济社会发展又存在较大差距的背景下，必须进一步重视区域发展的公平性问题，才是满足科学发展观要求的。合理的地区差距有利于社会经济的发展，反之，过大的地区差距必将成为经济社会发展的障碍。统筹区域发展，必然要求各区域之间的发展水平、发展进程应该是相互协调、相互促进。如果区域公平发展问题严重，必将导致利益分配的不公，产生区域经济社会发展的鸿沟和区域相互割裂的矛盾，中国特色社会主义事业"四位一体"战略格局的构建就失去了依存的经济、社会基础。

　　第二，促进区域公平，实现新疆跨越式发展是我国全面建设小康社会、实现现代化战略目标的基本前提和题中应有之义。国际经验表明，一国区域发展的公平是十分重大、必须予以妥善解决的问题，否则将直接影响一国现代化转型的进程。对于从计划经济体制向市场经济体制转轨的国家来说，地区不公平问题的尖锐化将引起地方与中央的离心力，甚至导致一个国家的中长期发展战略的失败。进入 21 世纪上半叶以来，中国处于高速发展时期，在完成了小平同志提出的现代化战略目标的前两步之后，随着经济全球化和经济市场化浪潮的到来，区域间实现公平协调发展较之以往任何时期都更为重要，只有全国各区域协调公平发展才能保证中国整体竞争力的提升。区域发展的差距如果不能妥善处理可能延缓社会主义现代化建设第三步战略目标的实现。[①] 当前，我国人民生活总体上已实现了由温饱到小康的历史性跨越，民生问题已经得到了显著的改善。但这种总体上的小康水平还只是低水平的、不全面的、发展很不平衡的小康水平，民生的改善也仍然有着较大的空间。"不全面"和"发展很不平衡"包含的一个突出问题是区域发展的不协调，小康的

---

① 《邓小平文选》第 3 卷，人民出版社 1993 年版。

"低水平"突出表现在以新疆为代表的相对落后地区经济社会发展的低水平和人民生活水平的有待提高。为此，要实现全面建设惠及十几亿人口的更高水平的小康社会的奋斗目标，切实保障和改善民生，就必须促进区域公平发展；要使我国成为富强民主文明和谐的现代化国家、实现中华民族的伟大复兴，也必须促进区域公平发展。

第三，促进区域公平，实现新疆跨越式发展是建设社会主义和谐社会、化解潜在社会矛盾冲突、维护社会稳定的现实呼唤，也是维护民族团结与边疆稳定的重要抓手。区域公平问题不仅是一个经济问题，也是一个社会问题和政治问题。不重视区域发展的公平问题，可能会给一个社会带来沉重的代价，它会使资金、人口、技术等不断向发达区域集中，造成城市不断膨胀、基础设施不堪重负、环境污染加剧、社会治安问题恶化、城市贫困人口增多，进而使发展程度较低的地区滋生不满情绪，激化社会矛盾，容易引发社会动荡，从而影响整个社会的稳定和国家的统一，给社会主义和谐社会的建设造成严重阻碍。由于广大的新疆地区地处我国边疆，是我国少数民族人口的聚居区，促进区域公平、实现新疆跨越式发展对于维护社会和谐稳定、促进民族团结和保障边疆安全都具有重要意义。

第四，促进区域公平发展，实现新疆跨越式发展是我国保持国民经济又好又快发展，转变经济发展方式，构建创新型国家的重要支撑。一方面，区域公平发展是国民经济平稳、健康、高效运行的前提。区域发展公平的缺失会影响一国的整体经济增长的效率，不利于资源的有效配置，进而会影响一国宏观经济可持续发展。地区发展不公平的持续，会给整个国民经济产业结构的优化和升级带来负面影响。另外，区域发展公平的缺失会挫伤包括新疆在内的欠发达地区的积极性，造成它们发展所需的各种资源的流失，特别是有创新能力和开拓精神的人口大量流失，产生"抽空"效应，从而使以新疆为代表的欠发达地区的创新精神、开拓意识和科技研发陷入衰退或停滞状态，对我国建设创新型国家将产生不利的影响。

二　从区域公平角度审视新疆跨越式
　发展面临的挑战

在现时代，新疆跨越式发展既面临前所未有的大好机遇，又经历着诸多矛盾和挑战，这些矛盾和挑战表现在诸多方面，其中很重要的一方面，就在于我们在区域公平战略提出和路径推进方面还存在着许多理论和体制性障碍，从而极大地影响了新疆跨越式发展。

第一，经济发展与内地差距显著。应该清醒地看到，与全国特别是与东中部地区相比，新疆发展的差距仍然很大，"家底"薄弱。新疆的经济发展速度、能力与其战略地位不相称。近年来新疆与发达地区的经济差距呈逐渐扩大之势，整个新疆地区经济发展缓慢，一、二、三产业发展速度均低于我国东部地区，就拿居民收入来说，2009 年全国 31 个省、市、自治区城镇居民人均收入新疆排行第 30 位，大约在 12120 元。相对于东部省份上海、北京、浙江、广东、天津等相差 15000 元左右。差距就充分显现了新疆地区发展的滞后性。而且，新疆内部区域发展也不平衡，南北疆发展差距过大，南部五地州仍有许多贫困人口。

第二，新疆文化教育、人才科技等方面的软实力水平有待提高。较长一段时期以来，由于自然和社会种种因素的制约，新疆与发达地区的发展差距十分明显。但我们应当清醒地认识到，最根本的差距在于教育和科技方面，在于文化和公民素质方面。首先，新疆人口受教育水平有待提高。从横向比较来看，新疆高中学历以上的人口数量比例是全国平均水平的 58.43%，是东部平均水平的 46.11%；初中学历以上人口数量比例仅仅是全国平均水平的 38.15% 和东部平均水平的 32.52%。[1] 新疆人口的受教育现状严重制约了劳动生产率的提高和经济水平的进一步发展。其次，新疆科技发展水平滞后。科技进步是新疆完成经济发展方式转变，尤其是

---

[1]　厉以宁：《区域发展新思路——中国社会发展不平衡对现代化进程的影响与对策》，经济日报出版社 2000 年版。

生产方式从粗放型向集约型转变的基础性环节。① 而新疆因为生产力长期落后导致科技落后和工业基础薄弱，以致粗放型生产方式没有从根本上得到改变。再次，新疆人才储备状况不容乐观。一个突出的现象是人才外流严重。调查显示，近年来，新疆人才流出量高于流入量的 6 倍，其中，本科以上学历人员占 96%，高级职称人员占 36%。② 新疆每年考入内地的学生数量在 38000 名至 45000 名，但回到新疆的不到一半，这说明每年有至少 20000 名有潜力的人才在完成大学教育之前就已经流失到外地。③

　　第三，新疆长期存在影响政治社会稳定的因素。由于国外"三股势力"的存在，关于新疆分裂和反分裂的斗争一直需要我国的高度警惕。尤其是"东突"与中亚一些组织勾结串联，多次制造和参与恶性恐怖事件。在新疆，非法宗教活动繁多，一些别有用心的人热衷于非法宗教活动，并借以蛊惑人心，损坏群众与党和政府的团结，破坏社会秩序和政治稳定。

　　第四，自然资源的破坏与生态不公平。新疆是我国战略资源的重要储备区和国家能源的重要供给区。但是，由于生态资源分配制度和产权制度尚未理顺，使得新疆的生态资源形势更加严峻。从世界各国的经济发展来看，对于一些经济相对落后的地区而言，如果没有强有力的生态资源补偿机制，这些落后地区要解决经济发展问题，就可能更加急功近利地获取生态资源，长此以往，就可能形成一种恶性循环，越是经济落后越要超强度地挖取自然资源，而自然生态的破坏程度越大，越会从整体上影响着这些地区的经济腾飞。因此，如何从区域生态资源公平体系建构上做文章，保证新疆可持续发展，是我国需要破解的一个重大课题。

　　第五，新疆内部区域发展失衡，南北疆差距巨大。北疆交通条件便利，基础设施完善，拥有较为发达的交通网和通信设施；城镇

---

　　① 林毅夫、蔡昉、李周：《中国经济转型时期的地区差距分析》，《经济研究》1998 年第 6 期。

　　② 许昆生：《西部大开发与新疆经济大发展战略探讨》，《新疆城乡金融》2000 年第 3 期。

　　③ 同上。

化达到一定规模，城市数量占全疆的 63.3%，人口达全疆的 65%。这样，北疆的大中城市可以作为经济中心，使周边城市享辐射效益。而南疆基础设施建设明显落后，城市数量仅占全疆的 26.7%，人口只占全疆的 25%，地理位置偏远，市场经济发育相当滞后。目前疆内尚未脱贫的人口数量达 100 万人，其中 95% 在南疆。[①]

三　构建区域公平，推进新疆跨越式发展

第一，坚持"两个大局"，从国家层面上构建区域公平发展战略。

改革开放的总设计师邓小平在 20 世纪 80 年代提出了"两个大局"的重要思想："沿海地区要对外开放，使这个拥有两亿人口的广大地带较快地先发展起来，从而带动内地更好地发展，这是一个事关大局的问题。内地要顾全这个大局。反过来，发展到一定的时候，又要求沿海拿出更多力量来帮助内地发展，这也是个大局。"[②] 应当指出的是，邓小平提出的实现第二个大局目标时机已经来到，这就需要我国从政策、人才、资金、规划等方面统筹考虑，从国家核心利益出发，以国家总体发展为目标，将区域协调发展放在全球竞争的视野中；可以采取特事特办、一事一议的方法，通过体制机制创新，为新疆跨越式发展提供特殊而有力的保障。

我国应在进一步规范区域政策调控手段的同时，建立健全保障区域公平的法律法规体系，构建区域公平发展纵向调控法律制度、横向合作法律制度、特别区域促进法律制度的基本框架，区域公平发展规划、财税金融、产业政策、投资等法律制度和横向合作协调机制及市场培育制度两个方面等等；并通过法律法规的制定，使相关的财政金融政策、产业政策、人事政策、绩效评价和考核政策等

[①] 尤努斯·阿不力孜：《对西部大开发战略中新疆经济发展的理性思考》，《新疆财经》2000 年第 2 期。

[②] 《邓小平文选》第 3 卷，人民出版社 1993 年版，第 277—278 页。

的执行更有效、更到位。①

第二，大力推进产业结构调整、发展方式的转变，增强新疆自身发展能力。

转变发展方式是科学发展的根本需要，更是新疆跨越式发展的必由之路。改革开放以来，我国的经济取得了长足进步，但不能不看到，发展所付出的代价也是巨大的。可以说，这样的发展方式是在特殊条件和时期所形成，是不可持续的，而面向未来，中国要真正保持又好又快地发展，调整产业结构、转变发展方式是基本前提，这一点对于新疆更为迫切。

当前新疆产业结构层次低，比较效益差，工业化的基础薄弱、工业化程度低，服务业总量不足，发展水平低。新疆的第一产业就业比重也均大大高于其产值比重，个体私营经济、股份制经济、中外合资、外商独资等非国有经济成分发展薄弱，整个区域缺乏一整套政策体系和宽松环境来扶持非公有制经济的发展。长期以来依靠大量的资源投入，高投入、低产出严重制约了经济发展和人民生活水平的提高，为此，新疆必须促进经济发展方式由粗放型向集约型转变，必须切实提高经济发展的质量、效益、可持续性。笔者建议可以从如下方面入手：一是要调整优化产业结构。要推进新型工业化，以信息化带动工业化，同时大力发展现代服务业，引导经济由依靠大规模的资源开发向依靠制造业发展和服务业壮大转变。二是调整优化大中小企业的比例和结构。要促使中小企业在促进经济发展和吸纳社会就业等方面扮演重要角色。三是要调整优化所有制结构。要大力发展非公有制经济，提高新疆经济的活力和动力。四是要加大政策措施向南疆的扶助力度。尤其是资金、人才、技术等方面要尽量优先满足南疆地区的发展，尽快缩小南疆和北疆的差距。

第三，构建公平开放的市场体系，促进新疆可持续发展。

市场特有的优化配置资源的功能是新疆实现跨越式发展和经济发展方式转变的基本动力。随着我国社会主义市场经济体制的建立和完善，市场机制成为保障生产要素合理流动的基础性力量。新疆

---

① 夏文斌：《生态公平的当代构建》，《教学与研究》2011 年第 10 期。

传统生产方式的升级转换必须尊重市场经济的特定规律，让市场这只"看不见的手"在配置资源和经济发展方面扮演主导性角色。①

为此，一是需要完善各项投资制度，营造稳定的高回报率的政策环境和投资环境，大力吸引资本的流入。首先，要逐步放宽对资本的管制，开放资本投资渠道，吸引资本在区域内聚集；其次，要制定各项优惠政策，加大对资本的吸引力度。最后，充分利用东南沿海产业结构升级和转化的机遇，抓住沿海资源密集型产业西移的机会，促成新的经济增长点的形成和发展，带动中西部经济的快速发展。

二是国家可以考虑率先放开一些欠发达地区的户籍管制。因为欠发达地区的发展，关键在人才。而严格的户籍管制在无形中增加了移民成本，不利于人才的跨地区流动。因此，为吸引外出打工者回乡创业和东部地区的人才参与西部大开发，放开欠发达地区的户籍管制已势在必行。

三是国家应进一步加大产业转移的力度，促使东部地区资源密集型产业向中西部地区转移。这样既能够避免资源跨区域的大规模调动，降低市场的交通和交易成本，也可以切实带动落后地区的产业发展。

四是国家应逐步探索区域间的利益协调机制与实现途径。区域利益的协调机制与实现途径在相当大的程度上决定了一项区域政策实施的效果，要构建协调目标明确、协调内容充实、协调主体广泛、协调手段与途径有效、协调程序完整的区域利益协调机制与实现途径，促进区域公平发展。国家应对于不同的区域区别对待，按照规范化的援助机制，实行差别化的国家援助政策，对处于不同发展阶段和承担不同主体功能的区域应该"分类指导，区别对待"。

---

① 夏文斌：《走向公平正义之路：中国共产党对公平正义的不懈追求》，《北京大学学报》2011 年第 4 期。

参考文献

中文文献（包括译注）：

[1]［美］阿瑟·奥肯：《平等与效率》，华夏出版社 1999 年版。

[2]［美］艾伯特·赫希曼：《经济发展战略》，经济科学出版社 1992 年版。

[3]［美］查尔斯·金德尔伯格、［美］布鲁斯·赫里克：《经济发展》，上海译文出版社 1986 年版。

[4]［美］罗博克：《巴西经济发展研究》，唐振彬等译，上海译文出版社 1980 年版。

[5]［美］斯坦利·L. 恩格尔曼，罗伯特·E. 高尔曼：《剑桥美国经济史（第二卷）：漫长的 19 世纪》，王珏、李淑清译，中国人民大学出版社 2008 年版。

[6]［美］斯坦利·L. 恩格尔曼、罗伯特·E. 高尔曼：《剑桥美国经济史（第三卷）：20 世纪》，蔡挺、张林、李雅菁译，中国人民大学出版社 2008 年版。

[7]［美］约翰·罗尔斯：《正义论》，何怀宏等译，中国社会科学出版社 2003 年版。

[8]［美］约翰·罗默：《马克思主义经济理论的分析基础》，上海人民出版社 2007 年版。

[9]［美］约翰·罗默：《在自由中丧失：马克思主义经济哲学导论》，经济科学出版社 2003 年版。

[10]［瑞典］冈纳·缪尔达尔：《世界贫困的挑战》，北京经济

学院出版社 1991 年版。

［11］［印］T. 斯温密那泰：《印度的新旧两个五年计划》，《世界经济文汇》1957 年第 1 期。

［12］［印］兰纳迪夫（B. T. Ranadive）：《第三个五年计划》，《东南亚研究资料》（原载于印度的《新时代》1960 年 8 月号）1961 年第 1 期。

［13］Santos‐Paulino、万广华：《中国和印度的崛起：冲击、前景和影响》，贾晓涛译（http：//www. chinareform. org. cn/open/governance/201010/t20101029_ 49049. htm）。

［14］Shubham Chaudhuri，Martin Ravallion：《中国和印度不平衡发展的比较研究》，《经济研究》2008 年第 1 期。

［15］艾力·伊明：《新疆教育事业对口支援与协作的历史回顾》，《内蒙古师范大学学报》（教育科学版）2006 年第 7 期。

［16］安国章：《改变落后　基础建设领先（落后地区开发论坛——印度篇）》，《市场报》2001 年 7 月 13 日第 8 版。

［17］安虎森：《增长极理论评述》，《南开经济研究》1997 年第 1 期。

［18］巴曙松、白海峰：《自贸区的战略部署与未来展望》，《人民论坛》2014 年第 15 期。

［19］巴曙松、白海峰：《自贸区的战略部署与未来展望》，《人民论坛》2014 年 5 月下。

［20］巴特尔：《推动新疆民生建设　促进社会和谐发展》，《新疆社科论坛》2011 年第 6 期。

［21］《巴西开发北西部的战略构想与实践》，《人民政协报》2000 年 7 月 11 日第 5 版。

［22］白暴力、周红利、魏军：《马克思主义经典作家关于社会公平的论述》，《高校理论战线》2005 年第 12 期。

［23］白旻：《资源环境约束下中国工业化模式的转换与制度创新》，硕士学位论文，东北财经大学，2005 年。

［24］白雪梅、赵松山：《浅议地区间产业结构差异的测度指标》，《江苏统计》1995 年第 12 期。

［25］《北海道开发的历史》（http：//www. hkd. mlit. go. jp/chi/02. html）。

［26］北京大学中国国民经济核算与经济增长研究中心：《中国经济增长报告（2005）——宏观调控下的经济增长》，中国经济出版社2005年版。

［27］蔡昉、王德文：《比较优势差异、变化及其对地区差距的影响》，《中国社会科学》2002年第5期。

［28］蔡玉梅、顾林生、李景玉、潘书坤：《日本六次国土综合开发规划的演变及启示》，《中国土地科学》2008年第6期。

［29］陈栋生：《论区域协调发展》，《北京社会科学》2005年第2期。

［30］陈栋生：《西部大开发干部参考读本》，中央文献出版社2000年版。

［31］陈栋生：《西部经济崛起之路》，上海远东出版社1996年版。

［32］陈佳贵、李扬、金碚、黄群慧：《印度经济发展比中国更有潜力吗?》，《中国社会科学院院报》2008年7月29日第3版。

［33］陈家付：《社会公平正义：中国梦的价值之维》，《理论学习》2013年第7期。

［34］陈锦华：《第八个五年计划期中国经济和社会发展报告》，中国统计出版社1996年版。

［35］陈晶：《马克思再生产理论与区域生态补偿机制的构建》，《中国乡镇企业会计》2011年第11期。

［36］陈元生：《对美国区域发展政策的考察与思考》，《文明与宣传》1997年第4期。

［37］程晶：《巴西亚马孙地区环境保护与可持续发展的限制性因素》，《拉丁美洲研究》2005年第1期。

［38］邓翔：《经济趋同理论与中国地区经济差距的实证研究》，西南财经大学出版社2003年版。

［39］《邓小平文选》第3卷，人民出版社1993年版。

［40］《邓小平文选》第1—2卷，人民出版社1994年版。

［41］丁健：《印度第六个五年计划草案》，《外国经济参考资料》1981 年第 4 期。

［42］董磊：《战后经济发展之路·日本篇》，经济科学出版社 2012 年版。

［43］董磊：《战后经济发展之路·印度篇》，社会科学出版社 2013 年版。

［44］杜平：《中外西部开发史鉴》，湖南人民出版社 2002 年版。

［45］段娟：《试论陈云经济布局思想及其内涵》，《北京电子科技学院学报》2008 年第 3 期。

［46］段良：《建国以来党中央领导集团关于新疆工作决策的历史回顾和经验总结》，《中共乌鲁木齐市委党校学报》2009 年第 4 期。

［47］段忠桥：《马克思恩格斯视野中的正义问题》，《哲学动态》2010 年第 11 期。

［48］费孝通：《论西部开发与区域经济》，群言出版社 2000 年版。

［49］丰志勇：《国家发展战略视角下的区域政策与经济增长研究》，东南大学出版社 2012 年版。

［50］冯尚春：《马克思主义城镇理论》，《当代经济研究》2004 年第 5 期。

［51］高芳英：《20 世纪美国西部经济地位的变化》，合肥工业大学出版社 2011 年版。

［52］高建龙：《推进新疆市场体系建设的若干思考》，《实事求是》2004 年第 6 期。

［53］龚勤林、陈说：《马克思主义视阈下的区域协调发展及对我国的启示》，《马克思主义研究》2012 年第 8 期。

［54］勾志骞：《区域经济发展不平衡性研究》，硕士学位论文，东北师范大学，2007 年。

［55］郭刚：《论新疆生产建设兵团的历史地位和作用》，《石河子大学学报》（哲学社会科学版）2002 年第 2 期。

［56］郭佳子、冀楠：《代表建议制定〈西部大开发促进法〉称条件成熟》，新华网，2011 年 3 月 12 日（http：//news. xinhuanet. com/legal/2011-03/12/c_ 121179261. htm）。

［57］郭舒：《建国以来中国共产党中央领导集体公平正义思想的研究》，硕士学位论文，太原科技大学，2011 年。

［58］国家统计局人口和就业统计司：《2013 年中国劳动统计年鉴》，中国统计出版社 2014 年出版。

［59］《国外欠发达地区开发实践》，《西部大开发》2001 年第 3 期。

［60］国务院：《关于国民经济和社会发展十年规划和第八个五年计划纲要的报告》，1991 年 3 月（http：//news. xinhuanet. com/ziliao/2005-02/17/content_ 2597310. htm）。

［61］国务院：《中华人民共和国国民经济和社会发展第十二个五年规划纲要》，2011 年 3 月 16 日（http：//news. xinhuanet. com/politics/2011-03/16/c_ 121193916. htm）。

［62］国务院发展研究中心：《中国区域协调发展战略》，中国经济出版社 1994 年版。

［63］韩庆祥、王海滨：《把促进公平正义也看作硬道理》，《学习月刊》2014 年第 1 期。

［64］杭海：《江苏与中国西部地区经济合作的实证分析》，博士学位论文，南京林业大学，2011 年。

［65］杭海、张敏新、王超群：《美、日、德三国区域协调发展的经验分析》，《世界经济与政治论坛》2011 年第 1 期。

［66］何建华：《分配公平：是否可能及何以可能》，《伦理学研究》2010 年第 2 期

［67］何建华：《公平正义：社会主义的核心价值观》，《中央社会主义学院学报》2007 年第 3 期。

［68］何顺果：《美国边疆史　西部开发模式研究》，北京大学出版社 1992 年版。

［69］何顺果：《一个具有重大意义的主题——从特纳的"边疆假说"谈起》，《美国研究》1993 年版第 1 期。

［70］胡鞍钢：《中国地区发展不平衡问题研究》，《中国软科学》1995 年第 8 期。

［71］胡鞍钢：《中国经济增长的现状、短期前景及长期趋势》，《战略与管理》1999 年第 3 期。

［72］胡锦涛：《坚定不移沿着中国特色社会主义道路前进　为夺取全面建成小康社会而奋斗》，人民出版社 2012 年版。

［73］胡锦涛：《在纪念党的十一届三中全会召开三十周年大会上的讲话》，人民出版社 2008 年版。

［74］胡锦涛：《在西部大开发工作会议上的讲话》，2010 年 7 月 5 日。

［75］胡军：《城乡统筹模式下区域经济法制化探讨》，《学术界》2010 年第 4 期。

［76］胡联合、胡鞍钢：《我国地区间收入差距的两极化趋势》，《社会观察》2005 年第 6 期。

［77］胡霞：《日本过疏地区开发方式及政策的演变》，《日本学刊》2007 年第 5 期。

［78］胡兆量：《中国区域发展导论》，北京大学出版社 1999 年版。

［79］《基础设施落后　印度发展的最大障碍》，《重庆日报》（原载于英国的《金融时报》）2008 年 7 月 14 日第 9 版。

［80］纪宝成、杨瑞龙：《中国人民大学中国经济发展研究报告 2004——重要战略机遇期的中国经济结构报告》，中国人民大学出版社 2004 年版。

［81］贾丽、殷为华：《论日本区域经济协调发展政策及对我国的启示》，《全国商情（经济理论研究）》2007 年第 6 期。

［82］贾庆军：《美国调节区域经济差异的财政措施及启示》，《重庆工商大学学报（西部论坛）》2005 年第 1 期。

［83］《建国以来毛泽东文稿》第 6—7 册，中央文献出版社 1992 年版。

［84］江泽民：《在西北五省区国有企业改革和发展座谈会上的讲话》，《人民日报》1999 年 6 月 19 日。

［85］《江泽民文选》第 1 卷，人民出版社 2006 年版。

［86］姜帆：《新疆确立优势产业引领新型工业化》，《经济日报》2005 年 7 月 17 日。

［87］焦兴旺：《大国经济及其战略》，博士学位论文，中央民族大学，2009 年。

［88］颉雅君、龚勤林：《中外区域经济政策的比较及其对西部大开发的启示》，《软科学》2002 年第 4 期。

［89］金巧艺：《中国区域经济与对外开放程度的相关性》，《华人时刊》2013 年第 5 期。

［90］《开发计划的变迁》（http：//www.hkd.mlit.go.jp/chi/04.html）。

［91］李春霞：《新疆人才资源开发存在的若干问题》，《经济研究导刊》2007 年第 8 期。

［92］李纪才：《马克思恩格斯的平等观与社会主义初级阶段的公平》，《理论月刊》2008 年第 11 期。

［93］李甜：《长株潭城市群区域经济差异研究》，硕士学位论文，山东大学，2010 年。

［94］李晓西：《借鉴美国区域经济政策缩小我国地区经济差别》，《经济界》1996 年第 6 期。

［95］李兴江、孟秋敏：《论中央三代领导集体对中国区域经济发展的贡献》，《甘肃省经济管理干部学院学报》2005 年第 1 期。

［96］李英策：《试论我国区域经济发展的三个阶段及其历史演进》，《大众商务》2009 年第 16 期。

［97］李运祥：《国外区县经济发展模式和经验对中国的启示》，《社会科学家》2010 年第 6 期。

［98］李招忠：《论马克思恩格斯的平等思想——弱势群体权益保护的思想资源》，《哲学研究》2007 年第 5 期。

［99］连振隆：《简述美国区域经济的均衡政策及启示》，《甘肃理论学刊》2000 年第 1 期。

［100］梁德阔：《国外开发欠发达地区的经验教训对中国西部城镇化的启示》，《云南地理环境研究》2003 年第 3 期。

［101］《列宁选集》第1—4卷，人民出版社1995年版第2版。

［102］林伟：《时隔4年再开中央新疆工作座谈会的新意》，2014年5月30日（http：//www. xj. xinhuanet. com/zt/2014-05/30/c_ 1110932483. htm）。

［103］林毅夫、蔡昉、李周：《中国经济转型时期的地区差距分析》，《经济研究》1998年第6期。

［104］林毅夫、刘明兴：《中国的经济增长收敛与收入分配》，《世界经济》2003年第8期。

［105］刘昌黎：《现代日本经济概论》，东北财经大学出版社2008年版。

［106］刘翠英、王志霞：《日本区域开发对我国西部开发的启示》，《日本问题研究》2000年第3期。

［107］刘景春：《珲春实施开放型经济发展战略的理性思考》，硕士学位论文，吉林农业大学，2007年。

［108］刘琼华：《公平正义：和谐社会的核心价值理念》，《山东社会科学》2007年第8期。

［109］刘水林：《对促进区域协调发展的一些法律问题的探讨》，《经济法论坛》2005年第1期。

［110］刘卸林、高太山：《中国区域创新能力报告2014》，知识产权出版社2015年版。

［111］刘旭贻、杨生茂：《美国通史（第一卷）》，人民出版社2005年版。

［112］刘宇鹏：《河北省政府农业投入问题研究》，硕士学位论文，河北农业大学，2003年。

［113］刘志尧：《区域公平视域下促进中小企业发展策略初探》，《中国商贸》2014年第6期。

［114］刘志尧、夏文斌：《区域公平的理论基础探源——基于马克思主义视角的分析》，《广西社会科学》2013年第9期。

［115］刘志尧、夏文斌：《区域特殊性视域下的爱国主义教育——以新疆中学为例》，《中学政治教学参考》2013年第27期。

［116］陆寒：《历史唯物主义视野下的政治正义研究》，博士学

位论文，东南大学，2013 年。

　　［117］陆卓明：《〈资本论〉中的区位论思想》，《北京大学学报》（哲学社会科学版）1992 年第 4 期。

　　［118］吕雁琴、幕君辉：《试论新疆生态环境问题治理紧迫性等级划分》，《生态经济》2012 年第 11 期。

　　［119］吕银春：《巴西的经济发展与生态环境保护》，《拉丁美洲研究》1992 年第 4 期。

　　［120］吕银春：《巴西对落后地区经济的开发》，《拉丁美洲研究》2000 年第 5 期。

　　［121］罗健：《马克思社会有机体理论的方法论》，博士学位论文，苏州大学，2013 年。

　　［122］马丁·T. 卡茨曼：《巴西的城市与边界：经济发展的模式》，哈佛出版社 1977 年版。

　　［123］马凯：《推进主体功能区建设　科学开发我们的家园》，《行政管理改革》2011 年第 3 期。

　　［124］《马克思恩格斯全集》第 1—7，9，16，18—21，23—25，27，29—34，36—37，42，44—45，46（上），47—48 卷，人民出版社 1956—1985 年版。

　　［125］《马克思恩格斯全集》第 1，3，10，25，30—32，47卷，人民出版社 1995—2004 年版。

　　［126］《马克思恩格斯选集》第 1—4 卷，人民出版社 1995 年第 2 版。

　　［127］马丽：《美国区域开发法律评述及其对我国的启示》，《中国软科学》2010 年第 6 期。

　　［128］马丽、袁金凤：《国外区域经济法律评述及对我国区域经济立法的启示》，《世界地理研究》2010 年第 4 期。

　　［129］马述忠、冯晗：《东西部差距：变动趋势与影响因素——基于演化与分解的分析框架》，浙江大学出版社 2011 年版。

　　［130］马文秀、雷燕、李莉：《日本开发落后地区的经验与启示》，《日本问题研究》1998 年第 1 期。

　　［131］《毛泽东文集》第 7 卷，人民出版社 1999 年版。

［132］《毛泽东选集》第 5 卷，人民出版社 1977 年版。

［133］《毛泽东选集》第 1—4 卷，人民出版社 1991 年第 2 版。

［134］《毛泽东著作专题摘编》，中央文献出版社 2003 年版。

［135］蒙薇：《论统筹区域发展的制度基础建设》，《企业科技与发展》2011 年第 5 期。

［136］蒙雪琐、韩德麟：《新疆交通发展战略的完善与区域开发方略的调整》，《经济地理》1999 年第 6 期。

［137］孟凡柳：《论战后日本的国土综合开发》，硕士学位论文，东北师范大学，2006 年。

［138］孟元新：《卢拉政府时期巴西经济发展模式分析》，《背景与分析》第 249 期（http：//www. world-china. org/newsdetail. asp？newsid = 3245）。

［139］培伦：《印度通史》，黑龙江人民出版社 1990 年版。

［140］乔瑞华：《公平正义是发展中国特色社会主义的核心价值诉求》，《社会科学家》2014 年第 10 期。

［141］《日本北海道综合开发规划和政策法规》，清华大学经济管理学院编译，中国计划出版社 2002 年版。

［142］戎生灵：《借鉴美国西部开发经验　加快中国西部开发步伐——兼谈宁夏大开发》，《世界经济研究》2001 年第 1 期。

［143］邵琪伟：《国内外开发落后地区经验教训及启示》，《理论前沿》2008 年第 18 期。

［144］《十八大报告辅导读本》，人民出版社 2012 年版。

［145］石风光、李宗植：《美国、日本区域协调发展政策实践及启示》，《国际问题研究》2008 年第 5 期。

［146］司正家：《实施西部大开发战略的理性思考——抓住西部开发机遇　加快新疆发展》，《新疆师范大学学报》（哲学社会科学版）2000 年第 4 期。

［147］《斯大林全集》第 13 卷，人民出版社 1956 年版。

［148］宋志辉：《印度农村反贫困研究》，巴蜀书社 2011 年版。

［149］孙蚌珠：《马克思、恩格斯关于收入分配领域的公平观及其现实意义》，《思想理论教育导刊》2005 年第 11 期。

［150］孙久文：《习近平区域发展观新内涵》，《人民论坛》2014 年第 15 期。

［151］孙熙国：《科学认识社会主义核心价值观》，《光明日报》2015 年 1 月 8 日。

［152］唐立久、樊森：《新疆经济发展战略与新型工业化之路》，《新疆财经》2005 年第 6 期。

［153］陶呈成：《我国区域协调发展基本法立法刍议》，《辽宁师范大学学报》（社会科学版）2009 年第 6 期。

［154］田庆立：《日本的区域经济政策及对我国的启示》，《环渤海经济瞭望》2010 年第 2 期。

［155］田园：《浅谈新疆人才评价机制构建》，《经济研究导刊》2013 年第 16 期。

［156］万元坤：《他山之石：美国西部开发史研究》，宁夏人民出版社 2003 年版。

［157］王海涛：《日本改变中国》，中国友谊出版公司 2009 年版。

［158］王缉慈：《增长极概念、理论及战略探究》，《经济科学》1989 年第 3 期。

［159］王立新：《印度绿色革命的政治经济学：发展、停滞和转变》，社会科学文献出版社 2011 年版。

［160］王启仿：《区域经济差异及其影响因素研究》，博士学位论文，南京农业大学，2003 年。

［161］王士杰：《胡锦涛的公平正义观研究》，硕士学位论文，太原科技大学，2010 年。

［162］王拴乾：《新疆经济发展战略思路的四次飞跃》，《新疆社会科学》2001 年第 1 期。

［163］王文英:《日本北海道综合开发的历史进程和成功经验》，《苏州大学学报》2006 年第 5 期。

［164］王益谦：《印度的第九个五年计划（1997—2002）》，《南亚研究季刊》1999 年第 2 期。

［165］王玉凤:《印度上调贫困线　新增贫困人口多出近 1 亿》，

《第一财经日报》2014 年 7 月 29 日第 5 版。

［166］王玉玲、李金磊:《论分税制以来的民族地区税制改革》,《中央民族大学学报》(哲学社会科学版) 2011 年第 3 期。

［167］王振宇:《马克思恩格斯区域经济协调发展思想研究》,《实事求是》2011 年第 6 期。

［168］卫思宇:《习近平新区域发展观》,《西部大开发》2014 年第 Z2 期。

［169］魏后凯:《公平 协调 共享　习近平区域发展战略思想支点与特征》,《人民论坛》2014 年第 15 期。

［170］魏后凯:《中国地区发展——经济增长、制度变迁与地区差异》,经济管理出版社 1997 年版。

［171］文富德:《印度地区经济发展不平衡问题初探》,《南亚研究季刊》1998 年第 4 期。

［172］邬晓霞:《国家区域援助政策的国际经验及对中国的启示》,《经济研究参考》2011 年第 33 期。

［173］吴江:《中美西部开发的对比与启示》,《中国经济史研究》2003 年第 2 期。

［174］吴霞:《战后日本的区域开发和区域经济》,《陕西经贸学院学报》2001 年第 6 期。

［175］习近平:《在新疆兵团座谈会上的讲话》,新华社,2014 年 5 月 3 日。

［176］《习近平关于实现中华民族伟大复兴的中国梦论述摘编》,中央文献出版社 2013 年版。

［177］《习近平谈治国理政》,外文出版社 2014 年版。

［178］《习近平在第二次中央新疆工作座谈会上强调:坚持依法治疆团结稳疆长期建疆　团结各族人民建设社会主义新疆》,《人民日报》2014 年 5 月 30 日第 1 版。

［179］夏文斌:《公平效率与当代社会发展》,北京大学出版社 2005 年版。

［180］夏文斌:《公平原则与和谐社会的建构》,《北京大学学报》(哲学社会科学版)》2005 年第 2 期。

［181］夏文斌：《生态文明与人的全面发展》，《中国特色社会主义研究》2013 年第 5 期。

［182］夏文斌：《走向正义之路——社会公平研究》，黑龙江人民出版社 2000 年版。

［183］夏文斌、刘志尧：《区域公平视角下的新疆跨越式发展》，《石河子大学学报》（哲学社会科学版），2013 年第 1 期。

［184］夏文斌、刘志尧：《中国现代化视角下的向西开放》，《北京大学学报》（哲学社会科学版）2013 年第 5 期。

［185］肖光荣：《中国共产党对区域经济协调发展的探索及历程》，《湖南师范大学社会科学学报》2009 年第 2 期。

［186］《新疆维吾尔自治区矿产资源勘查开发"十二五"规划》（http：//www.mlr.gov.cn/kczygl/kckc/201206/t20120628_ 1115609.htm）。

［187］新疆维吾尔自治区统计局：《新疆统计年鉴 2014》，中国统计出版社 2014 年版。

［188］《新疆作证》，新闻调查官方网站（http：//news.xinhua-net.com/video/2009-07/28/content_ 11793262.htm）。

［189］徐锦辉：《巴西对落后地区的开发及几点启示》，《拉丁美洲研究》1988 年第 3 期。

［190］徐振伟：《田纳西河流域管理局与美国的区域开发》，《历史教学（下半月刊）》2010 年第 24 期。

［191］徐志：《美国政府开发后进地区的主要做法及税收政策》，《涉外税务》2000 年第 6 期。

［192］许昆生：《西部大开发与新疆经济大发展战略探讨》，《新疆城乡金融》2000 年第 3 期。

［193］严峻：《转型时期我国地区经济增长差距的变化趋势与成因研究》，硕士学位论文，西南大学，2007 年。

［194］杨富强：《"对口援疆"政策回顾及反思——以 1997 年至 2010 年间政策实践为例》，《西北民族大学学报》（哲学社会科学版）2011 年第 5 期。

［195］杨书臣：《近年日本区域经济发展的特点及举措》，《港口经济》2007 年第 11 期。

［196］杨文武、邹毅：《印度经济增长模式研究》，《南亚研究季刊》2011 年第 3 期。

［197］杨晓慧：《产业集群与日本区域经济发展及其对中国东北区的启示》，《地理科学》2003 年第 5 期。

［198］杨晓慧：《产业集群与日本区域经济非均衡发展研究》，博士学位论文，东北师范大学，2003 年。

［199］衣保中、任莉：《论日本的区域经济政策及其特色》，《现代日本经济》2003 年第 5 期。

［200］《殷切的关怀　前进的动力　中共中央政治局常委、国务院副总理张高丽在新疆天业调研纪实》，天山网，2013 年 4 月 17 日（http：//www. ts. cn/shz/2013 - 04/17/content _ 8049344 _ 2. htm）。

［201］《引领地球环境时代　北海道综合开发新计划》（http：//www. hkd. mlit. go. jp/chi/DevelopmentPlan_ c. pdf）。

［202］《引领地球环境时代的北海道综合开发新计划的概要》（http：//www. hkd. mlit. go. jp/chi/06. html）。

［203］《印度十一五计划经济增速 9%　警城乡失衡危及稳定》，2006 年 10 月 20 日（http：//www. p5w. net/news/gjcj/200610/t565350. htm）。

［204］《印度通过第 10 个 5 年计划 使经济年增长率达到 8%》，2002 年 10 月 6 日（http：//news. xinhuanet. com/newscenter/2002 - 10/06/content_ 586217. htm）。

［205］尤努斯·阿不力孜：《对西部大开发战略中新疆经济发展的理性思考》，《新疆财经》2000 年第 2 期。

［206］于今：《统筹区域协调发展》，党建读物出版社 2012 年版。

［207］袁大中：《开发亚马孙地区——巴西国土政治计划中的重要一环》，《湖南师范大学自然科学学报》1985 年第 4 期。

［208］张宝宇：《巴西对落后地区的开发——兼谈中国西部地区的开发》，《拉丁美洲丛刊》1985 年第 5 期。

［209］张超：《巴西区域开发经验的借鉴》，《中国商界》2010 年第 3 期。

[210] 张弛：《资源税改革利益门》，《凤凰周刊》2011 年第 30 期。

[211] 张季风：《日本国土综合开发论》，中国社会科学出版社 2013 年版。

[212] 张聚华：《区域经济非均衡状态下的可持续发展研究》，博士学位论文，天津大学，2002 年。

[213] 张立新：《聚焦"西税东流"，进一步完善税收制度的探索》，2012 年 4 月 12 日（http：//www. xjboz. gov. cn/content. aspx？id = 040461249006）。

[214] 张前、佘镜怀：《日本北海道开发及其对中国西部大开发的启示》，《现代日本经济》2001 年第 1 期。

[215] 张琴：《新疆对外开放战略选择研究》，《天山学刊》1997 年第 1 期。

[216] 张荣臣：《加强和改善党对全面深化改革的领导》，《中共石家庄市委党校学报》2013 年第 12 期。

[217] 张瑞萍：《区域协调发展促进法的立法基础与原则》，《经济体制改革》2010 年第 2 期。

[218] 张四齐、林承节：《试析拉吉夫的经济思想》，《南亚研究季刊》2000 年第 4 期。

[219] 张焱：《中国地区现代化协调发展研究》，硕士学位论文，四川大学，2007 年。

[220] 张友伦：《美国西进运动探要》，人民出版社 2005 年版。

[221] 赵茂林：《增长极理论的发展及借鉴意义》，《汉中师范学院学报》（社会科学版）1995 年第 2 期。

[222] 赵修义：《公平正义：中国特色社会主义共同理想不可或缺的价值目标》，《毛泽东邓小平理论研究》2010 年第 11 期。

[223] 赵焱、陈威华：《再不保护，巴西亚马孙丛林 2080 年怕要消失》，《新华每日电讯》2007 年 8 月 31 日第 007 版。

[224] 郑长德：《世界不发达地区开发史鉴》，民族出版社 2001 年版。

[225] 郑功成：《社保改革，破除既得利益阻力最难》，《中国

青年报》2014 年 9 月 14 日第 2 版。

［226］中共中央文献研究室、中共新疆维吾尔自治区委员会编：《新疆工作文献选编》，中央文献出版社 2010 年版。

［227］《中国共产党的七十年》，中共党史出版社 1991 年版。

［228］《中国共产党第十八次全国代表大会文件汇编》，人民出版社 2012 年版。

［229］中国共产党第十八届中央委员会：《中共中央关于全面深化改革若干重大问题的决定》，2013 年 11 月（http：//news. xin-huanet. com/2013–11/15/c_ 118164235. htm）。

［230］《中国共产党第十八届中央委员会第三次全体会议公报》，《新长征》2013 年第 12 期。

［231］《中国共产党第十七届中央委员会第五次全体会议公报》，2010 年 10 月 18 日（http：//news. xinhuanet. com/politics/2010–10/18/c_ 12673082. htm）。

［232］中国共产党中央委员会：《中共中央关于构建社会主义和谐社会若干重大问题的决定》，人民出版社 2006 年版。

［233］中国国务院新闻办公室白皮书：《新疆的发展与进步（2009 年 9 月）》，人民出版社 2009 年版。

［234］《中国区域经济发展格局》（http：//news. xinhuanet. com/ziliao/2009–07/02/content_ 11639779_ 9. htm）。

［235］中国社会科学院城市与竞争力研究中心课题组，倪鹏飞、袁匡济、康珂：《中国与印度的国家竞争力比较——〈2010 国家竞争力蓝皮书〉成果系列》，《中国市场》2011 年第 3 期。

［236］中国特色社会主义经济发展道路课题组：《中国特色社会主义经济发展道路》，中央文献出版社 2013 年版。

［237］中华人民共和国商务部：《马瑙斯自由区》（http：//www. mofcom. gov. cn/aarticle/ae/ai/200212/20021200060459. html）。

［238］中央宣传部宣传教育局、教育部思想政治工作司、国家民委政策法规司编：《民族团结教育通俗读本》，学习出版社 2009年版。

［239］周继红、王立明、陈晓筠：《科学发展观视角下的区域

经济立法问题研究》，《青海师范大学学报》（哲学社会科学版）2005 年第 4 期。

［240］周进：《现代城市经营理念与实证研究》，硕士学位论文，西南交通大学，2004 年。

［241］周克清、刘海二、刘姁姁：《协调我国区域经济发展的财税政策研究》，《税务研究》2011 年第 7 期。

［242］周鹏：《区际经济协调发展及管治研究》，博士学位论文，同济大学经济管理学院，2007 年。

［243］周新城：《关于公平问题的几点思考》，《经济经纬》2004 年第 2 期。

［244］周新城：《论恩格斯对马克思主义公平观的科学阐述》，《马克思主义研究》2006 年第 4 期。

［245］周新城：《马克思恩格斯公平思想研究》，《红旗文稿》2005 年第 14 期。

［246］周毅：《西部小康战略》，陕西人民出版社 2003 年版。

［247］周玉翠：《90 年代中日区域经济差异比较研究》，《人文地理》2001 年第 2 期。

［248］朱欣民：《巴西落后地区开发的经济与社会成效评价》，《拉丁美洲研究》2005 年第 1 期。

外文文献：

［1］Buhmann，B.，"Equivalence Scales，Well－being，Inequality，and Poverty：Sensitivity Estimates Across Ten Countries Using the Luxembourg Income Study（LIS）database"，*Review of Income and Wealth*，Vol. 34，No. 2，1988.

［2］C. Myrdal，*Economic Theory and Underdeveloped Regions*，*Gerald Duckworth*，NY：Harper & Brothers Publishers，1957.

［3］Dayal－Gulati，A.，and A. M. Husain，*Centripetal Forces in China's Economic Take off*，IMF Working Paper 00/86.

［4］Demurger，S.，"Infrastructure Development and Economic Growth：An Explanation for Regional Disparities in China"，*Journal of Comparative E-*

conomics, Vol. 29, No. 1, 2001.

[5] Demurger, S. , J. Sachs, W. T. Woo, S. Bao, G. Ahang, and A. Mellinger, "Geography, Economic Policy, and Regional Development in China", *Asian Economic Papers*, Vol. 1, No. 1, 2002.

[6] Fan, C. and M. Sun, "Regional Inequality in China, 1978 – 2006", *Eurasian Geography and Economics*, Vol. 49, No. 1, 2008.

[7] Friedmann, J. , *Planning in the Public Domain*: *From Knowledge to Action*, Princeton, NJ: Princeton University Press.

[8] Fujita, M. and D. Hu, "Regional disparity in China 1985 – 1994: The Effects of Globalization and Economic Liberalization", *The Annals of Regional Science*, Vol. 35, No. 1, 2001.

[9] Holz, Carsten A. , "Deconstructing China's GDP Statistics", *China Economic Review*, Vol. 15, No. 2, 2004.

[10] Jian, T. , J. Sachs, et al. , "Trends in Regional Inequality in China", *China Economic Review*, Vol. 7, 1996.

[11] John E. Roemer, *Analytical Marxism*, Cambridge: Cambridge University Press, 1986.

[12] Kanbur, R. , and X. Zhang, "Fifty Years of Regional Inequality in China: A Journey through Central Planning, Reform, and Openness", *Review of Development Economics*, Vol. 9, No. 1, 2005.

[13] Kojima, R. , "Urbanization in China", *Developing Economies*, Vol. 33, No. 2, 1995.

[14] Lin George C. S. , *Red Capitalism in South China*: *Growth and Development of the Pearl River*, Vancouver: Delta UBC Press, 1997.

[15] Litwack, J. M. , and Y. Qian, "Balanced or Unbalanced Development: Special Economic Zones as Catalysts for Transition", *Journal of Comparative Economics*, Vol. 26, No. 1, 1998.

[16] Long, G. , and Mee Kam Ng, "The Political Economy of Intra-provincial Disparities in Post-reform China, A Case Study of Jiangsu Province", *Geoforum*, Vol. 32, 2001.

[17] Mookherjee, D. and A. Shorrocks, "A Decomposition Analy-

sis of the Trend in UK Income Inequality", *The Economic Journal*, Vol. 92, No. 368, 1982.

[18] P. N. Rosenstein-Rodan, "Problems of Industrialization of Eastern and South-Eastern Europe", *Economic Journal*, Vol. 53, 1943.

[19] Rawski, Thomas, "What is Happening to China's GDP Statistics?", *China Economic Review*, Vol. 12, No. 4, 2001.

[20] Renard, M-F. "A Pessimistic View on the Impact of Regional Inequalities", *China Economic Review*, Vol. 13, No. 4, 2002.

[21] Wang, X., and G. Fan, "Analysis on the Regional Disparity in China and the Influential Factors", *Economic Research* (*in Chinese*), Vol. 21, No. 1, 2004.

[22] Williamson, J. G., "Review of Globalization and the Poor Perophery before 1950", *Journal of Economics*, Vol. 92, 1950.

后 记

　　本书是本人从北京大学到新疆石河子大学工作期间完成的一部专著。时光飞逝，从 2011 年 8 月 25 日抵达石河子大学，转眼间已有五个年头，在这段令我终生难忘的岁月里，我在紧张工作的同时，关注新疆的社会稳定和长治久安，关注新疆的发展，关注新疆的文化，特别是在这一段研究和实践过程中，一个重要的牵挂挥之不去。新疆问题在当今呈现着异常复杂的态势，每个人都可能对新疆问题的来龙去脉说上一番，但如何从理论特别是从理论层面上深入分析新疆问题的内在原因，如何从制度层面上分析新疆问题的原因，如何从实践层面上探索解决新疆问题的举措，所有这些都是我们理论工作者，特别是作为一名援疆的理论工作者之神圣使命。

　　研究新疆问题是一项复杂的系统工程，如何在前人研究的基础上，从理论和实践相结合的关系上不断加以推进，这是选择申报这项课题的一个动因。很有幸在我援疆第二年，就成功申报了国家哲学社会科学重点课题"区域公平与新疆跨越式发展"，获得课题立项后，我就迅速组建由北大、对外经济贸易大学、石河子大学的学者和研究生为主体的大团队，我们多次集中研讨，深入探索新疆区域公平所面临的突出问题，多次到南北疆各州、兵团的一些边境团场、霍尔果斯口岸等地调研，还到各大学开了多场调研会，到新疆维吾尔自治区党委研究室、发改委，兵团党委宣传部、研究室，民政局等部门调研。我想我们的这些初步成果，是很多单位、诸多学者智慧思想汇聚而成的。参加本书调研及初稿写作的有李豫新、李万明、万朝林、刘志尧、徐艳、帅林遥、王雪梅、李欣、赵东伟。夏文斌提出本书的总体结构和框架，具体执笔分工：引言：夏文斌；第一编：刘志尧、夏文斌；第二编：李豫新、帅林遥、王雪梅、赵东伟、李欣；第三编：徐艳、夏文斌；第四编：刘志尧、夏文斌。本人对初稿进行了润色和修改。

感谢厉声教授、刘永萍教授、蔡文伯教授、张爱萍教授、赵苏教授、张振华教授、梁金贵教授等给予本书指导帮助。感谢中国社会科学出版社社长赵剑英教授对本书出版的大力支持和宣传。

行万里路，读万卷书。中国梦、新疆梦，让我们共同祝愿新疆的明天更美好！

夏文斌

2016 年春于新疆石河子大学